农业农村优先发展与深化改革

Prioritizing Development of
Agriculture and Rural Areas in Deepening Reform

主 编 魏后凯 梁 勇
副主编 崔红志 李志萌

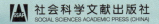

社会科学文献出版社
SOCIAL SCIENCES ACADEMIC PRESS (CHINA)

目　录

一　农业农村优先发展

二　农村集体产权制度改革

三　农村区域发展

四　会议综述

一 农业农村优先发展

关于农民和乡村的几个问题

李培林[*]

摘　要： 我国应当借鉴农地资源较少的东南亚国家和地区的发展经验，在农村劳动力转移大潮接近尾声以后，大力发展兼业经营活动，促进乡村一、二、三产业融合，持续提高农民收入。在经济增长下行、中小企业经营困难的大背景下，我国应当通过产业结构升级、技术创新和提高产品附加值来提高劳动生产率。从平抑和稳定房价、扩大内需、增加农民财产性收入、保护耕地红线、推进城乡一体化进程等多种政策要求来看，让农民的住宅进入市场是可行的，也是必然的趋势。我国的城镇化在总体上还没有到达"逆城镇化"的阶段，但"逆城镇化"的现象却已经在很多地方、以多样的形式越来越多地呈现出来。

关键词： 乡村振兴　农民收入　农村住宅产权改革　劳动力转移　城镇化

乡村振兴是经济学界和社会学界都关心的议题，需要很好的交流。应魏后凯所长的邀请，作为一位社会学学者，我今天从社会学的角度，谈四个我关注的农民和乡村的问题。

---

* 李培林，社会学博士，全国人大常委会委员、社会建设委员会副主任委员、中国社会科学院学部委员、社会政法学部主任、研究员，主要研究方向为社会结构变迁、发展评估和社会分层。

一　我国农民怎样才能普遍富裕起来

明年就是 2020 年了，我国即将全面建成小康社会，开启 2021～2025 年的第十四个五年规划时期的发展建设，也即将制定到 2035 年的未来 15 年走向基本现代化的路线图。在"十四五"时期的一个重大跨越，就是从目前的中高收入发展阶段进入高收入发展阶段。2019 年我国人均 GDP 达到 1 万美元左右，按照目前的年均发展速度、人口增长情况和汇率变化，我国可能在 2023 年或 2024 年，人均 GDP 将超过 12600 美元，迈入高收入国家发展阶段的门槛。但这只是世界银行对发展水平的一种划分，我国步入高收入发展阶段之后，也依然是一个发展中国家。"高收入发展阶段国家"与"发达国家"的概念完全不同，人们通常把经合组织（OECD）称为"发达国家俱乐部"，它目前有 36 个成员国，基本上都是欧美发达经济体，人均 GDP 多数在 2 万多美元到 8 万多美元，亚洲国家只有日本和韩国在里面。从我国的实际发展水平来看，在相当长的一个时期，我国仍是一个发展中国家，都不能轻言跨越了"中等收入陷阱"，不少国家进入高收入发展阶段后长期徘徊，甚至出现倒退。

与发达国家相比，我国最关键的软肋，就是城乡发展之间的巨大差距。大家都知道，在已经实现了现代化的国家，虽然也有一定的城乡差距，但农民通常都不再是穷人，属于中等收入甚至中等收入以上的人群，当然他们往往被视为更加注重家庭、婚姻、宗教、农耕等传统价值的保守选民。

我国至今仍然是一个农民大国，2018 年按户籍人口计算我国还有约 8 亿农民，户籍人口城镇化率是 43.37%；按常住人口计算还有约 5.6 亿农民，常住人口城镇化率是 59.58%；按农业劳动者计算还有 3.4 亿农民，农业（第一产业）就业人员占全国就业人员的比重是 26.1%。而在 2018 年的 GDP 中，农业（第一产业）增加值所占的比重已经下降到 7.2%，经济结构和社会结构出现了严重的背离。这么多的农民，产出和分享的 GDP 蛋糕却很有限，这是农民难以普遍富裕起来的根本约束条件。

也有学者认为，如果修订测算的办法，实际上已经没有这么多农民和农业劳动者，多数农民的生活也不再完全依靠农业产出。但不管怎么说，目前从总体上看，我国绝大多数农民还没有摆脱相对贫穷和低收入的状况。2018年全国农村居民人均可支配收入14617元，只相当于全国城镇居民人均可支配收入39251元的37%，换句话说，城镇居民的收入是农民收入的2.69倍，当然与10年前2009年差距最大时候的3.33倍相比已经缩小了，但差距的绝对额增加了。而且农村发展本身也很不平衡，2018年浙江农村常住居民人均可支配收入为27302元，是甘肃农村居民人均可支配收入8804元的3.1倍。

农民难以普遍富裕起来，最根本的原因还是我国农村人多地少，绝大多数是小农经营，每户农户的平均耕地面积只有约0.5公顷，相当于欧洲农户平均耕地面积的1/80~1/60，单靠农耕收入微薄，在有限的耕地面积上大量投入，尽管单位面积产出较高，但劳动生产率依然较低，黄宗智曾把这种现象称为农业的"内卷化"。中国农民要富裕起来就要走出"内卷化"。

走出"内卷化"并使农民富裕起来的一种常规道路，就是农业的规模化和机械化，从而大量地减少农业劳动力投入，大幅度提高农业的劳动生产率。但从东南亚一些农地缺乏的国家和地区的现代化经验看，农业普遍像西方国家那样实行规模化经营很难做到。当然，这条路我们也还要继续走，也已经取得了显著成效，我国目前已经有约1/3的耕地实现了流转，也有近2.9亿农民转移到二、三产业，成为农民工。

这条路目前在我国面临很多新的挑战，能够继续转移的农村劳动力已经为数不多了，能转移的差不多都转移了，现在农村"80后"及以后出生的青年人已经很少有务农的了，现在的农民可能是我国最后一代传统小农，务农的农民也过早出现了老龄化，很难再转移成非农劳动力，农民工的增加已经遇到新的瓶颈。理论上依然存在的大量农村富余劳动力，实际上都不再可能成为工商产业的劳动力后备军。

靠政府转移支付来让农民富裕起来更不现实，我国作为农民大国和发展中国家，农产品价格多数已经高于国际市场价格，靠政府补贴和提高农产品

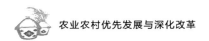

的价格都已经没有太大空间。

怎样让广大农民普遍富裕起来，进入中等收入群体，是我国现代化面对的最大难题。在大规模农村劳动力转移大潮接近尾声以后，我觉得另一条可行的路，也是缺地的国家和地区的经验，就是农民更广泛地兼业，大规模地盘活农民的剩余劳动时间，这方面潜力很大。现在农业机械化程度有了很大提高，农民的剩余劳动时间大量增加了，所谓农民"三个月种田，一个月过年，八个月赋闲"，是一种对这种情况的写照。增加农产品的附加值，发展农村电商、乡村休闲旅游和民宿以及乡村养老等兼业经营活动，都是盘活农民剩余劳动时间的办法。乡村振兴的"十六字方针"中，把原来新农村建设的"生产发展"的要求改为"产业兴旺"，也寓意着这方面的新要求。在这方面，应尽快有一些制度化的安排和战略化的推动。"十四五"时期，我们要像重视国家粮食安全那样，像守住18亿亩耕地红线那样，高度重视让农民普遍富裕起来的问题。

二　农民工的大规模流动为何没有引起社会震荡

在世界现代化的历史上，还从来没有像我国农民工大潮这样，数以亿计的人在短时期内从农业向工业、从乡村向城市流动。在西方发达国家的现代化过程中，为了解决劳动力缺乏问题，引入欠发达国家的移民曾是普遍的做法，但大量的外来移民由于生活水平、生活方式、宗教信仰、民族文化习俗、价值观念等方面的差异，也带来很多社会问题，诸如社会融入难、民族宗教冲突、犯罪率升高、排外情绪高涨、恐怖袭击威胁社会安全等。

所以，中国出现的所谓"民工潮"，从一开始就受到各种质疑和担忧，一些西方学者认为中国大规模的农民工流动会对社会安全、社会稳定形成"颠覆性"力量，国内也有学者提出"历代王朝都毁于流民之手"。但出人意料的是，我国大规模的农民工流动，虽然也存在生活条件和待遇较差、社会保障欠缺、欠薪问题曾经比较严重、社会排斥和社会歧视普遍存在等问题，但在几十年的过程中，还几乎从未发生过大规模的群体性事件。

我曾做过一些研究，试图对这个现象做出解释。我们发现，与城市工人相比，农民工的收入和经济社会地位相对较低，但农民工却意外地具有更加积极的社会态度。农民工的社会安全感、总体社会公平感、对地方政府的满意度都高于城市工人。中国的农民工之所以持积极的社会态度，其背后的原因在于农民工在流动中收入和生活水平得到了持续的改善，他们更倾向于把自己过去艰难的农民生活作为比较的参照体系。他们不是与社会横向利益比较，而是与自身的纵向利益比较。我把这个现象叫作"历史决定逻辑"，以区别于常规的解释人们社会态度的"经济决定逻辑"。

当然还有其他一些原因，比如农民工以他们的辛勤劳动和社会贡献赢得了社会舆论的支持和赞誉，他们善于通过传统的血缘、地缘网络融入城市社会，政府也建立了一系列的制度保护农民工的权益，支持农民工转化为市民，整个社会对农民工的包容性不断增强，我国原有的"单位制"在稳定农民工生活上也发挥了特殊的作用。总之，我国农民工流动是一个非常值得总结的成功的社会融合案例。

本来我国农民工收入水平的持续提高是这个成功案例的最基本条件，农民收入的增长近若干年快于城镇居民收入的增长，也主要是依靠农民收入中的工资性增长，也就是外出打工收入的增长。但近几年来，在经济增长下行、中小企业经营困难的大背景下，有的学者和企业家有一种观点，就是我国制定的劳动法超越发展阶段，对劳工保护过度，比如说社会保险制度过严、保险费率过高、加班时间限制太大、农民工跳槽缺乏限制等，认为这会造成劳动力成本快速上升，企业人工成本过重，企业竞争力和劳动生产率下降，逼迫一些劳动密集型企业转移到其他发展中国家。

我认为，我国农民工工资水平的提高是市场决定的，还不是像西方国家那样是受工人运动的影响，根本的原因除了发展水平的提高，更重要的是劳动力供求关系的变化，现在我国每年劳动年龄人口减少约400万人，劳动力供求关系已经从供大于求转变为供求平衡下的相对短缺。现在很多情况下不是企业选人，而是人选企业。我们是到了这样一个新的发展阶段，廉价劳动力时代已经结束，劳动生产率的提高必须依赖产业结构升级、技术创新和产品附加值的增加。跨越这个时期是个痛苦的过程，是个倒逼的过程。但我们在劳动保护的法律方面不能倒退，我们在法律上不能容许"血汗工厂"，更不可能用降低农民工工资和保障水平的办法来渡过难关。2018 年我国农民工月平均工资 3700 多元，越南工人月平均工资 1600 多元，这是发展阶段的不同，不是我们保护过度。

三　农民的住宅应否进入市场

在我国住宅价格方面，我们会看到一些不符合经济规则的现象：一方面城市的房价飞涨，一线城市的房价都超过了一些发达国家，但另一方面与城市相邻的农民的住宅却没有市场价值。现在很多乡村，特别是发达地区的乡村，年轻人都出外打工了，很多人在城市也买了房子，有相当一部分乡村的住房有 1/3 甚至更多常年闲置，造成一些乡村处于凋敝状态。

现在，我国经济的发展动力面临一些困难，"三驾马车"中扩大内需成为领头的大马。近几年，国内消费对经济增长的贡献率都超过了 60%，扩大国内消费是我国未来一二十年继续稳定发展的重要一环。而且，改革开放 40 多年来的一条重要经验就是，生产要与大众消费相联系。

改革开放以来，我国大体上经历了三次消费大增长的阶段。20 世纪 80 年代的生产快速增长是与满足群众的吃饭穿衣的温饱需求密切联系的，在那个阶段粮、棉、油、肉、菜等农副产品生产、食品加工业和纺织服装业实现了大发展；90 年代是耐用消费品普及的阶段，在大约 10 年的时间里，电视、冰箱、洗衣机、空调、抽油烟机、照相机、录音机、音响设备等一大批家用电器进入千家万户，也带动了相关产业的发展；进入 21 世纪以后，我国进入以汽车和住房等大额信贷消费普及为龙头，以教育、医疗、通信、旅游、网络等新兴消费领域为扩展面的新型大众消费阶段，房地产业和汽车业成为新的支柱产业。

本来住房状况的改善是近 20 多年来群众生活改善最为突出的一个方面，但房价却恰恰变成当前群众最不满意的一个社会问题。群众的不满来自城市房价的过快增长，超越了一般群众的消费能力。

为什么住房价格会飞涨呢？主要是因为住房有消费品和投资品的双重性质，住房不同于一般消费品，因为我国土地稀缺而不能像其他消费品那样实现无限供给，民众普遍有土地价格和住房价格在未来将轮番上升的心理预期，而且这种预期还不断被验证和强化。

但问题是，住房价格是一柄"双刃剑"，其飞涨和大落都会严重地损害经济。如果房市价格真的回落过大，将会严重影响经济增长，影响地方政府财政收入和可支配资金，银行也会出现大量不良债务。在各种维持高房价利益群体的博弈中，最终住房价格宏观调控的政策效应很可能还是短期的，一旦经济和财政增长出现困难，人们最容易想到的就是放松对房价的控制。

所以，从长远考虑，稳定和平抑房价还是要根据一般消费品价格规律，从扩大供给来考虑。有什么办法来扩大住房供给呢？住房不是粮食、猪肉，不能进口，如果从顺应大众消费阶段的到来、扩大内需、平抑和稳定房价、增加农民财产性收入、保住耕地红线、推进城乡一体化进程等多种政策要求来看，让农民的住宅进入市场是可行的，也是必然的趋势。

但现在这方面的改革进展较慢，还是有不少"三农"专家担心这样会损害农民利益。一种担心是，一旦这方面放开，会造成大量资本涌入乡村，会变相地侵蚀农村 18 亿亩耕地。还有一种担心是，住宅是农民稳定生活的保障，一旦农民抵不住诱惑，卖房后喝酒、赌博，会产生大量无家可归的流民。总之，他们是在为农民和农村的利益着想。类似的担心，其实我们在扩大农民生产自主权、大包干、发展乡镇企业、取消农业税等改革中都产生过。

从理论上说，我们从这种担心看到了熟悉的关于传统小农的行为是否具有理性的争论。其实，城市的土地也是国家的，建设在国家土地上的城市住宅，市民是可以自由买卖的，为什么没有人为城市居民住房买卖担心呢？为什么我们可以假定城市人是理性的，农民就不是理性的、会做出不符合自身利益的非理性选择呢？

当然，我并不觉得这些担心是完全没有理由的，但我认为农村住宅产权改革的口子可以放得更大一些、步子更快一些、试点更多一些。我们有这方面渐进式改革的成熟经验，相应的制度和规范也会在实践中不断完善，不会因此而产生乱局。

四 "逆城镇化"的潮流到来了吗

"逆城镇化"是从英文"Counter-urbanization"翻译过来的，是指城镇化的一个更高的发展阶段。有的学者把"逆城镇化"概括为城镇化过程的四个阶段之一，四个阶段即人口向城市集中的初始城镇化、郊区城镇化、逆城镇化、再城镇化。

最早提出"逆城镇化"概念的是美国数量地理学家布赖恩·贝里（B. Berry）。他在研究城乡人口流动时发现，农民和乡村居民是不同的，从事农耕的农民，随着农业的规模化和机械化，人数会持续地减少，但乡村居民在减少到一个点之后会出现逆转，人数会有所增加，这也可以称为"贝里拐点"。比如，按劳动力计算，现在欧美主要发达国家的农业从业者占全国从业人员的比重一般在1%～3%，但按居住人口计算，这些国家的乡村居民一般占8%～20%。也就是说，这些发达国家的乡村居民中，绝大部分并不是从事农耕的农民。

世界上发达国家开始逆城镇化的时间不同，这一过程法国大概是在1975年前后开始的。我翻译了一本法国著名农村社会学家孟德拉斯（H. Mendras）的著作《农民的终结》，他曾描述了这个"乡村社会惊人复兴"的过程。他描述说，农业人口的外流仍在继续，同时乡村人口的外流出现逆转，通信和交通的便捷改变了乡村社会，与经济学家和农业领导人的预想相反，一些从事多种就业活动的家庭经营成倍增加，农业劳动者在乡村社会中成为少数，闲暇时间和退休时间的延长引起城里人向乡村和小城市迁移，这种迁移可能是每周一次的，也可能是季节性的和终生的，由此造成第二住宅的大量增加。

所以，"逆城镇化"可以说有三个规定性：一是乡村人口的外流出现逆转，但农耕者人数可能继续减少；二是乡村居住人口的结构发生深刻变化，绝大多数乡村居民成为非农从业人员；三是乡村生活复兴，改变了过去的凋敝和衰落。

2019年，我国以常住人口计算的城镇化率首次超过60%，预计今后一二十年如果不出大的意外，城镇化水平还会以每年提高1个百分点的速度推进。我想，现在我们实施乡村振兴战略，其学理上的含义，就是也要推进"逆城镇化"。2018年，习近平总书记在参加全国人大广东代表团审议时强调："城镇化、逆城镇化两个方面都要致力推动，城镇化进程中农村也不能衰落，要相得益彰、相辅相成。"

我国城镇化的发展阶段，由于区域之间的发展不平衡，可能会出现叠加的特征，即在城镇化总体上尚未完成人口从乡村向城市集中的阶段和郊区化阶段的时候，"逆城镇化"现象已经开始大量产生，并预示着未来的发展潮流。

我国许多特殊的"逆城镇化"现象，可能从严格的学术定义上看并不典型，即并非长期居住人口从城市向乡村的流动，而是在特有制度约束下形成的一些"走入乡村""走向小城"的人口流动趋势。这些趋势可能还仅仅是一些先兆，预示着未来某种发展大潮的涌现。这些特殊的"逆城镇化"现象包括这样几个方面。一是乡村休闲旅游人数大量增加，势头很猛。2018年全国休闲农业和乡村旅游接待游客超过30亿人次，粗略地说，现在城里人平均每人每年走入乡村约4次，所以从需求上说，这个大潮才刚刚开始。二是从大城市到小城镇和乡村异地养老的现象越来越多，方兴未艾，费孝通先生当年所说的"小城镇、大问题"，今天有了新的意涵。三是城里人到乡村、小城镇长期租房居住，带动了乡村重新繁荣，尽管现在法律上只允许农民住宅在本村居民之间流转，但城市人下乡租房的情况越来越多，我觉得这是城乡两利的。四是一些进城农民工、中高等院校毕业生、退役士兵以及科技人员等返乡下乡创业和就业，推动了农村一、二、三产业的融合发展。

可以说，我国的城镇化，在总体上可能还没有到达"逆城镇化"的阶段，但"逆城镇化"的现象却已经在很多地方、以多样的形式越来越多地呈现在我们面前。虽然这些"逆城镇化"的现象还像是涓涓溪流，分散、缓慢而细小，但经过汇流、涌动，终将汇成滚滚大潮。

关于深化农业供给侧结构性
改革的几个问题

张晓山[*]

摘　要： 深化农业供给侧结构性改革，需要培育以高素质农民为骨干的各类新型农业经营主体；根据不同的资源禀赋和社会、经济、文化条件及历史传统，培育和创新多种形式的农业经营模式和农业组织形式，促进传统小农户与现代农业对接；加强依法行政，使市场在资源配置中真正起到决定性作用。

关键词： 农业供给侧　结构性改革　新型农业经营主体　农业组织　依法行政

深化农业供给侧结构性改革，要减少无效供给，增加有效供给，使供给更好地适应需求。深化改革需要注意以下几个问题：一是培育以高素质农民为骨干的各类新型农业经营主体；二是根据不同的资源禀赋和社会、经济、文化条件及历史传统，培育和创新多种形式的农业经营模式和农业组织形式，促进传统小农户与现代农业对接；三是政府要依法行政，为市场在资源配置中起决定性作用这一重要论断的落实创造条件。

---

[*] 张晓山，管理学博士，中国社会科学院学部委员、研究员，主要研究方向为农村组织与制度。

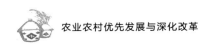

一 深化改革，培育以高素质农民为骨干的
各类新型农业经营主体

推进农业供给侧结构性改革的主体力量是各类新型农业经营主体，而高素质农民又是各类新型主体的骨干。

（一）农业企业家是高素质农民的骨干力量

在一些大宗农产品过剩的情况下，推进农业供给侧结构性改革，必须通过技术创新改进农产品的品质和开拓符合消费者需求的新产品（如养龙虾田块产出优质稻谷；调整种植结构或品种结构，使产业结构升级，如生产青储或黄储玉米、优质强筋或弱筋小麦、高蛋白大豆等），使供给适应需求；还要改进管理，降低成本，打造市场品牌，打通销售渠道，以及通过一、二、三产业融合，获取农业增值收益。这就决定了新形势下对农业生产经营者的素质要求越来越高，他们要具有生产技术、经营管理的知识和技能，还要有几年投资得不到回报的心理准备，以及抗击市场风险和自然风险的能力。成为合格的农民并不容易，做一个高素质的农业生产经营者则更难。除了生产者之外，他必须是经营决策者，也是投资者，还是市场风险和自然风险的承担者，这比成为一个合格的产业工人要求高得多，他也理应获得更高的收入，除了劳动报酬外，还应获得经营决策的回报、投资回报、风险收入。真正能够成为成功农业企业家的毕竟是少数，而这少数农业企业家就是高素质农民的骨干力量。

2017年底，中国社会科学院农村发展研究所课题组在深圳访谈了62位农民工，唯一准备回村投资养殖业的是一位36岁的女性。她2006年在外资企业开始担任基层管理工作，已经干了11年，月工资8000元。现在自修大专课程，准备回村投资50万元，转包10多亩地，计划挖池塘，养鱼苗和虾。

我们曾调研了江西一位养殖大雁的农民企业家，他是都昌县人，1976

年出生，高中毕业，从 1993 年到 2015 年，在广东东莞打工 20 多年，在电子厂里从技术员做到班长、经理，直至外资企业中的高层；年薪 20 多万元，公司还提供住房。但他想回乡创业，说家乡在鄱阳湖边上，经济条件落后，想把家乡带动起来。在外资企业工作时，他通过了成人高考，取得了大专学历。这位企业家回乡前花了半年时间了解大雁养殖项目，认为这个项目符合健康、生态、绿色的标准。他在网上了解到当地的大雁养殖有限公司很有名气，通过朋友介绍认识了公司的老总，把村委会领导带到公司参观考察，最终促使大雁养殖项目在村里落地。2015 年建立基础设施，2016 年正式养殖，当年养殖 3000 只商品雁；2017 年保持 3000 只，2018 年扩大到 5000 只，2019 年达到 6000 多只。①

我们也曾调研了另一位江西的女农业企业家。她 1973 年出生，外嫁到共青城，后回乡创业。1998 年开始，她做了 10 年服装销售，积累了资金。2008 年，她开始做纺织配件。在做纺织配件时，她看见饲料厂的饲料供不应求，发现了商机。经过筹备，2011 年她进军饲料行业。通过与养殖户打交道，她感到农业项目比较稳，在家乡建了 40 万只蛋鸡的养殖基地，后延伸产业链，以鸡粪做有机肥，发展种植业。此后，产业链再延伸到休闲农业，她向村里租赁了 280 亩林地，租期 20 年，2015 年签的合同，租金每亩每年 260 元，10 年一付。我们问她，租期较长，租金固定，合同签署后如果盈利较多，是否会有纠纷，她回答说，她是本村人，这样可省去不少麻烦。由于强调要在私营企业中加强党的领导，她最近入了党。②

农业企业家在外创业后回归本乡投资农业或在本土直接投资农业创业，往往是经过较长时间的摸爬滚打，从失败中崛起，积累了资金、技术和经营知识，也培养了市场嗅觉和经济头脑。他们较大规模地在家乡农业领域投资兴业，往往是经过多方论证才谨慎出手。当地的农业公司、合伙企业或外出

---

① 此案例来自 2019 年 11 月 1 日在江西某县的实地调研。2020 年 2 月，全国人大常委会通过了《关于全面禁止非法野生动物交易，革除滥食野生动物陋习，切实保障人民群众生命健康安全的决定》，不知对大雁养殖有无影响。

② 案例来自 2019 年 11 月 1 日在江西某县的实地调研。

创业的企业家回乡投资农业，在处理资本和土地、劳动力之间的关系等敏感问题上，他们本乡本土，熟门熟路，具有一定的地缘、血缘或家族优势，交易成本中的摩擦成本相对较低。他们在自身受益的同时，也带动了其他农民增加收入，增强了当地农民群体抵御市场风险的能力，最终促进了当地社区经济社会的发展，这种经济现象有其存在和发展的合理性，即使这样的公司和农户之间的互利关系还不够完善。

（二）一批新生代农民坚守农业或回归农业，成为农业供给侧结构性改革的主力军和高素质农民的人才基础

农业劳动力老龄化的问题十分突出。如何吸引年轻一代农民从事农业或回归农业？农业本来就是弱质产业，年轻一代农民如果没有从事农业的经验和技术，又缺乏资金、机械设备、产品品牌和销售渠道，他们就不具备条件留在家乡发展现代农业，当然也不可能对从事农业产生兴趣。

2019 年 3 月，我们到四川汉源县调研。该山区县根据当地的资源禀赋，大力发展水果产业，形成了 33 万亩的五大水果（梨、樱桃、柑橘、苹果、小水果）基地，建立和发展了比较完善的水果交易市场。我们访谈了一位村会计，24 岁，高中毕业，去成都打了一年工，一个月挣 3000～4000 元，后来觉得在外打工没意思，就回村了。问他为什么觉得回家好，他说家里长期围绕土地发展水果产业，搞水果生意已经成型，自己回家主要是经营水果产业，在突击性季节，修剪、授粉、栽水果等工作都要请小工，淡季自己打短工，在水果交易市场为物流业服务。一年下来，收入要比外出打工高不少，而且自己当老板，工作自由，空气好，环境也好。当地像他这样的年轻人不在少数，2018 年全县返乡农民工 1.89 万人，其中返乡创业的有 6800 人。

实践证明，如果农业基础设施基本完善，具有专用性的农业技术有人教授、能够传承下来，农产品供销的信息、渠道畅通，品牌能打出去，资金基本上没有问题，在具备这些条件的情况下，一些有文化、脑筋活、有一定抱负的青年农民就有激励、有兴趣接过父辈的班，从事市场导向的现代农业。他们或是种果树，或是经营蔬菜或水果大棚，或是从事其他经济作物生产。

他们被称为农二代、棚二代或果二代。尽管他们的人数不多，占比不大，但已经是新生代农业企业家的雏形，代表了中国农业生产经营者的希望，是高素质农民的又一批骨干力量。

二 培育和创新多种形式的农业经营模式和农业组织形式，促进传统小农户与现代农业对接

在农业现代化进程中，如何实现小农户与现代农业发展有机衔接，如何促进传统小农户向现代小农户转变？应根据各地不同的历史文化传统、自然环境、资源禀赋，采取不同的路径和方式，培育和创新多种形式的农业经营模式和农业组织形式，因地制宜，分类施策，体现特色，多元发展。以下介绍几种不同的农业经营模式或农业组织形式。

（一）充分发挥市场配置资源的决定性作用，以交易成本最小的方式实现小农户与市场的对接

前述的四川汉源县多年来已经形成了农产品的集散地。全县水果交易在九襄镇这一带形成产品的集散地，苹果、梨、蒜薹都从九襄镇出去。九襄镇周边 3000 人从土地上脱离出来，成为职业经理人或代理人。他们在市场上搞水果营销，给外面的老板代购本地的水果等产品，他们与外面的老板或是与本地生产者之间建立的是私人关系而不是契约关系。交易费用理论认为，企业和市场是两种可以相互替代的资源配置机制。在这个案例中，市场取代了企业和合作社。通过市场交易而产生的交易费用比企业或合作社的组织成本及运营成本要低。我们由此看到了在没有人为干预的情况下市场配置资源的威力。

（二）"公司 + 基地 + 合作社"

四川汉源县种植花椒已有上千年历史。从 20 世纪 90 年代起，花椒、金花梨、蒜薹等农产品就享誉省内外。2018 年，全县种植花椒达 13.4 万亩。

县里成立了花椒工业园区，花椒的生产、销售、加工采取"公司＋基地＋合作社"的模式。汉源的花椒享誉省内外，种植花椒的农户有1.5万户，同时外县也有人想把他们的花椒冒充汉源花椒卖给公司。这种情况下，公司如果自己面对上万小农户，交易费用和核查成本太高，需要有合作社这样的中介组织，负责组织和收购农户的花椒，保证货源确实出自本地品种。"公司＋基地＋合作社"就成为交易成本最低、经济最合理的模式。

（三）成立旅游合作社，减少休闲农业的无序竞争和摩擦成本

2018年9月，我们到福建武平县调研。武平县生态环境质量居福建省第二位，全县森林覆盖率79.7%。依托良好的自然生态环境，武平县在城厢镇创立农旅小镇，被称为云中村寨的云礤村创立了规范的林业旅游民宿，共有37户"森林人家"，林业厅认证扶持，统一授牌，集中管理，规范运作。进而成立"森林人家"专业合作社，实行内部自治，负责质量控制、制定服务标准，避免恶性竞争，虽说是专业合作社，其实功能类似旅游业协会。通过发展"森林人家"，带动其他无条件开办"森林人家"的村民从事林下养鸡、养羊，种植水果、蔬菜、观赏花卉等，为"森林人家"和土特产市场提供原生态产品，初步建立了"种养结合、生态旅游、综合利用"的立体经营模式，发展了休闲农业较为完整的产业链条。

（四）农机专业合作社的新动向

近年来，无论是农户带地入社、保底分红的土地股份合作社，还是转包农户土地、实行规模经营的家庭农场或专业大户，土地租金往往在经营者的生产成本中占相当大比重。2019年10月，我们到黑龙江进行调研，发现一些农机专业合作社由大量转包农户土地或农户带地入社，转为大力开展土地托管经营，由大规模生产主体转为大规模社会化服务主体。土地托管与农户带地入社的区别是，农户对土地仍有经营权，种地的风险仍由农户自己承担，收益也归农户自己所有。合作社统一负责农资供应、配方施肥、农机作业、统防统治和收储加工，完成产前、产中、产后全程服务。农户通过购买

合作社的服务，享受社会化服务的规模效应，不用自己投资购买农机具，降低了运营成本。合作社避免了大规模生产经营主体流转土地经营权所需要支付的租金成本。农机专业合作社这种模式未来的走向和可能会出现的问题值得我们持续关注。

三　依法行政——生猪问题的启示

党的十八届三中全会通过的《中共中央关于全面深化改革若干重大问题的决定》指出，使市场在资源配置中起决定性作用和更好发挥政府作用。要使市场在资源配置中起到决定性作用要靠政府创造一个有利于这种作用发挥的良好的制度环境。政府应依法行政，为市场在资源配置中起决定性作用这一重要论断的落实创造条件。在这方面，生猪问题给予了我们启示。

（一）猪肉价格上涨与非洲猪瘟

中国养猪网的数据显示，2019 年 9 月 3 日，全国外三元生猪均价为27.13 元/公斤，相比 6 个月前，已然翻倍。猪粮比早已突破 6∶1 的盈亏平衡点，当时已达 13.56∶1。一种观点认为，自 2000 年以来的"猪周期"，每次猪肉产量的上下波动也就在 50 万吨左右。与我国每年的猪肉产量相比，这个波动不足 1%。因此，此轮猪肉价格上涨，主要原因是非洲猪瘟。2018年非洲猪瘟疫情暴发的时候，国内许多地方扑杀了感染猪瘟的病猪，导致生猪存栏数量大幅减少。农业农村部 2019 年 7 月的统计数据显示，国内生猪存栏量环比下降 9.4%、同比下降 32.2%，也就是说，2019 年国内生猪数量比 2018 年同期减少了近 1/3，降幅创下历史新高。[①] 2019 年 6 月，农业农村部也指出，猪肉价格之所以上涨，是因为 2018 年 8 月以来非洲猪瘟疫情与周期性因素叠加，导致育肥猪和能繁母猪存栏量持续下滑，市场供给阶段性偏紧。

---

① 参见《国内猪肉供应紧为啥现在不大量进口？原因很简单》，搜狐网，2019 年 9 月 5 日。

（二）寻找保供给和保环境之间的结合点

长期以来，保猪肉供给与保生态环境之间的关系一直未能协调好，非洲猪瘟只是加剧了生猪供需的失衡。2016 年 4 月 7 日上午，农业部新闻办公室举行新闻发布会，向媒体介绍玉米结构调整与生猪生产形势有关情况，并回答记者提问。时任畜牧业司司长的马有祥在会上说，有 10 个省份已经启动生猪禁养区的划定或者正准备启动，禁养区内的生猪规模养殖场拆除搬迁的问题比较突出，这 10 个省份影响了 2000 多万头的生猪出栏量，有一个省份万头以上规模养殖场在禁养区内就被拆除 27 座，影响了 40 多万头的出栏量。所以说，禁养确实给生猪生产造成了一定影响，这也是下一轮发展中应该正视的问题。我们要在补短板方面下功夫，如果环保方面不达标，生猪规模养殖可以说寸步难行，这也是我们下一步政策需要发力的地方。猪不是要不要养的问题，而是如何养好的问题。我们现在要找的就是保供给和保环境的一个结合点。这个发布会到现在 3 年多了，回过头来看，这个结合点显然并没有找好。

（三）治理体系的弊端导致供给与环保的结合出了问题

保供给的背后是保养殖户和企业的就业、收入和老百姓的生计，以及保障广大中低层级消费者对运行在合理价格区间的猪肉的需求。在环保督察、巡视、约谈、问责、查处等严厉的政策举措下，保环境则意味着保政绩、保仕途。对于地方领导来说，保供给出问题，负面影响不会马上显现，对自己的仕途不会有很大的影响；而保环境出问题，后果将很严重，而且马上就会显现出来。天平上孰轻孰重，这是不言而喻的。尽管中央的环保政策很全面、很实事求是，但地方在执行政策时，力度往往是往下逐渐放大，矫枉过正的倾向越来越显著。因为要想短期内见效，对于基层来说，最省事、最快捷的办法就是"一刀切"、运动式的大清理、大整顿。问题出在下面，根源在于我们治理体系中的行政管理体制和选人用人机制的弊端。

就生猪问题来说，2017 年 2 月 20 日的新闻报道《禁养再升级！江西省最新畜禽养殖禁养政策时间表》中写道："近日，江西省召开了畜禽养殖污染防治现场推进会。在这次会议上，江西省政府针对中央环境保护督察组反馈的督查意见，划出红线整改畜禽养殖污染问题，同时制定并下发了整改方案，强化责任落实，严肃责任追究，确保问题整改到位，确保关停一批、搬迁一批、拆除一批、转产一批。各市、县（区）严格畜禽养殖项目的环评审批，建立长效机制，建立问题台账，做到一个问题、一套方案、一名责任领导、全部整改到位。"最后提出："江西省环保、农牧部门将联合成立督察组，加强对涉及整改问题的养殖场和水源流域畜禽养殖情况的巡查与监管，对发现的问题立行立改，对偷排、直排的养殖企业，将依据新《环境保护法》坚决惩处。"2017年3月7日的新闻报道《禁养再升级！山东省最新畜禽养殖禁养政策时间表》中写道："近日，山东省政府印发《关于进一步做好畜禽养殖污染防治工作，促进畜牧业绿色健康发展的通知》，环保部、畜牧局联合部署多项重要工作措施，以保证严格落实环评制度，加快划定禁养区域，依法推进关闭搬迁；建立综合处置体系，推进生态循环利用；规范病死畜禽处理，推动实现资源利用；不断完善扶持政策，打造多元投入格局；加大执法监管力度，有效规范生产运营；以进一步促进畜禽养殖废弃物综合利用，提升畜禽养殖污染防治水平，确保山东省畜牧业绿色健康发展。"最后提出："在2017年6月底前完成畜禽养殖项目环评制度执行情况排查，环保部对存在问题项目依法进行查处。"

各地一系列禁养、限养政策措施的实施导致生猪供给的下降，非洲猪瘟更是加剧了供需的失衡，"不让养"加上"不敢养"，"屋漏又遭连夜雨"，造成猪肉价格的飞涨。

（四）现有规范性文件的界定不清为行政执行提供了合法性

力度很大的行政执行有没有合法性呢？应该说，基层政府的行政执行还是有依据的，依据的就是地方政府出台的相关规范性文件。

什么是规范性文件呢？2006年《中华人民共和国各级人民代表大会常务委员会监督法》（以下简称《监督法》）第五章专门规定了"规范性文件

的备案审查"。该法虽然并没有对何为"规范性文件"做出定义，但从其具体规定来看，它既包括法律、行政法规、地方性法规和规章，也至少包括较大的市以下地方各级人民代表大会及其常务委员会做出的决议、决定和较大的市以下地方各级人民政府发布的决定、命令，此外还包括最高人民法院和最高人民检察院"做出的属于审判、检察工作中具体应用法律的解释"。目前，很多地方性法规都坚持《监督法》等法律所确认的"规范性文件"的广义用法，但对规范性文件的内涵和外延尚未见到明确和权威的界定。

规范性文件的效力谁大谁小、谁管谁呢？《宪法》只是确认国务院可以"根据宪法和法律，规定行政措施，制定行政法规，发布决定和命令"；国务院"各部、各委员会根据法律和国务院的行政法规、决定、命令，在本部门的权限内，发布命令、指示和规章"。但是对于国务院制定的行政法规与其通过的抽象性"行政措施""决定""命令"，国务院各部委制定的规章与其通过的"命令""指示"，以及省级政府和较大的市的政府制定的规章与其通过的"行政措施""决定""命令"，在性质和效力等级方面有何区别，这些法律却语焉不详，《立法法》也没有规定。《立法法》对于"法律""行政法规""规章""地方性法规"之间的效力等级关系做了比较明确的界定，但对于与这些法律文件具有相同制定主体的"规范性文件"与它们之间的效力等级关系却没有做明确的规定。

在现实经济社会活动中，哪一类规范性文件管用呢？效力等级的层级最低、离现实最近的规范性文件往往最管用。因为这类文件有具体的操作措施，包括奖惩措施，因而效力最大，所谓"县官不如现管"。

（五）依法行政，处理好保供给与保环境之间的关系

十九届四中全会通过的《中共中央关于坚持和完善中国特色社会主义制度　推进国家治理体系和治理能力现代化若干重大问题的决定》提出，"坚持和完善中国特色社会主义行政体制，构建职责明确、依法行政的政府治理体系""依法撤销和纠正违宪违法的规范性文件"。政府的职能和行政执行力必须受到法律的约束。

2019年8月21日，国务院总理李克强主持召开国务院常务会议，会上提出稳定生猪生产、保障猪肉供应，制定了稳定生猪生产和猪肉保供稳价的五项措施，其中第二项是要求地方要立即取消超出法律法规的生猪禁养、限养规定。这是近年来国务院的首次明确要求。2019年9月6日，生态环境部、农业农村部联合召开规范畜禽养殖禁养区划定和管理促进生猪生产发展视频会，时任生态环境部部长李干杰强调，要严格落实《畜牧法》《畜禽规模养殖污染防治条例》等法律法规要求，依法科学划定禁养区，国家法律法规和地方法规之外的其他规章和规范性文件不得作为禁养区划定依据。各地要在省级人民政府领导下，积极主动开展禁养区划定范围过大、限制散养户、不允许建设通过粪污资源化利用实现无污染物排放的养殖场等违法违规问题的排查，建立分县工作台账，全面核实禁养区有关情况。同时，还要一并排查以改善生态环境质量为由，限制养猪业发展或压减生猪产能等问题。针对排查出的问题，要做到立行立改，坚决、迅速取消超出法律法规的禁养规定和超划的禁养区。

政府要创造条件，使市场在资源配置中真正起到决定性作用，政府只做市场、企业和社会团体做不到的事情，而且政府必须依法行政，超出国家法律法规和地方法规之外的其他规范性文件不得作为行政执行的依据，这就是政府所应发挥的最重要的作用。

"十四五"中国农村发展若干重大问题[*]

魏后凯[**]

摘　要："十四五"时期是中国经济社会发展的重要转折时期，其规划制定必须处理好继承和创新的关系，实现继承性与创新性相统一。新中国70年的持续发展、40多年的农村改革经验以及"十三五"规划的有序推进，为"十四五"时期中国农村发展奠定了坚实的基础。随着2020年全面建成小康社会和脱贫攻坚目标的实现，中国将进入高水平全面建成小康社会进而向富裕社会迈进的"后小康"时代，国家"三农"工作的重点将逐步由脱贫攻坚转移到全面实施乡村振兴战略上来。在"十四五"时期，立足"两个阶段"发展目标，进一步巩固提高农村全面小康质量、为农业农村基本现代化开好局将成为核心主题。围绕这一核心主题，中国农村发展需要着力解决好五个重大问题，即建设高水平的农村全面小康、夯实农业农村基本现代化的基础、实现由脱贫攻坚到乡村振兴的转型、破解粮食安全和农民增收难题以及推动农村改革由试点走向全面铺开。

关键词："十四五"规划　农村发展　乡村振兴　小康社会

---

* 本文系中国社会科学院创新工程重大科研规划项目之二"'十四五'经济社会发展若干重大问题研究"的阶段性成果。

** 魏后凯，经济学博士，全国人大农业和农村委员会委员，中国社会科学院农村发展研究所所长、研究员，主要研究方向为区域经济、产业经济、资源与环境经济。

引　言

　　"十四五"时期是中国经济社会发展的重要转折时期，也是实现全面建成小康社会目标后向全面建成社会主义现代化强国迈进的承上启下的关键时期。党的十八大报告提出了"两个一百年"的奋斗目标，即在中国共产党成立一百年时全面建成小康社会，在新中国成立一百年时建成富强民主文明和谐的社会主义现代化国家。党的十九大报告又提出了全面建成社会主义现代化强国的"两个阶段"发展目标，即到 2035 年基本实现社会主义现代化，到 21 世纪中叶建成富强民主文明和谐美丽的社会主义现代化强国。作为开启全面建设社会主义现代化国家新征程的第一个五年规划，"十四五"规划需要处理好继承和创新的关系，既要保持现有制度和政策的相对稳定性，又要根据新时代的要求和国内外环境的变化，在观念、体制机制和政策措施上大胆创新，实现继承性和创新性相统一。从继承性看，新中国 70 年的持续发展、40 多年的农村改革经验以及"十三五"规划的有序推进，为今后顺利实现"两个阶段"发展目标和"十四五"农村发展规划奠定了坚实的基础。

　　新中国成立以来，中国农村制度变迁经历了从合作化、公社化的"统"到家庭联产承包责任制的"分"再到新型集体经济的"合"，从高度集中的计划体制到各领域的市场化改革再到全面深化改革，从人民公社的"政社合一"到"乡政村治"再到乡村善治，从城乡分割的二元体制到城乡统筹、城乡发展一体化再到城乡融合发展的体制机制转变。尽管这期间农村发展经历了一些波折，但总体上看，70 年来中国农村发展取得了辉煌的成就，全国粮食产量和农业综合生产能力稳步提升，农民收入和生活水平显著改善，农村面貌发生了翻天覆地的变化，农村贫困人口大幅度减少，为促进世界农业农村发展尤其是保障世界粮食安全和全球减贫事业做出了巨大贡献。经过 70 年的长期艰辛探索和持续发展，中国逐步走出了一条符合中国国情、有中国特色的农村发展道路。这条道路就是从中国国情出发，走具有中国特色的多元化、合作共享型农村发展道路。[①] 特别是改革开放以来，在长达 40 多年的改革实践探索中，中国坚持以家庭承包经营为基础，以保障农民权益和主体地位为核心，采取了从单领域到全方位、从点到面、从试点到推广的渐进式市场化改革模式。[②] 正是由于这种渐进式市场化改革，才极大地激发了农民的积极性和农村发展活力，并减少了改革阻力，降低了改革成本。

在"十三五"期间，随着脱贫攻坚战的全面打响以及农业供给侧结构性改革和乡村振兴战略的推进实施，中国农业农村发展取得了可喜的成效。2016～2018 年，全国粮食产量每年保持在 6.5 亿吨以上，人均粮食产量超过 470 公斤，自 2008 年以来已连续 11 年超过国际公认的 400 公斤安全线，为确保"谷物基本自给、口粮绝对安全"奠定了坚实的基础。这期间，中国农业经济呈现持续稳定增长态势，各种农产品供应日益丰富，供给质量和效率稳步提升。若按不变价格计算，"十三五"前 3 年全国农林牧渔业增加值年均增长 3.73%；若按可比价格计算，全国农林牧渔业总产值年均增长 3.67%，其中农业总产值年均增长 4.26%，林业总产值年均增长 7.20%，牧业总产值年均增长 1.63%，渔业总产值年均增长 2.80%。[③] 相比之下，农林业总产值增长速度远高于牧渔业。随着城镇化的快速推进、现代高效农业的发展和农村产业融合的加快，农村居民收入和生活水平明显提升。若按可比价格计算，2016～2018 年中国农村居民人均可支配收入年均增长 6.68%，比城镇居民年均增速高 0.81 个百分点；若按不变价格计算，这期间全国农村居民消费水平年均增长 8.62%，比城镇居民年均增速高 3.75 个百分点。目前，城乡居民收入和生活水平差距尽管仍处于较高水平，但近年来已经出现持续稳定下降的趋势。其中，全国城乡居民人均可支配收入比从 2015 年

---

① 魏后凯、谭秋成、罗万纯、卢宪英：《中国农村发展 70 年》，经济科学出版社，2019。
② 魏后凯、刘长全：《中国农村改革的基本脉络、经验与展望》，《中国农村经济》2019 年第 2 期。
③ 根据国家统计局编《中国统计年鉴 2019》和《中国统计摘要 2019》中数据计算而得。除特别说明外，本文使用的数据均来自《中国统计年鉴 2019》和《中国统计摘要 2019》。

的 2.73 下降到 2018 年的 2.69，城乡居民消费水平比则由 2015 年的 2.81 下降到 2018 年的 2.55（见表 1）。

表 1　中国城乡居民可支配收入和消费水平增长及差距变化

单位：元，%

项目	2015 年	2016 年	2017 年	2018 年	2016～2018 年年均增长
城镇居民人均可支配收入	31194.8	33616.2	36396.2	39250.8	5.87
农村居民人均可支配收入	11421.7	12363.4	13432.4	14617.0	6.68
城乡居民人均可支配收入比	2.73	2.72	2.71	2.69	—
城镇居民消费水平	27210	29295	31098	33282	4.87
农村居民消费水平	9679	10783	11691	13062	8.62
城乡居民消费水平比	2.81	2.72	2.66	2.55	—

注：城乡居民可支配收入和消费水平绝对数按当年价格计算，城乡居民可支配收入增长率按可比价格计算，城乡居民消费水平增长率按不变价格计算。

资料来源：根据《中国统计摘要 2019》计算整理。

从创新性看，"十四五"规划是中国特色社会主义进入新时代、开启全面建设社会主义现代化国家新征程的第一个五年规划，随着发展阶段、国内外环境、国家战略重点和发展动能等的变化，"十四五"农村发展规划需要突出创新思维，按照"两个阶段"发展目标和高质量发展的要求，围绕乡村振兴和城乡融合发展主题，系统研究提出新的思路、新的方法和新的举措。特别是，要深刻把握"十四五"时期农村发展战略目标和重大任务的变化。首先，在 2020 年实现全面建成小康社会目标后，中国将进入"后小康"时代。在新形势下，如何采取有效措施，加快农业农村现代化进程，实现中国由农业大国向农业强国转变，将成为新时期农村发展的一个中心任务。当然，实现这种战略转变将是一项长期的艰巨的任务，"十四五"时期重点是开好局、起好步，为农业农村基本现代化奠定好坚实的基础。其次，在 2020 年实现脱贫攻坚目标后，国家反贫困战略将逐步从超常规扶贫转向常规性的反贫困，着重建立农民持续稳定增收和城乡相对贫困减少的长效机制，国家"三农"工作的重点也需要从脱贫攻坚转向乡村振兴。乡村振兴战略是一项管全局管长远的大战略。① 在实施乡村振兴战略中，农业农村优先发展的总方针必须长期坚持下去。在脱贫攻坚目标实现后，国家对农业农村发展的支持力度非但不能减弱，反而应该进一步加大。但是，国家资金投入和政策支持的重点要逐步转移到实施乡村振兴战略上来。正是由于这种战略转变，当前亟须从国家战略层面对"十四五"中国农村发展的若干重大问题展开全面深入研讨。

一　建设高水平的农村全面小康

农村是全面建成小康社会的最大短板，也是其难点和重点所在。建设小康社会的构想，是改革开放初期邓小平在阐述"中国式的现代化"时率先提出来的，② 后来逐步纳入国家战略之中。1982 年，党的十二大报告明确把人民物质生活"达到小康水平"作为主要奋斗目标；1987 年，党的十三大报告把"人民生活达到小康水平"作为"三步走"发展战略的第二步目标；1997 年，党的十五大报告提出"建设小康社会"的历史新任务；2002 年，党的十六大报告提出"全面建设小康社会"的目标任务；2012 年，党的十八大报告又明确提出确保到 2020 年实现"全面建成小康社会"的宏伟目标。从"建设小康社会"到"全面建设小康社会"再到"全面建成小康社会"，既反映了中央政策继承和创新的有机统一，又反映了人们对小康社会科学内涵理解的不断深化。为加快推进全面建成小康社会，近年来中央先后实施了打赢脱贫攻坚战和乡村振兴战略，加大了脱贫攻坚以及"三农"投入和政策支持力度。在一系列强农惠农政策的支持下，中国农村贫困人口大幅减少，农村经济社会发展、人民生活、政治民主和环境治理等方面均取得了显著成效，农村全面建成小康社会实现程度稳步提升。笔者研究团队采用经济发展、人民生活、社会发展、政治民主、农村环境 5 个一级指标和 23

---

① 韩俊：《新时代乡村振兴的政策蓝图》，《人民日报》2018 年 2 月 5 日。
② 吕书正：《邓小平小康社会思想的科学内涵》，《党的文献》2000 年第 2 期。

个二级指标对中国农村全面建成小康社会实现程度进行综合评价，结果表明，如果按照现有实现程度和近年来的推进速度，到2020年中国农村总体上可以实现全面建成小康社会的目标。[①]

但是，应该看到，目前中国城乡区域差距仍然较大，即使到2020年，全国农村实现了全面建成小康社会目标，但相比较而言，农村这种全面小康仍然是一种较低水平的全面小康。首先，中国城乡发展差距大，城市与农村全面建成小康社会的实现程度悬殊。与城市尤其是一些大城市相比，农村居民收入水平仍然较低，基础设施和公共服务仍严重滞后，农村人居环境质量亟待提升。如表2所示，尽管城乡居民供水普及率差距较小，但燃气普及率、生活污水处理率和生活垃圾无害化处理率差距十分明显。即使到2020年全国农村达到了全面建成小康社会的标准，但由于农村标准定得不高，农村全面小康的水平依然较低。从某种程度上讲，它仅仅是一种带有入门性质的达标而已。其次，从各个指标的具体实现程度来看，目前农村全面小康仍存在一些短板和薄弱环节。评估结果表明，在5个一级指标中，社会发展指标和农村环境指标的实现程度较低；在23个二级指标中，仍有部分指标实现程度较低，到2020年较难或很难达到标准值，由此成为短板中的短板和薄弱环节。[②] 如果不尽快补齐这些短板，强化薄弱环节，将会降低农村全面建成小康社会的质量，进而影响到农业农村现代化的进程。最后，不同地区农村全面建成小康社会的实现程度严重不平衡。目前，一些发达地区农村和大城市郊区早已提前实现了全面小康目标，而少数农村贫困地区到2020年同步实现全面小康仍有一定难度。在"十三五"时期，浙江、江苏等沿海发达省份就已经明确提出高水平全面建成小康社会，而中西部一些落后地区尤其是深度贫困地区，到2020年实现脱贫攻坚的任务仍十分繁重。很明显，

---

① 魏后凯、卢宪英、张瑞娟：《中国农村全面建成小康社会评估及总体战略》，载魏后凯、潘晨光主编《中国农村发展报告（2016）》，中国社会科学出版社，2016；魏后凯、张瑞娟：《中国农村全面建成小康社会进程评估》，《人民论坛·学术前沿》2016年第18期。

② 魏后凯、卢宪英、张瑞娟：《中国农村全面建成小康社会评估及总体战略》，载魏后凯、潘晨光主编《中国农村发展报告（2016）》，中国社会科学出版社，2016；魏后凯、张瑞娟：《中国农村全面建成小康社会进程评估》，《人民论坛·学术前沿》2016年第18期。

实现现有标准下农村贫困人口全部脱贫，是全面建成小康社会的底线任务。从收入指标看，2018 年甘肃、贵州农村居民人均可支配收入还不到 1 万元，城乡居民收入比仍在 3.2 以上，按照现有推进速度，到 2020 年还难以达到农村全面小康的目标值。

表 2 2017 年中国城乡公用设施水平差距

单位：%

项目	公用设施水平					相对水平（以城市为 1）				
	城市	县城	建制镇	乡	村庄	城市	县城	建制镇	乡	村庄
供水普及率	98.30	92.87	88.10	78.78	75.51	1	0.94	0.90	0.80	0.77
燃气普及率	96.26	81.35	52.11	25.02	27.00	1	0.85	0.54	0.26	0.28
生活污水处理率[a]	94.54	90.21	49.35	17.19	20[a]	1	0.95	0.52	0.18	0.21
污水处理厂集中处理率	91.98	88.89	39.56	8.20	—	1	0.97	0.43	0.09	—
生活垃圾处理率[b]	99.00	96.11	87.19	72.99	65[b]	1	0.97	0.88	0.74	0.66
生活垃圾无害化处理率	97.74	91.00	51.17	23.62	—	1	0.93	0.52	0.24	—

注：a 为 2016 年对生活污水进行处理的行政村比例；b 为 2016 年对生活垃圾进行处理的行政村比例。

资料来源：根据 2016 年、2017 年《中国城乡建设统计年鉴》整理计算。

在 2020 年实现全面建成小康社会目标后，中国将进入高水平全面建成小康社会进而向富裕社会迈进的"后小康"时代。所谓"后小康"时代，是指实现全面建成小康社会目标之后的发展阶段，它是由小康社会向富裕社会迈进的必然阶段。从国际经验看，小康社会之后将是发达、富足、包容的富裕社会。因此，从狭义看，"后小康"时代是实现全面建成小康社会目标后向富裕社会迈进的过渡阶段。在这一过渡阶段，整个社会仍将处于全面小康社会。只有越过这一阶段，才能进入富裕社会。从广义看，也可以把"后小康"时代泛指为实现全面建成小康社会之后的发展阶段。在 2020 年实现全面建成小康社会目标之后，中国不可能马上进入富裕社会。这是因为，目前中国仍是发展中国家，发展水平仍然较低，发展不平衡不充分的问题依然突出。尽管这一时期小康社会已经"全面建成"，但仍需要提高全面小康的质量和水平，高水平全面建成小康社会仍然是核心任务。从某种程度上讲，2020 年实现全面建成小康社会目标，将标志着中国整体上告别贫困，在解决温饱和实现总体小康的基础上，真正整体迈入了全面小康社会。因此，"十四五"时期也是中国整体迈入全面小康社会的起点。无论是总体小康还是全面小康，都属于小康社会的重要阶段。可以说，在进入"后小康"时代之后相当长一段时期内，中国属于全面小康社会的性质依旧没有改变。

在"十四五"时期，尽管农村全面建成小康社会的目标已经实现，但仍需要巩固农村全面小康的成果，提高农村全面小康的质量，建设高水平的农村全面小康。如何建设高水平的农村全面小康？一是围绕农村基础设施、公共服务、环境治理等薄弱环节，通过实施一批国家重大建设工程，如农村公路提档升级工程、村庄生活污水处理工程、乡村治理能力提升工程、智慧乡村建设工程等，加快补齐农村全面小康的短板，切实提高农村全面小康的质量和水平。二是针对深度贫困地区和相对落后的农村地区，加大政策扶持和财政转移支付力度，着力巩固农村脱贫攻坚和全面小康的成果，尽快建立农民稳定增收和减贫的长效机制，进一步增强其发展的可持续性。三是按照城乡融合发展的理念，加快推进城乡基本公共服务均等化、城乡居民收入均衡化和生活质量等值化，大幅减少城乡全面小康实现程度的差距。

二 夯实农业农村基本现代化的基础

早在 1954 年，中国政府就提出了实现农业现代化的任务。2017 年，党的十九大报告又明确提出实施乡村振兴战略，加快推进农业农村现代化，由此将农业现代化拓展到了农业农村现代化。实施乡村振兴战略，农业农村现代化是总目标，产业兴旺、生态宜居、乡风文明、治理有效、生活富裕是总要求。[1] 按照中央的规划部署，到 2035 年要基本实现农业农村现代化，到 2050 年要实现乡村全面振兴。[2] 从某种程度上讲，实现乡村全面振兴的过程

---

[1] 中共中央党史和文献研究院编《习近平关于"三农"工作论述摘编》，中央文献出版社，2019。

[2] 参见《中共中央国务院关于实施乡村振兴战略的意见》，《人民日报》2018 年 2 月 5 日。

也就是全面实现农业农村现代化的过程。然而，关于"农业农村现代化"的概念，目前学术界有不同的理解。最常见的是一种两分法，即把农业农村现代化理解为农业现代化加上农村现代化。[①] 早在20世纪末，就已经有学者提出了"农业和农村现代化"的概念，[②] 把农业现代化与农村现代化二者并列起来。也有人把农业农村现代化理解为农业现代化的简单延伸，而农业现代化过去常被泛化为"三农"的现代化，即农业、农村和农民的现代化。[③] 最近，还有学者把农业农村现代化理解为产业兴旺、生态宜居、乡风文明、治理有效和生活富裕，[④] 这实际上是把乡村振兴战略的总目标与总要求等同起来。笔者以为，农业农村现代化具有丰富的科学内涵，它既不是农业现代化的简单延伸，也不是农业现代化和农村现代化的简单叠加。在乡村振兴大背景下，农业农村现代化是农村产业现代化、农村文化现代化、农村生态现代化、乡村治理现代化和农民生活现代化"五位一体"的有机整体，其中农业现代化是农村产业现代化的核心内容。[⑤]

基于对农业农村现代化"五位一体"有机整体的理解，笔者研究团队构建了综合指标体系对中国农业农村现代化的实现程度进行了评价。结果表明，按照2050年全面现代化的目标值，中国农业农村现代化的实现程度由2010年的43.78%提高到2016的54.02%。按照现有的推进速度，到2035年总体上可以基本实现农业农村现代化。[⑥] 当然，这是就采用简单算术平均法测算的综合指数而言的。实际上，各个指标的实现程度差异很大。特别是

① 陈锡文：《实施乡村振兴战略，推进农业农村现代化》，《中国农业大学学报》（社会科学版）2018年第1期。
② 顾益康：《沿海地区率先基本实现农业和农村现代化的战略对策》，《农业技术经济》1999年第4期；章猛进：《沿海地区农业和农村现代化实践的理论思考》，《中国农村经济》2000年第1期。
③ 赵景阳、郭艳红、米庆华：《广义农业现代化的内涵与评价研究——以山东省为例》，《农业现代化研究》2007年第1期。
④ 张应武、欧阳子怡：《我国农业农村现代化发展水平动态演进及比较》，《统计与决策》2019年第20期。
⑤ 魏后凯：《深刻把握农业农村现代化的科学内涵》，《农村工作通讯》2019年第2期。
⑥ 总报告课题组：《走中国特色的乡村全面振兴之路》，载魏后凯、闫坤主编《中国农村发展报告（2018）》，中国社会科学出版社，2018。

一些核心指标的实现程度较低，成为农业农村基本现代化的短板和薄弱环节。这些短板和薄弱环节主要集中在农业劳动生产率、农村居民收入、农村公共服务、农民文化素质和农村环境治理等领域。从农业劳动生产率看，根据世界银行世界发展指标（WDI）数据库资料，[①] 2016 年中国劳均农业增加值为 3515 美元（2010 年美元），虽略高于世界平均水平，但比中上等收入经济体平均水平低 22.5%，仅相当于高收入经济体平均水平的 8.8%，不到挪威、新西兰、美国、以色列、荷兰、瑞典、芬兰等的 5%，只有比利时、丹麦、法国、英国、德国等的 5%~10%，也只有日本的 15.5%。如果农业劳动生产率得不到大幅提高，实现农业现代化将无从谈起。从农村居民收入看，目前一些发达国家农村居民收入已经超过或者接近城镇居民，而 2018 年中国农村居民人均可支配收入仅占城镇居民的 37.2%，仍低于改革开放初期的水平。国际经验表明，要全面实现农业农村现代化目标，就必须在进一步减少农村人口的基础上，大幅增加农村居民收入，加快推进城乡居民收入均衡化，使农村居民收入逐步接近城镇居民。从农村公共服务看，目前农村教育文化、医疗卫生、社会保障等公共服务严重滞后，还远不能适应城乡基本公共服务均等化和农业农村现代化的需要。近年来，虽然国家对城乡居民医疗和养老保险实行了并轨，但其参保者绝大部分是农村居民，城镇居民主要参加职工和事业单位的医疗和养老保险，各地城乡低保大多还没有并轨，建立城乡统一的公共服务体系和社会保障制度依然任重而道远。从农民文化素质看，伴随着城镇化的快速推进，大量学历较高的年轻人不断涌向城市，农村人口老龄化日益凸显，各类人才流失严重，一些年份农村文盲率甚至出现了小幅上升的趋势。根据全国人口变动情况抽样调查数据，中国乡村文盲人口占 15 岁及以上人口的比重由 2013 年的 7.21% 上升到 2016 年的 8.58%，其中女性文盲率由 10.43% 提高到 12.53%[②]。从农村环境治理看，

---

① 参见 http://wdi.worldbank.org/table/3.3。

② 国家统计局人口和就业统计司编《中国人口和就业统计年鉴 2014》，中国统计出版社，2014；国家统计局人口和就业统计司编《中国人口和就业统计年鉴 2017》，中国统计出版社，2017。

目前化肥、农药等农业投入品使用过量，农业面源污染严重，村庄生活污水处理率极低，2016年全国80%的行政村未对生活污水进行处理，这些都严重影响了农业农村现代化进程。

"十四五"规划是加快推进农业农村现代化的第一个五年规划，需要开好头、起好步，为2035年基本实现农业农村现代化奠定好基础。夯实农业农村基本现代化的基础，是"十四五"农业农村发展的核心任务之一。在"十四五"期间，要坚持农业农村优先发展，补短板、强弱项、调结构、建机制，因地制宜、梯次推进农业农村现代化进程。当前，中国各地区农村发展条件差异较大，其所处发展阶段和现代化实现程度不一。比如，2018年上海农村居民人均可支配收入已达30374.7元，而甘肃只有8804.1元，按照2011~2018年全国农村居民人均可支配收入年均增速8.5%推算，甘肃农村居民收入水平至少比上海落后15年。考虑到如此巨大的地区差异，各地推进农业农村现代化要从实际出发，实行梯次推进的多元化战略。所谓梯次推进，就是要因地制宜，遵循发展规律，既要防止各地不顾条件盲目攀比、拔苗助长，又要允许和鼓励沿海经济发达地区、大城市郊区等有条件的地区率先基本实现农业农村现代化。当前，可以考虑在不同类型地区，选择一些代表性地区建立国家农业农村现代化创新发展试验区，鼓励其在农业农村现代化方面大胆进行体制机制创新和试验，为其他地区积累经验。所谓多元化，就是各地应该从自身实际出发，以加快推进农业农村现代化为目标，在各个领域进行大胆改革和创新，积极探索多元化的农业农村现代化模式。需要指出的是，农业农村现代化首先是发展和治理能力的现代化。因此，加快推进农业农村现代化，首要任务就是填补能力缺口，加快推进能力的现代化，尤其是乡村治理体系和治理能力的现代化。要对标农业农村现代化的目标值，以能力缺口大小为依据，不断提高农业农村现代化的支撑能力、可持续发展能力和治理能力。

三　实现由脱贫攻坚到乡村振兴的转型

中国的农村减贫工作经历了从救济式扶贫到开发式扶贫再到精准扶贫的

转变。经过新中国成立 70 年来尤其是改革开放 40 多年来的持续探索，中国农村减贫事业取得了世界公认的巨大成效。按照 2010 年农村贫困标准，中国农村贫困人口由 1978 年的 77039 万人减少到 2018 年的 1660 万人，共减少了 7.54 亿人，平均每年减少 1884 万人；同期全国农村贫困发生率由 97.5% 下降到 1.7%。其中，北京、天津、上海、江苏、浙江、福建、山东、广东等 8 个省份农村贫困发生率已经下降到 0.5% 以下。[①] 中国农村减贫工作之所以取得巨大成效，是发展减贫、城镇化减贫和政策减贫综合作用的结果。从发展减贫看，中国经济的持续快速增长，尤其是农业和农村经济的持续增长，以及各项社会事业的持续发展、生态环境的不断改善和经济发展包容性的逐步提高等，是改革开放以来大规模减贫的主要推动力。[②] 1979 ~ 2018 年，中国 GDP 年均增长 9.4%，居民人均可支配收入年均增长 8.41%。这种长达 40 年的中国经济持续快速增长和社会进步，为农村大规模持续减贫奠定了坚实的基础。从城镇化减贫看，中国城镇化率从 1978 年的 17.92% 提高 2018 年的 59.58%，共新增城镇人口 6.59 亿人，平均每年新增城镇人口 1647 万人，城镇化率年均提高 1.04 个百分点，远高于这期间世界城市化率平均增速。这种大规模的快速城镇化带来了大规模的乡城人口迁移，不仅大量减少了包括贫困人口在内的农村人口，而且有力促进了农业规模化经营和农民收入增长。更重要的是，在大规模快速城镇化的进程中，由于城市经济的快速增长创造了较多的就业机会，加上政府的就业指导和高度重视城市规划建设，这种大规模乡城人口迁移并没有伴随农村贫困向城市的转移，没有在城市产生贫民窟现象。这是改革开放以来中国城镇化的一条重要经验。从政策减贫看，自 1986 年开始的全国大规模扶贫开发，到 1994 年的"八七扶贫攻坚计划"以及随后两个十年农村扶贫开发纲要，再到 2013

---

① 刘洪波：《2018 年农村居民收支与贫困人口状况》，载魏后凯、黄秉信主编《中国农村经济形势分析与预测（2018 ~ 2019）》，社会科学文献出版社，2019。

② 汪三贵：《在发展中战胜贫困——对中国 30 年大规模减贫经验的总结与评价》，《管理世界》2008 年第 11 期；吴国宝等：《中国减贫与发展（1978 ~ 2018）》，社会科学文献出版社，2018。

年以后的精准扶贫和打赢脱贫攻坚战，中国政府将农村扶贫工作提高到了前所未有的高度，制定实施了一系列规划和政策措施，全力加大资金投入，凝聚全党全社会力量，共同参与扶贫开发，形成了专项扶贫、行业扶贫、社会扶贫互为支撑、共同推进的大扶贫格局，走出了一条具有中国特色的扶贫开发道路。值得注意的是，随着扶贫开发的不断推进，扶贫资金投入力度和脱贫难度都在加大，政策减贫的效果尤其是财政扶贫资金减贫的边际效果也在明显下降。[①]

按照目前的政策支持力度和农村减贫推进速度，到2020年实现中央提出的脱贫攻坚战目标，即"现行标准下农村贫困人口实现脱贫，贫困县全部摘帽，解决区域性整体贫困"应该是有保障的。但是，现在面临的关键问题是如何提高脱贫的质量，增强脱贫的可持续性。农村脱贫的质量和可持续性事关打赢脱贫攻坚战、决胜全面建成小康社会的全局。从全国脱贫攻坚的情况看，当前仍有诸多因素影响了农村脱贫的质量和可持续性。一是目前深度贫困地区脱贫攻坚的任务仍十分艰巨。2012年以来，尽管贫困地区农村贫困发生率下降的幅度较大，但其贫困人口规模的下降幅度却低于全国平均水平，导致贫困地区农村贫困人口占全国人口的比重呈上升趋势（见表3）。截至2018年末，贫困地区农村贫困发生率仍在4%以上，一些深度贫困地区农村贫困发生率更高，如云南怒江州农村贫困发生率仍接近1/3，南疆四地州为10.4%，甘肃临夏州为8.97%，四川凉山州为7.1%。[②] 二是一些贫困地区虽然实现了脱贫，但并没有建立起农民稳定增收的长效机制。如有的贫困地区缺乏长效扶贫产业，农民增收主要依靠外出打工或者政府的转移性收入，显然这种农民增收模式是不可持续的。三是现有剩余的农村贫困人口大多是因病因残、缺乏劳动力导致的贫困，需要政府财政兜底来解决，而贫困地区地方财力有限，如果缺乏上级政府和外部的支持，地方财政将难

---

① 朱玲、何伟：《工业化城市化进程中的乡村减贫40年》，《劳动经济研究》2018年第4期。

② 参见《10万乡亲"挪穷窝"》，《人民日报》2019年4月16日；《产业做起来 群众富起来》，《人民日报》2019年4月9日；《短板补一补 脱贫多条路》，《人民日报》2019年4月22日；《致富路修到了家门口》，《人民日报》2019年4月11日。

以承受。四是由于政府把大量资金投向了建档立卡的贫困人口，对处于贫困线边缘的低收入人口产生了一定的"挤压"效应。2014～2017 年，中国农村居民 20% 的低收入户人均可支配收入年均名义增长率仅有 3.5%，其中2014 年和 2016 年人均可支配收入甚至出现了下降的趋势。[①] 2018 年，尽管农村居民 20% 的低收入户人均可支配收入增长较快，名义增长率达到11.0%，但中等偏下收入户名义增长率仅有 1.9%。按农村居民收入五等份分组的人均可支配收入计算的变异系数，由 2013 年的 0.70 提高到 2017 年的 0.74，2018 年又进一步提高到 0.76。这表明，近年来中国农村地区居民收入差异在不断扩大。

表3　2012 年以来中国贫困地区农村贫困状况的变化

项目	贫困人口（万人）		下降幅度（%）	占全国人口的比重（%）		比重变化（个百分点）	贫困发生率（%）		发生率变化（个百分点）
	2012 年	2018 年		2012 年	2018 年		2012 年	2018 年	
全国	9899	1660	-83.2	100.0	100.0		10.2	1.7	-8.5
贫困地区	6039	1115	-81.5	61.0	67.2	6.2	23.2	4.2	-19.0
集中连片特困地区	5067	935	-81.5	51.2	56.3	5.1	24.4	4.5	-19.9
592 个国家扶贫开发工作重点县	5105	915	-82.1	51.6	55.1	3.5	24.4	4.3	-20.1
民族八省区	3121	602	-80.7	31.5	36.3	4.8	21.1	4.0	-17.1

　　注：贫困地区包括集中连片特困地区和片区外的国家扶贫开发工作重点县，共 832 个县。

　　资料来源：《扶贫开发持续强力推进　脱贫攻坚取得历史性重大成就——新中国成立 70 周年经济社会发展成就系列报告之十五》，国家统计局网站，2019 年 8 月 12 日。

　　因此，在"十四五"时期，既要巩固脱贫攻坚的成果，又要发力全面实施乡村振兴战略。一方面，尽管到 2020 年打赢脱贫攻坚战的目标已经实现，但由于前述的影响脱贫质量和可持续性的不稳定因素，"十四五"期间仍需要花费较大精力巩固脱贫攻坚的成果，进一步提高脱贫的质量，有效防止低收入人口返贫致贫，切实增强脱贫的可持续性。另一方面，"十四五"时期又是

---

　　① 魏后凯：《2020 年后中国减贫的新战略》，《中州学刊》2018 年第 9 期。

实施乡村振兴战略的发力期，要在巩固脱贫攻坚成果的基础上，逐步把国家"三农"工作的重点从脱贫攻坚转移到全面实施乡村振兴战略上来。也就是说，在 2020 年实现脱贫攻坚战目标之后，国家对"三农"工作的支持力度应该进一步加大，要建立政府涉农资金稳定增长机制，并将长期以来被证明是行之有效的扶贫制度安排和政策措施逐步扩大和延伸到支持乡村振兴上来。要通过乡村振兴战略的全面实施，不断完善体制机制、法律制度和政策体系，推动形成农民稳定增收和乡村全面振兴的长效机制。需要指出的是，反贫困是一个永恒的课题，打赢脱贫攻坚战并不意味着反贫困的终结。随着超常规的脱贫攻坚战的结束，中国的贫困问题将转变为相对贫困和多维贫困问题，统筹城乡贫困问题也将提上议程。① 在这种情况下，中国的反贫困战略需要实现三大转变，即由绝对贫困治理向相对贫困治理转变，由收入贫困治理向多维贫困治理转变，由超常规扶贫攻坚向常规性贫困治理转变。实现这种反贫困战略的转变，需要改变过去那种超常规的扶贫举措和做法，树立常规化、制度化的贫困治理思维，建立城乡统一的贫困标准和减少相对贫困的长效机制。

四　破解粮食安全和农民增收的难题

确保粮食安全和促进农民增收是中国农业政策的两个核心目标。一方面，中国人口众多，粮食生产所需要的土地和淡水资源有限，人地矛盾突出，确保粮食安全是一个重大的国家战略。为确保国家粮食安全，新中国成立以来，中国政府历来高度重视粮食生产，始终把确保粮食安全作为治国安邦的首要任务，走出了一条中国特色粮食安全之路。② 另一方面，确保农民持续稳定增收，这是打赢脱贫攻坚战、推进农村全面小康建设和实施乡村振

---

① 魏后凯：《2020 年后中国减贫的新战略》，《中州学刊》2018 年第 9 期；陈志钢、毕洁颖、吴国宝、何晓军、王子妹一：《中国扶贫现状与演进以及 2020 年后的扶贫愿景和战略重点》，《中国农村经济》2019 年第 1 期；孙久文、夏添：《中国扶贫战略与 2020 年后相对贫困线划定——基于理论、政策和数据的分析》，《中国农村经济》2019 年第 10 期。

② 《中国的粮食安全》，新华网，2019 年 10 月 14 日。

兴战略的关键所在，也是改革开放以来中央再三强调的"三农"政策核心目标之一。特别是自 2003 年以来，中共中央、国务院发布了多个促进农民增收的文件，如《中共中央国务院关于促进农民增加收入若干政策的意见》（中发〔2004〕1 号）、《中共中央国务院关于切实加强农业基础建设进一步促进农业发展农民增收的若干意见》（中发〔2008〕1 号）、《国务院关于当前稳定农业发展促进农民增收的意见》（国发〔2009〕25 号）、《国务院办公厅关于完善支持政策促进农民持续增收的若干意见》（国办发〔2016〕87 号）等，有关部门和地方政府还制定实施了一系列促进农民增收的政策措施。从单个目标来进行评价，无论是确保粮食安全还是促进农民增收，这两个目标都取得了较好的成效。从确保粮食安全目标看，从 1978 年到 2018 年，中国粮食总产量增长了 1.16 倍，年均增长 1.94%，人均粮食产量自 2008 年以来一直稳定在 400 公斤的国际安全线之上，粮食等主要农产品供应充足。从农民增收目标看，1979～2018 年中国农村居民人均可支配收入年均增长 7.70%，其中 2010～2018 年年均增长 8.84%，分别比城镇居民增速高 0.48 个和 1.78 个百分点。[①]

然而，需要引起注意的是，由于种粮的比较效益较低，农民增收并非主要靠种植粮食，种粮对农民增收的贡献已经很小，种植玉米、大豆近年来甚至出现了连续多年亏损的现象。尽管中央对农民种粮给予了各种补贴，但相对于瓜果、蔬菜、花卉、中药材等高附加值作物而言，种植粮食的比较经济效益较低。如表 4 所示，无论是每亩净利润、成本利润率还是每个用工实现净利润，种植粮食的净利润都远低于种植水果。由于这种比较效益的差异，近年来农民种粮和地方抓粮的积极性下降，种植粮食对农民增收的贡献也在不断下降。在农村居民可支配收入增长来源中，农业（种植业）经营净收入的贡献 2014 年为 13.9%，2015 年下降到 11.3%，2016 年又下降到 2.9%，2017 年略有回升，也仅有 7.8%。[②] 总体上看，目前种粮对农民增

① 魏后凯：《深刻把握农业农村现代化的科学内涵》，《农村工作通讯》2019 年第 2 期。
② 国家统计局农村社会经济调查司编《中国农村统计年鉴 2016》，中国统计出版社，2016；国家统计局农村社会经济调查司编《中国农村统计年鉴 2018》，中国统计出版社，2019。

收的贡献已经微乎其微。农民种粮积极性下降主要是经济效益方面的原因。2012 年，全国三种粮食（稻谷、小麦、玉米）每亩净利润为 168.40 元，2015 年下降到 19.55 元，2016 年和 2017 年则分别亏损 80.28 元和 12.38 元，其中玉米在 2015～2017 年连续 3 年出现亏损。[①] 生产成本过高、上涨过快，尤其是土地成本上涨过快，而粮食销售价格上涨受限，2015～2016 年三种粮食每 50 公斤主产品平均出售价格甚至下降 12.9%,[②] 这是近年来粮食每亩净利润下降甚至出现亏损的根本原因。地方抓粮积极性下降，除了经济效益方面的原因，还有财政收入方面的动机。自 2006 年全面免除农业税和农业特产税后，虽然国家加大了对粮食生产的支持力度，但种粮毕竟不能给地方带来税收，而且需要地方加大财政投入。因此，在确保国家粮食安全目标和增加地方财政收入目标的抉择中，地方政府很容易把着重点放在增加财政收入上面，导致地方抓粮的积极性不高。

表 4　2017 年中国粮食和水果种植利润比较

项目	粮食			水果		
	稻谷	小麦	玉米	苹果	柑	桔
每亩净利润(元)	132.55	6.10	−175.79	1909.61	2755.60	1802.56
成本利润率(%)	10.95	0.61	−17.13	39.07	76.31	53.78
每亩用工数量(日)	5.51	4.34	5.26	35.48	18.46	19.93
每个用工净利润(元)	24.06	1.40	−33.42	53.82	149.27	90.44

资料来源：国家发展和改革委员会价格司编《全国农产品成本收益资料汇编 2018》，中国统计出版社，2018。

在这种情况下，既要确保粮食安全，又要促进农民增收，就成为一个两难的问题。很明显，在现有的经营格局和制度安排下，如果农民多种粮，保

[①]　国家发展和改革委员会价格司编《全国农产品成本收益资料汇编 2018》，中国统计出版社，2018。

[②]　国家发展和改革委员会价格司编《全国农产品成本收益资料汇编 2018》，中国统计出版社，2018。

障了国家粮食安全，但农民收入却难以较快地大幅提高。这意味着，种粮农民为确保国家粮食安全做出了贡献，但却不能更多增加自身收入。如果农民减少粮食种植或者不种粮，改种效益更高的瓜果、蔬菜、花卉、中药材等经济作物，显然能够获得更高的经济效益，农民家庭收入也会得到大幅提高，但如果这种转变成为一种普遍的行为，并突破安全的底线，那将会严重威胁国家的粮食安全。当前，中国粮食供应相对充裕，粮食储备处于较高水平。在粮食供应充裕的情况下，国家实施了"藏粮于地、藏粮于技"战略，加快了农业供给侧结构性改革步伐。各地在农业供给侧结构性改革过程中，纷纷加大农产品结构调整力度，不断减少粮食播种面积，增加高附加值经济作物种植。2017～2018年，全国粮食播种面积连续减少，共减少3288万亩，下降了1.84%，其中，稻谷下降1.81%，小麦下降1.73%，玉米下降4.63%；而同期非粮作物播种面积增长了2.42%。从短期看，由于国内粮食供应相对充裕，谷物自给率保持在95%以上，[1] 这种因结构调整带来的非粮化趋势还不会对粮食安全产生太大影响。但从长期看，如果这种趋势持续下去并进一步加剧，势必会对国家粮食安全构成威胁。初步估计，按照2017～2018年的非粮化速度，到2025年全国粮食播种面积将再减少1.15亿亩，按现有单产水平计算，播种面积减少将导致粮食减产863亿斤，约占2018年粮食总产量的6.6%。可见，在推进农业供给侧结构性改革过程中，虽然可以通过产业结构调整来增加农民收入，但这种结构调整是有限度的，其底线是"确保谷物基本自给、口粮绝对安全"。而在当前国内外粮食价格倒挂的情况下，依靠粮食价格上涨来增加农民收入的空间已经十分有限。

中国未来的农业政策必须兼顾粮食安全和农民增收两大核心目标，妥善处理好保障粮食安全和促进农民增收的关系。一方面，促进农民增收必须以确保粮食安全为前提，农业结构调整不能突破粮食安全底线；另一方面，对于从事粮食生产的农民，必须建立多元化的增收长效机制，使种粮农民收入同样能够获得持续稳定的快速增长。在"十四五"时期，必须多管齐下，

---

① 《中国的粮食安全》，新华网，2019年10月14日。

切实采取有效措施，从根本上破解粮食安全与农民增收的难题。一是提高粮食生产的劳动生产率。劳动生产率是产出与从业人员之比。提高劳动生产率，核心是减少分母、增加分子。从减少分母看，要加快农业劳动力转移步伐，进一步减少种粮农民，尽快改变目前粮食生产普遍存在的小规模分散经营、高度兼业化的状况，全面提高粮食种植的规模化和专业化水平。从增加分子看，要通过推进适度规模经营、加快科技创新和良种培育、提高机械化和智能化水平、完善社会化服务体系、实行品牌化和绿色化生产等途径，不断提高粮食种植的产出水平和质量。二是推动粮食产业深度融合。粮食产业融合是一个世界性的发展趋势，也是实现种粮农民增收的重要途径。在推进粮食产业融合的过程中，一方面要加快转变粮食生产方式，不断延伸粮食产业链，提升价值链，打造供应链，实行产业链、价值链和供应链"三链"协调联动，从而构建纵向融合和一体化的粮食全产业链；另一方面要充分挖掘粮食生产的多维功能，尤其是经济、文化、教育、生态、景观等功能，推动粮食生产与粮食加工、电商物流、文化旅游、休闲康养、教育体验等全面深度融合，促进粮食产业的横向融合和一体化。只有实现这种纵向、横向交织的产业融合和一体化，并建立公平合理的利益分配机制和制度安排，才有可能形成粮食产业的利益共同体，使种粮农民能够更多地分享粮食产业链增值的收益。三是完善粮食利益补偿机制。如前所述，种粮农民为保障国家粮食安全做出了贡献，但种粮比较效益较低，在收入上做出了牺牲，因而需要对粮食种植给予利益补偿。改革开放以来，中国沿着粮食生产者补偿和粮食主产区补偿两条不同路径，逐步建立和完善了粮食利益补偿机制。下一步，在进一步完善粮食生产者和主产区利益补偿机制的基础上，还应积极开展建立粮食生态补偿机制的探索，可以考虑从粮食主产区先行试点。与森林、草原、湿地一样，粮食种植同样创造了生态服务价值，需要给予补偿。

五 推动农村改革由试点走向全面铺开

中国的改革是从农村起步的，农村改革的主要做法是先试点，通过试点逐步积累经验，待条件成熟后再在全国范围内全面铺开。近年来，中国在农村领域推行了一系列的改革试点。例如，2009 年以来，农业农村部（原农业部）分两批设立了 58 个农村改革试验区，承担中央部署和地方设置的各项改革试验任务；2013 年以来，国家标准化管理委员会等部门先后分三批启动实施了农村综合改革标准化试点工作；2015 年以来，经全国人大常委会授权，自然资源部（原国土资源部）会同有关部门组织开展了农村土地征收、集体经营性建设用地入市、宅基地制度改革"三项改革"试点，中国人民银行会同有关部门组织开展了承包地经营权和农民住房财产权"两权"抵押贷款试点；从 2015 年开始，中央农办、农业农村部（原农业部）先后分四批在全国范围内开展了农村集体产权制度改革试点；2016 年以来，农业农村部会同有关部门开始探索和扩大耕地轮作休耕制度试点；2019 年，中央农办等六部门联合发布《关于开展乡村治理体系建设试点示范工作的通知》，随后启动实施了乡村治理试点示范和乡村治理示范村镇创建活动；其他部门也开展了一系列农村改革试点工作。通过试点探索，各地在农村土地改革、集体产权制度、轮作休耕制度等方面取得了诸多改革经验和具体实效，各地试点证明可行的一些改革举措已经体现在已修订的相关法律法规中。2018 年 12 月 29 日，十三届全国人大常委会第七次会议审议通过了《关于修改〈中华人民共和国农村土地承包法〉的决定》；2019 年 8 月 26 日，十三届全国人大常委会第十二次会议又审议通过了《中华人民共和国土地管理法》修正案，为下一步全面推进农村土地制度改革提供了法律保障。

然而，从总体上看，近年来中国的农村改革还主要停留在试点层面，各项改革试点多，但全面铺开的少。譬如，受社会高度关注的农村土地制度"三项改革"和"两权"抵押贷款改革，由于突破了国家有关法律规定，只能在全国人大常委会授权的少数试点地区进行探索，而无法在没有授权的其他地区推广。同时，现行相关法律制度严重滞后，在相关法律尚未修订完善的情况下，超前进行改革探索可能存在"违法"甚至"违宪"的风险，由此造成地方主动改革的动力不足。此外，受部门利益和条块分割的影响，近年来农村改革还呈现部门化、碎片化的倾向，一些关键领域的重点改革进展缓慢，各项改革的整体性和协调性不足，相关改革的配套性较差。在"两权"抵押贷款改革的过程中，由于基础制度不配套，部分改革设想的试点成效不够理想。虽然中国的改革是从农村开始的，但相对于城市改革而言，目前农村改革已经严重滞后，成为农村发展和乡村振兴的制度瓶颈。当前，中国已经进入全面深化农村改革的新时期。在新时期，为适应乡村振兴和城乡融合发展的需要，中国的农村改革不能仅停留在试点阶段，也不宜再采取零敲碎打的办法，而必须加强顶层设计，突出整体性和协调性，采取综合配套、整体推进的"一揽子"改革方式。在"十四五"乃至今后较长一段时期内，必须以土地制度改革为核心，强化相关改革的配套协调，全面深化农村各项改革，在认真总结近年来改革试点经验和完善相关法律制度的基础上，逐步推动农村改革由试点走向全面铺开。这是因为，只有全面深化农村改革，才能极大地释放农村改革的红利，全面激活农村要素、主体和市场，激发农村发展的活力。

全面深化农村改革，其核心是土地制度改革。当前，《中华人民共和国农村土地承包法》和《中华人民共和国土地管理法》修正案已经通过，急需出台相关配套法规和实施细则，以推动农村各项土地改革试点尽快在全国全面铺开，使新的法律能够得到有效的贯彻实施。在城乡融合发展的体制机制框架下，中国土地制度改革的基本方向是建立城乡统一的土地市场，首先是搭建城乡统一的土地市场交易平台，尽快建立城乡统一的建设用地市场。最近，中央已经明确提出：到2022年，要"基本建成"城乡统一的建设用地市场；到2035年，要"全面形成"城乡统一的建设用地市场。① 这是城乡融合发展背景下农村土地制度改革的重点和核心目标。然而，迄今为止，中国的土地市场尤其是建设用地市场仍然是城乡分割的，中国的房地产市场仍然是一个不完整的跛足的市场。与城市房地产市场相比，农村房地产市场

---

① 参见《中共中央国务院关于建立健全城乡融合发展体制机制和政策体系的意见》，《人民日报》2019年5月6日。

起步晚，开放程度低，发育严重滞后，远不能适应乡村振兴的需要。近年来，虽然全国已经开展了农村房地一体不动产确权登记工作，一些地方还搭建了区域性的农村土地流转、产权交易、闲置房产交易平台，但农民承包地和宅基地各种权能仍缺乏有效的实现渠道，集体土地产权仍处于与国有土地产权不平等的地位，[①] 由此限制了农民财产性增收渠道的拓宽。2018年，全国农村居民人均财产净收入仅相当于城镇居民的8.5%，财产净收入对农村居民可支配收入增长的贡献率只有2.9%。此外，房地产市场的城乡分割和不均衡，农村房产交易受限和各种权能缺失，也成为近年来一些大城市城区房价过高、上涨过快的重要原因。

为此，应在确权登记的基础上，以赋权赋能为核心，加快农村土地市场化改革的步伐。要全面推进农村房地一体不动产确权登记，并逐步将农民承包地纳入不动产登记范围。同时，在总结各地试点经验的基础上，尽快在全国范围内开展农村土地征收、集体经营性建设用地入市、宅基地制度改革等各项改革。关于宅基地制度改革，重点是在完善集体成员资格认定办法和严格宅基地取得条件的基础上，按照所有权、资格权、使用权"三权分置"的思路，放开搞活宅基地和农民房屋使用权，增加市场的开放性和交易半径，加快房地一体化改革，最终实现可对外出租和转让。对于农民自愿退出的合规宅基地，要通过相关的制度安排和政策措施，打通宅基地退出与集体经营性建设用地入市的连接渠道。在集体经营性建设用地有偿出让转让制度建立起来后，可允许符合条件且自愿退出的宅基地有条件地转换为集体经营性建设用地，并在其入市后纳入集体经营性建设用地予以管理。在城镇化快速推进和城乡融合发展的背景下，实行宅基地退出与集体经营性建设用地入市的有效衔接，不仅有利于加快形成城乡统一的建设用地市场，而且可以对城乡居民不动产实行市场开放上的平等待遇。

---

① 郑振源、蔡继明：《城乡融合发展的制度保障：集体土地与国有土地同权》，《中国农村经济》2019年第11期。

参考文献

陈锡文：《实施乡村振兴战略，推进农业农村现代化》，《中国农业大学学报》（社会科学版）2018 年第 1 期。

陈志钢、毕洁颖、吴国宝、何晓军、王子妹一：《中国扶贫现状与演进以及 2020 年后的扶贫愿景和战略重点》，《中国农村经济》2019 年第 1 期。

顾益康：《沿海地区率先基本实现农业和农村现代化的战略对策》，《农业技术经济》1999 年第 4 期。

韩俊：《新时代乡村振兴的政策蓝图》，《人民日报》2018 年 2 月 5 日。

刘洪波：《2018 年农村居民收支与贫困人口状况》，载魏后凯、黄秉信主编《中国农村经济形势分析与预测（2018～2019)》，社会科学文献出版社，2019。

吕书正：《邓小平小康社会思想的科学内涵》，《党的文献》2000 年第 2 期。

孙久文、夏添：《中国扶贫战略与 2020 年后相对贫困线划定——基于理论、政策和数据的分析》，《中国农村经济》2019 年第 10 期。

汪三贵：《在发展中战胜贫困——对中国 30 年大规模减贫经验的总结与评价》，《管理世界》2008 年第 11 期。

魏后凯：《2020 年后中国减贫的新战略》，《中州学刊》2018 年第 9 期。

魏后凯：《深刻把握农业农村现代化的科学内涵》，《农村工作通讯》2019 年第 2 期。

魏后凯、刘长全：《中国农村改革的基本脉络、经验与展望》，《中国农村经济》2019 年第 2 期。

魏后凯、卢宪英、张瑞娟：《中国农村全面建成小康社会评估及总体战略》，载魏后凯、潘晨光主编《中国农村发展报告（2016)》，中国社会科学出版社，2016。

魏后凯、谭秋成、罗万纯、卢宪英：《中国农村发展 70 年》，经济科学出版社，2019。

魏后凯、张瑞娟：《中国农村全面建成小康社会进程评估》，《人民论坛·学术前沿》2016 年第 18 期。

吴国宝等：《中国减贫与发展（1978～2018)》，社会科学文献出版社，2018。

张应武、欧阳子怡：《我国农业农村现代化发展水平动态演进及比较》，《统计与决策》2019 年第 20 期。

章猛进：《沿海地区农业和农村现代化实践的理论思考》，《中国农村经济》2000 年第 1 期。

赵景阳、郭艳红、米庆华：《广义农业现代化的内涵与评价研究——以山东省为例》,《农业现代化研究》2007年第1期。

郑振源、蔡继明:《城乡融合发展的制度保障:集体土地与国有土地同权》,《中国农村经济》2019年第11期。

中共中央党史和文献研究院编《习近平关于"三农"工作论述摘编》,中央文献出版社,2019。

朱玲、何伟:《工业化城市化进程中的乡村减贫40年》,《劳动经济研究》2018年第4期。

总报告课题组:《走中国特色的乡村全面振兴之路》,载魏后凯、闫坤主编《中国农村发展报告(2018)》,中国社会科学出版社,2018。

新时代农业高质量发展的路径思考[*]

于法稳　黄　鑫[**]

摘　要： 新时代，农业高质量发展不仅是深化农业供给侧结构性改革的迫切要求，也是守住绿水青山、建设美丽宜居乡村的重要基础和全面建设生态文明的必然选择，更是破解新时代社会主要矛盾的一个重要方面和有效途径。实现农业高质量发展，需要处理好生态目标与经济目标、数量目标与质量目标、政府与市场、长期目标与短期目标之间的关系。在绿色发展理念引导下，推进农业高质量发展，需要强化对农业高质量发展战略意义的认识，构建农业高质量发展与乡村振兴有效衔接的路径，推进绿色兴农和质量兴农之间的协调发展，提升农业高质量发展的内生动力。

关键词： 绿色发展　农业高质量发展　乡村振兴　健康中国

引　言

中国农村改革40多年来，农业农村经济发展取得了举世瞩目的成就，

---

[*] 本文系国家社科基金重点项目"加快建设农业废弃物资源化利用政策研究"（17AZD012）和中国社会科学院创新工程项目"农业农村绿色发展理论与政策研究"（2018NFSA01）的阶段性成果。

[**] 于法稳，管理学博士，中国社会科学院农村发展研究所农村环境与生态经济研究室主任、研究员，主要研究方向为生态经济学；黄鑫，中国社会科学院大学博士研究生，主要研究方向为生态经济学。

与此同时，也付出了沉重的资源环境代价，成为实现农业可持续发展的瓶颈。农业是国民经济的根基，是实现社会经济持续健康发展的"压舱石"和"稳定器"。因此，推动农业高质量发展是新时代农业改革和发展的重要战略内容。特别是，对农业战略地位的认识也应进一步提升，农业不仅是国民经济的基础，更是为14亿中国人提供健康保障的基础。党的十八届五中全会提出了创新、协调、绿色、开放、共享的发展理念，这是实现"十三五"既定发展目标、破解发展难题、厚植发展优势的理论指南，更是到2020年全面建成小康社会，乃至后小康社会更长时期我国社会经济发展思路、发展方向、发展着力点的集中体现。习近平总书记多次强调，绿水青山就是金山银山。绿色发展成为新时代的主旋律，也为农业高质量发展提供了宏观环境和理论遵循。

党的十九大报告指出："中国特色社会主义进入新时代，我国社会主要矛盾已经转化为人民日益增长的美好生活需要和不平衡不充分的发展之间的矛盾。"在农业生产领域，社会主要矛盾表现在消费者对安全优质农产品需求旺盛，而市场供应严重不足。习近平总书记多次强调指出，实施乡村振兴战略，必须深化农业供给侧结构性改革，走质量兴农之路。只有坚持质量第一、效益优先，推进农业由增产导向转向提质导向，才能不断适应高质量发展的要求，提高农业综合效益和竞争力，实现由农业大国向农业强国转变。这些论述对农业发展提出了更高要求，也提供了历史性机遇，更指明了方向。

党中央、国务院高度关注农业绿色发展，注重农业发展质量。2019年2月，农业农村部、国家发展改革委、科技部、财政部、商务部、国家市场监督管理总局、国家粮食和物资储备局等七部门联合印发了《国家质量兴农战略规划（2018~2022年）》，对质量兴农进行了顶层设计，提出了实施质量兴农战略的总体思路、发展目标和重点任务，并提出了若干重大工程、重大行动、重大计划。从国家宏观战略来看，实现农业高质量发展是中国现代化建设的重大战略目标选择，是新阶段农业高效化推动生产、科学化施策管理、精准化拓展服务的重要要求。

由此可见，实现农业高质量发展是时代的要求，是人民的愿望，更是实现中华民族伟大复兴的中国梦的重要内容。因此，以绿色发展理念为指导，探讨农业高质量发展中的关键问题，并据此提出实现农业高质量发展的路径，对全面推进乡村振兴战略、健康中国战略等都具有重要的理论意义及现实意义。

一　相关研究文献综述

实现农业高质量发展，不但是党和国家高度关注的重大问题，也是学术界研究的热点和重点问题。围绕着农业高质量发展，学者们从不同视角开展研究，取得了丰硕的研究成果。

什么是农业高质量发展，其内涵特征是什么，自然成为学术界首先要回答的最基本的问题之一。有学者认为，农业发展质量的内涵非常丰富，其中产品质量、生态质量、结构质量是最主要的三个方面，由此，农业高质量发展的目标，就是要实现产品好、生态好、结构好。其中，产品好是农业高质量发展最主要最直接的目标，安全性是核心；生态好不仅是实现农业高质量发展的需要，也是城乡居民日益增长的美好生活的需要，更是健康中国、美丽中国建设的需要；而结构好则是在既定的资源条件下，取得最佳的生产效果和效益，涵盖了产品结构、区域结构、要素结构、组织结构以及贸易结构。有学者从实施绿色发展的政策、治理农业面源污染、满足消费者生态需求、提升农产品国际竞争力以及增加农民收入等五个方面，分析了推动农业绿色发展、提高农产品质量的必要性；新时代，要实现乡村产业振兴，农业发展的首要任务是提高农业质量和效益。有学者剖析了质量兴农与绿色发展、与供给侧结构性改革、与创新现代市场体系、与民生福祉、与建立健全农业体制机制之间的关系，以及政府与市场、数量增长与质量提升、国内农业与国外农业之间的关系。

粮食安全一直以来都是党中央、国务院高度重视的重大战略问题之一，粮食安全直接关系到国民经济健康发展、社会和谐稳定和国家自立的全局性。2019 年中央农村工作会议强调指出，要切实抓好粮食生产，稳定粮食播种面积，调整优化生产结构，确保国家粮食安全和重要农产品有效供给。新时代，实现国家长期粮食安全所面临的风险日益突出。推进高质量发展，是对新时代中国经济的历史方位和基本特征做出的重大研判，粮食高质量发展是农业高质量发展的重要内容之一，并具有惠民性、特色性、创新性、融合性、动态性和生态性等特征。

开展农业高质量发展成效评价研究，可以从中发现存在的问题，为进一步推动农业高质量发展提供科学依据。有的学者基于农业增长质量综合评价指标体系，用"纵横向"拉开档次法对农业增长质量时空特征进行评价的结果表明，中国农业增长动态演进过程存在"马太效应"，后期有减弱的趋势。有的学者运用模糊层次综合评价方法，对农业高质量发展水平进行评价的结果表明，现阶段中国农业高质量发展水平一般。有的学者根据农业高质量发展的特征，对 31 个省区市农业高质量发展水平进行测度的结果表明，中国农业高质量发展综合水平是 0.44，质量发展水平不高，并呈现东部地区、中部地区、西部地区依次递减的整体特征。与此同时，研究结果还发现，农业自然资源禀赋与经济发展水平是农业高质量发展的重要影响因素，为此，要结合不同的制约因素和发展优势规划农业高质量发展方向。

上面已经提到，生态好是农业高质量发展的目标之一。事实上，生态好也是实现农业高质量发展的基础。特别是，对狭义的农业即种植业而言，良好的耕地土壤、优质的灌溉用水是确保农产品质量的最基本的要素，也是实现农业高质量发展的核心。如果失去了这两个核心，实现农业高质量发展的产品好的目标就失去了根基，实现农产品质量安全也只能成为一句空话。目前，学术界对农业高质量发展中耕地土壤、灌溉水质的保护尚未给予高度的关注，没有切实转向质量导向的发展之路。规模化经营、新型经营主体、合作组织、技术创新等都是实现农业高质量发展的保障，失去核心的发展，是背离绿色发展理念的发展，是背离高质量要求的发展。

围绕着农业高质量发展的路径，学术界也进行了探索。从宏观层面上来讲，推进农业高质量发展的当务之急是全面落实"三个坚持"：一是坚持质量第一，优质量、树品牌；二是坚持效益优先，强竞争、促增收；三是坚持绿色导向，提升绿色可持续发展能力。从微观层面上来讲，推进农业高质量发展，可以通过"六化"构建新时代中国特色现代农业产业体系，走高质量现代农业发展道路，即产地环境清洁化、农业投入绿色化、生产过程标准化、产业模式循环化、农业废物资源化、产品供给优质化。在选择农业高质量发展路径时，应注重路径的可持续性，并把重点放在扩大优质农产品增量、提升农产品国际竞争力、拓宽农民增收渠道、推动农业科技创新以及实现农业绿色低碳循环发展等方面。有的学者提出，推动农业高质量发展需要对在保持存量的基础上提升质量、循序渐进推动农业高质量发展、聚焦市场导向来把握质量并充分展现不同地方的内在文化属性等方面予以关注。

从上面的文献梳理可以看出，已有文献围绕着农业高质量发展的内涵特征、发展水平测度、发展的核心和路径等进行了相关研究，为研究绿色发展理念下农业高质量发展的相关问题提供了有效借鉴。本文以农业生产环境质量提升为着力点，从农业面源污染防治的视角，在对农业高质量发展内涵进行界定的基础上，提出农业高质量发展的标志，并全面分析实现农业高质量发展所面临的形势，探讨农业高质量发展中应处理的几个关系，进而提出实现农业高质量发展的路径。

二　农业高质量发展的内涵特征

新时代，实现农业高质量发展是破解社会主要矛盾的重要方面。因此，应重新思考农业的基础性地位，不能再局限于经济的视角，应从安全的视角进行拓展，将其确立为：农业应为14亿中国人的身体健康提供保障，助力健康中国战略的实施。

简单而言，农业高质量发展是指遵循绿色发展理念，在确保粮食安全的前提下，以生产方式绿色化为路径，以水土资源质量保护为核心，以质量标准化体系为指导，以提升农产品质量为根本，以国内国外两个市场为导向，实现农业生产环境改善、农产品质量和市场竞争力提升的一种发展。

从上述对农业高质量发展的概念界定来看，农业高质量发展具有以下几个重要特征。

（一）农业高质量发展以绿色发展理念为遵循

党的十八届五中全会提出绿色发展新理念，绿色发展逐渐成为新时代的主旋律。在推进农业高质量发展中，应全面树立绿色发展理念，全面践行"绿水青山就是金山银山"的科学论断，通过生产方式的绿色化，在减少化学投入品流量的同时，通过面源污染防治减少污染物存量，在提升农业生产环境质量的同时，确保农产品质量安全，以满足消费者日益增长的安全优质农产品需求，助力健康中国战略的实施，提高人民的生态福祉。

（二）农业高质量发展以提供安全优质农产品为目标

新时代，洁净的空气、清洁的饮水、安全的食品等主要生态产品供应不充分是社会主要矛盾的一个重要方面。在农业生产领域，突出表现为安全优质农产品供应的严重不足，以及区域之间的显著差异。因此，农业高质量发展应立足于为 14 亿国人提供安全优质的农产品。从这个意义上讲，农业高质量发展也是破解社会主要矛盾的一条重要途径。

（三）农业高质量发展以生产方式的绿色化为路径

通过农业生产方式的绿色化，可以减少对自然生态环境的影响以及农业生产环境的污染。农业生产方式的绿色化，一方面可以减少化肥、农药等主要化学投入品的流量；另一方面通过实施农业面源污染防治攻坚战，减少污染物存量，实现农业生产环境的改善与提升，为农业高质量发展提供良好的生态基础。

（四）农业高质量发展以质量标准化体系为指导

推进农业高质量发展，实施农产品质量安全区域化管理，必须以质量标准化体系为指导，坚持"有标贯标，无标建标"，为农业高质量发展提供操作规范，实现农业生产的标准化，全面提升农产品质量。此外，农业高质量发展还需要科技创新体系、社会化服务体系提供保障。

（五）农业高质量发展以国内国外两个市场为导向

实事求是地讲，中国农产品质量在国际市场上的总体竞争力太弱，应对绿色壁垒的能力不足，因产品质量达不到进口国绿色标准要求而被退回的事件时有发生，一方面可能是彼此之间绿色标准不一致造成的，另一方面也说明中国农产品质量存在一些问题。在国内市场上，消费者也越来越关注农产品的质量。因此，农业高质量发展应以国内国外两个市场为导向，全面提升农产品品质，增强农产品的市场竞争力。

三 农业高质量发展所面临的形势分析

农业高质量发展与农业生产环境之间存在着相互的因果关系，后者的质量影响前者能否实现，农业高质量发展通过生产方式的绿色化，减少农业生产中的面源污染，有助于农业生产环境的改善，彼此之间逐渐形成良性循环。但就目前的情况来看，推进农业高质量发展还面临着严峻形势。

（一）化肥施用量、施用强度依然居高不下

肥料是农作物的粮食，是增产的物质基础。在我国广大地区有这样一个农谚："种地不上粪，等于瞎胡混。"据联合国粮农组织统计，化肥在粮食增产中的作用，包括当季肥效和后效，平均增产效果为50%。中国近年来的土壤肥力监测结果表明，肥料对农产品产量的贡献率平均为57.8%。这充分说明了化肥对提高农作物产量、提升农业生产能力有巨大作用。

农村改革40多年来，化肥施用量急剧攀升，相对于农作物生长的生理需要，出现了明显的过量使用，再加上化肥有效利用率较低，导致了一系列

生态环境问题。当前，化肥施用方面的突出特点是施用总量（折纯量）大与施用强度高并存，使用效率低与流失严重同在。

从化肥施用量来看，从 1978 年的 884 万吨，增加到 2018 年的 5653.42 万吨，增加了 4769.42 万吨，增长了 5.40 倍；同期，农作物总播种面积只增长了 10.52%，粮食总产量增长了 1.16 倍。由此表明，农业生产特别是粮食生产对化肥的依赖性较强，表现为较强的正向耦合关系。从化肥施用强度来看，从 1978 年的 58.89 公斤/公顷，增加到 2018 年的 340.88 公斤/公顷，增加了 281.99 公斤/公顷，增长了 4.79 倍。与国际公认的化肥施用安全上限 225 公斤/公顷相比，中国平均化肥施用强度是此标准的 1.52 倍。中国化肥有效使用率不到 40%，没有得到有效利用的总氮、总磷随着地表径流进入土壤及地下水体，导致农业面源污染存量持续增加，并对农业生产环境造成一定的污染。

（二）废弃农用地膜回收及资源化利用机制尚未形成

20 世纪 50 年代，日本科学家发明了地膜覆盖技术。因其具有提高地温、抑制地表水分蒸发、提高肥效、保持土壤疏松、抑草灭草、抑盐保苗、增加冠层光照均匀程度和增加反射光等功能，推动了农业生产方式的变革。1978 年，地膜覆盖技术自日本引入中国，与不同区域农业生产的实际相结合，为农产品供给和粮食安全做出了重大贡献。但与此同时，废弃地膜残留导致的"白色污染"日益严重，极大地影响了农业生产环境，引起了社会各界的关注。

统计资料表明，1993～2017 年，地膜使用量呈现明显的上升趋势，从 37.5 万吨增加到 143.7 万吨，增加了 106.2 万吨，增长了 2.83 倍。到 2016 年达到了峰值 147.0 万吨，2017 年实现了减少（见图 1）。

正是由于地膜使用具有一些负面效应，近年来地膜似乎被"妖魔化"了，正面效应被日渐弱化，而负面效应则有所放大。事实上，地膜本身并不是"魔鬼"，问题的关键在于在引进推广地膜覆盖技术的过程中，一是没有进行系统的分析，二是也受认知水平所限。一开始仅仅关注其正面效应，随

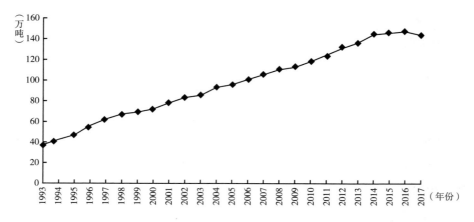

图1　1993~2017年我国地膜使用量变化趋势

着使用范围扩大，地膜使用量也随之增加，但对废弃地膜的回收则由于缺乏有效的回收机械、机制等，未形成废弃地膜资源化利用的市场，无法实现废弃地膜的资源化利用。

（三）农药使用科学性严重不足，导致农产品农药残留超标

农药对农作物生长的积极作用不能因为农药残留的存在而被抹杀。随着人们对农产品安全关注程度的提高，农药残留似乎也变得家喻户晓，农药也逐渐被误解成"魔鬼"，成为影响农产品品质的关键因素。事实上，农产品农药残留超标，是对农药的使用缺乏科学性所致。不同的农药使用说明对作物生产季节、剂量、次数及喷洒时间、能否与其他农药混用等都有严格的规定，但在使用过程中，使用者并没有严格按照说明进行科学操作。

统计数据表明，1991~2014年，我国农药使用量是持续增加的，从76.53万吨增加到180.69万吨，增加了104.16万吨，增长了1.36倍。在《到2020年农药使用量零增长行动方案》印发之后的2015年，农药使用量开始递减，2015年降至178.3万吨，此后的2016年、2017年实现了大幅度的递减，分别降至174.05万吨、165.51万吨。

近些年，农药包装物带来的二次污染日益受到关注，一些地方对农药包装物回收机制等进行了探索，但由于回收之后的农药包装物缺乏有效的出口，无法对其实现资源化利用或者有效处理，难以从根本上解决农药包装物的污染问题。

（四）畜禽养殖废弃物资源化利用依然缺乏有效机制

在传统农业生产中，畜禽养殖废弃物是一种很好的有机肥来源，但在农业发展过程中，外源性因素诱发了农业生产结构及生产方式的变革，特别是化肥工业的发展，诱发了种植业与养殖业之间的生态关联链条的隔断，再加上农民收入水平的提高，以及化肥施用的便利性及效应的明显性，导致了化肥施用量的急剧增加而放弃了畜禽养殖业废弃物的资源化利用，使其成为农业面源污染的一大来源。

近年来，我国畜禽养殖总量不断上升，由此导致的废弃物产生量也日益增加。有关数据表明，目前每年畜禽养殖废弃物产生量大约在 38 亿吨。由于大多数养殖场缺乏必要的环保设施，难以实现畜禽废弃物的资源化利用，大部分废弃物直接进入环境，对环境造成立体化污染。

四　农业高质量发展中需要处理的几个关系

党的十九大报告指出，我国经济已由高速增长阶段转向高质量发展阶段，农业农村经济发展也到了这个阶段。我国农业生产能力的提高，为我国农业发展由增产导向转向提质导向提供了物质基础和社会条件。新时代，在绿色发展理念指导下，实现农业高质量发展涉及不同的利益主体、不同的目标定位等，为此，需要处理好以下四个方面的关系。

（一）生态目标与经济目标之间的关系

在生态目标层面，其一，农业高质量发展作为破解新时代社会主要矛盾的一个重要路径，为消费者提供足够的安全优质农产品，以满足其日益增长的美好生活需要；农业高质量发展要求农业生产方式的绿色化，减少农业生产过程中化学投入品的使用量，减少导致农业面源污染的流量。其二，加强农业面源污染防治，减少农业面源污染的存量，提升农业生产环境的质量，为农业高质量发展提供良好的生态基础。

在经济目标层面，农业高质量发展在实现生态目标的同时，能否实现经济目标，这是基层政府及各类农业生产主体所关注的重要问题。在推进农业高质量发展过程中，需要从国家宏观层面对保障农业生产主体的利益、推动农村经济的发展等方面给予充分的考虑，以实现国家生态目标与基层政府、农业生产主体经济目标的相互统一。

（二）数量目标与质量目标之间的关系

改革开放 40 多年来，我国农业生产取得了举世瞩目的巨大成就，稳定地解决了 14 亿中国人的"吃饱"问题。2018 年，我国粮食产量达到了 13158 亿斤，肉蛋菜果鱼等农产品产量也稳居世界第一。但我们也应清醒地看到，目前安全优质健康农产品的供应并不充足、不均衡，无法满足人民日益增长的美好生活需要。特别是，随着社会经济的不断发展、人民生活水平的不断提高，对安全优质农产品的需求会更加旺盛。因此，在推进农业高质量发展过程中，需要正确处理数量增长和质量安全之间的关系。农业高质量发展必须通过农业生产方式的绿色化、产业结构的科学化、产业布局的区域化，实现农业新旧动能转化，培育农业绿色发展新动能，以农产品质量的提升促进数量的增长，在实现充分供应的同时，实现质量的保障。

（三）政府与市场之间的关系

在农业高质量发展过程中，正确处理好政府与市场的关系，更好地发挥市场在资源配置中的决定性作用，以及政府的引导作用及服务功能，这是推进农业高质量发展的重要原则，也是推进农业高质量发展的现实需要。在农业高质量发展过程中，正确处理好政府与市场的关系，就是要充分发挥二者在不同层面的作用。对市场而言，要更好地发挥其作用，需要提高对市场规律的认识和驾驭能力，提高资源配置效率效能，推动土地、人力、资金等资源向优质农业企业和产品集中，发挥科技创新对农业高质量发展的作用。对政府而言，应根据农业高质量发展的现实需要，采取有针对性的农业产业政策，推动农业产业结构升级和动力转换。同时，政府应加强和优化公共服务，加强市场监管，维护市场秩序，为农业高质量发展提供一个公平公正的环境。

（四）长期目标与短期目标之间的关系

推进农业高质量发展，为 14 亿国人提供安全优质农产品，是关系到健康中国战略、乡村振兴战略的实现，关系到中华民族的健康延续的重大战略问题。因此，推进农业高质量发展，需要正确处理好短期目标与长期目标之间的关系。从长期目标来看，农业高质量发展要通过农业生产方式的绿色化，强化农业面源污染防治，依靠科技创新体系，提升农业生产环境的质量，构建农业经营体系，确保农产品质量安全，为消费者健康提供保障，助力健康中国战略及乡村振兴战略的实施。从短期目标来看，推进农业高质量发展面临优质耕地资源、水资源因配置到工业及生活领域而日益减少，农业面源污染导致的生产环境状况不容乐观，人民群众对安全优质农产品的需求不能得到满足等问题。农业在向高质量发展转型中又会带来潜在的风险，特别是缺乏新技术的科学评估，可能存在潜在的负面影响。因此，在推进农业高质量发展过程中，必须正确处理好短期目标与长期目标之间的关系，切实以为国人提供安全优质农产品为根本，有针对性地解决农业发展中存在的突出问题。

五　以绿色发展理念为指导，推进农业高质量发展的路径

《关于促进乡村产业振兴的指导意见》明确指出，牢固树立新发展理念，落实高质量发展要求，坚持农业农村优先发展总方针，实现农业农村现

代化。为此，应根据乡村振兴战略的顶层设计，依据农业高质量发展所面临的形势，在绿色发展理念指导下，全面推进农业高质量发展。

（一）强化对农业高质量发展战略意义的认识

前面已经提到，新时代农业的基础地位需要重新认识，农业不仅是国民经济的基础，更是 14 亿国人健康保障的基础，迫切需要从战略层面强化这个认知。基于此，推进农业高质量发展，为国人提供安全优质农产品，满足人们日益增长的美好生活需要，在农业领域破解社会主要矛盾，既是乡村振兴战略的应有之义，更是健康中国战略实施的保障。为此，在提高各级政府决策者对农业高质量发展战略意义认知水平的同时，应充分利用各种媒体手段，进行广泛的宣传，使得广大民众对此也有所认知，并不断将认知水平进行提升。

（二）构建农业高质量发展与乡村振兴有效衔接的路径

新时代背景下，农业高质量发展和乡村振兴战略有机衔接，是坚持农业农村优先发展的必然要求。农业高质量发展应以生态振兴为基础，以产业振兴目标，并实现它们之间的有效衔接。

在实现农业高质量发展与生态振兴衔接方面，可以采取多种有效措施，促进农业生产方式的绿色化，增加有利于农业高质量发展的制度供给；同时，依据绿色发展理念逐步优化农业高质量发展的机制，实现农业高质量发展与生态振兴的有效衔接。

在实现农业高质量发展与产业振兴衔接方面，首先，可以通过农业新旧动能转换，培育农业绿色发展新动能，促进绿色产业带动提质增效。为此，坚持以绿色发展理念为指导，基于资源禀赋、产业基础和生态环境条件，开发农业生态价值、休闲价值和文化价值等多功能性，扶持绿色品牌农业，提供优质、生态、安全的农产品，更好地满足广大群众对营养健康的新消费需求。其次，以绿色方式促进产业融合发展。在绿色高质量建设中，追求生产要素、生态要素和文化要素等相结合，加快一、二、三产业融合发展，开拓

"第六次产业"，通过融入休闲娱乐、观光体验、养老服务等延长农业产业链，发展"农业＋"模式，把农业打造成"第六次产业"的核心。

（三）推进绿色兴农和质量兴农之间的协调发展

立足绿色发展理念，是推进农业高质量发展的应有之义。中共中央办公厅、国务院办公厅印发的《关于创新体制机制推进农业绿色发展的意见》明确了推进农业绿色发展的重要领域、突出问题和关键环节，把农业绿色发展摆在生态文明建设全局的突出位置。绿色兴农和质量兴农是解决新时代社会主要矛盾的农业转型升级的战略选择。农业绿色发展是一项系统、全面、长久的工程，不仅涉及农业领域，而且还需要协同农业以外其他各行业和领域。因此，要立足战略发展角度，统筹两大兴农主题，抓住主要矛盾，分析重点问题。《国家质量兴农战略规划（2018～2022年）》规划了实施质量兴农的总体思路、发展目标和重点任务，可以借鉴该战略规划出台未来五年实施绿色兴农战略规划，该政策文件可以作为绿色兴农和质量兴农同步实施的重要依据，为农业高质量发展提供战略指导。

（四）提升农业高质量发展的内生动力

绿色发展理念是农业高质量发展的动力来源。提高农业高质量发展的内生动能的前提是充分认识推进农业绿色发展的紧迫性和艰巨性。习近平总书记指出，"每个人都是生态环境的保护者、建设者、受益者""谁也不能只说不做、置身事外"。因此，在思想上必须实现从数量优先向质量第一的转变，开展全民绿色行动，吸引全社会主体参与，以绿色发展理念为引领，坚守生态环境底线。

农业的高质量需要用绿色技术和创新发展来推动。在农业高质量发展的多元化路径中，推进技术创新是必由之路。满足新时代农业高质量发展的需要，首先，要大力支持以绿色农业为导向的技术研发创新和应用，支持果菜茶有机肥替代化肥行动，综合生态技术对污染土壤进行修复以及其他绿色农业技术的研发创新。其次，要重视绿色农机的推广工作，吸引社会资本和资源参与建设绿色农业技术生产示范基地，加大示范推广力度。

农业高质量发展目标需要多种条件支撑，迫切需要信息化、网络化、数字化来驱动农产品质量安全。大数据赋能全产业链融合，加快一、二、三产业协同，从而促进生产要素聚合，提升和扩大资源配置效率和产业增值空间。根据农业高质量发展目标的需求，加强农业大数据服务能力建设，将信息技术与农业相融合，打造智慧农业、品牌农业，尤其是在推广农业绿色生产方式上，通过化肥农药等投入品电子追溯监管体系，减少使用量，发展绿色农业。通过运用大数据信息流带动人才、资金、技术等要素资源流入农村，激发农业高质量发展内生动力。

参考文献

丁声俊：《站在新时代高度认识农业粮食高质量发展》，《价格理论与实践》2018 年第 1 期。

韩海彬、李谷成、何岸：《中国农业增长质量的时空特征与动态演进：2000 ～ 2015》，《广东财经大学学报》2017 年第 6 期。

赫修贵：《积极推动我国农业高质量发展的思考》，《北方论丛》2019 年第 3 期。

柯炳生：《落实乡村振兴战略 提升农业发展质量》，《农村工作通讯》2018 年第 2 期。

寇建平：《新时期推动我国农业高质量发展的对策建议》，《农业科技管理》2018 年第 3 期。

宋洪远：《推进农业高质量发展》，《中国发展观察》2018 年第 23 期。

《决胜全面建成小康社会 夺取新时代中国特色社会主义伟大胜利》，《人民日报》2017 年 10 月 28 日。

夏英、丁声俊：《论新时代质量兴农绿色发展》，《价格理论与实践》2018 年第 9 期。

许世卫：《农业高质量发展与农业大数据建设探讨》，《农学学报》2019 年第 4 期。

严昌荣、何文清、刘爽等编著《中国地膜覆盖及残留污染防控》，科学出版社，2015。

杨滨键、尚杰、于法稳：《农业面源污染防治的难点、问题及对策》，《中国生态农业学报》（中英文）2019 年第 2 期。

　　于法稳：《新时代农业绿色发展动因、核心及对策研究》，《中国农村经济》2018 年第 5 期。

　　张春玲、刘秋玲：《乡村振兴战略背景下农业高质量发展评价及路径研究》，《经济论坛》2019 年第 4 期。

　　钟钰：《向高质量发展阶段迈进的农业发展导向》，《中州学刊》2018 年第 5 期。

发达国家涉农税收优惠政策经验对我国农业农村优先发展的启示[*]

周晓燕^{**}

摘 要： "三农"问题是关系国计民生的根本性问题，坚持农业农村优先发展，需要借鉴发达国家涉农税收优惠政策经验。尽快完善工农商统一税制，尽快完善财产税、所得税、增值税优惠及农产品出口退税政策，才能够建立健全城乡融合发展体制机制和政策体系，推进农业农村现代化。

关键词： 发达国家 税收 农业农村优先发展 乡村振兴战略

党的十九大首次提出乡村振兴战略，认为农业农村农民问题是关系国计民生的根本性问题，而要从根本上解决"三农"问题，必须坚持农业农村优先发展战略。为建设"产业兴旺、生态宜居、乡风文明、治理有效、生活富裕"的社会主义现代化新农村，在基层干部人员配备上应优先考虑，在资本、土地等要素配置上应优先满足，在公共基础设施及服务投入上应优先安排，这些都需要国家财政及税收的优先保障。今后很长一段时间内，农

---

* 本文系国家社科基金青年项目"乡村振兴战略下我国财政涉农资金统筹整合效应及其长效机制构建研究"（18CJY051）的阶段性成果。

** 周晓燕，经济学博士，江西省社会科学院产业经济研究所助理研究员，主要研究方向为财税理论、农村经济发展。

业农村优先发展战略是指导农村税制建设的重要指南，同时，建立健全城乡一体化税收制度及完善涉农税收优惠政策是保障农业农村优先发展的重要条件。

一 发达国家涉农税收优惠政策经验及做法

农业的自然属性强、生产加工附加值低、产品商业化程度差等使得其无法通过单一的市场竞争获得较高的社会平均收益，因此需要政府进行竞争保护，以保障其发展强度、深度、速度及力度。在美国、加拿大、法国和德国，政府都是通过各种税收优惠政策来保护本地农业的生产和投资的。其中最常见的做法是，先建立健全城乡一体化税收制度，在遵从统一税制的前提下，对农业细分行业进行差异化的税收优惠政策设定，最后依靠土地税（财产税）、所得税、流转税三大类税种进行涉农税收优惠政策的实践。

（一）土地税（财产税）优惠

与我国不同，美国、加拿大、法国和德国称土地税为财产税，且在这些国家，财产税属地方税，地方政府可根据当年的实际生产经营状况及自身条件自行设定适宜的税收政策及优惠力度。

1.美国

美国政府处处照顾农业生产者与投资者的税收利益。首先，美国政府对土地性质进行了严格划分。土地分为农业用地和非农业用地，营利性用地和非营利性用地。不同性质的土地适用不同标准的税收优惠，基础性农业用地享受的税收优惠政策优于一般性农业用地，同类型非农业用地享受的税收优惠也会根据实际情况而有税收优惠政策上的差异。其次，各州政府设立严格的财产登记和估价制度。与我国不同的是，当地政府并非参照市场价格对农业用地进行财产评估，相反，他们往往根据这块土地的实际用途进行精准估价。如此便能很好地掌握每块土地的实际使用情况，继而非常清晰地掌握整个州乃至整个国家的农业生产与投资的实际情况。最后，制定详细、具体、规范、标准、高效的税收优惠征收法则和条例。一是法则与条例语言平民化，让每个阶层的农民都能弄懂悟透；二是法则与条例内容具体化；三是法则与条例力度层次化。逐层深入的介绍和说明让每个前来咨询的农民都能一目了然，做到心中有数。

另外，美国政府为减轻农业生产者及投资者的税收负担，特别在遗产税（55%）上做了明文规定。规定称：如果土地继承人在所有者过世后8年内有5年将土地用于农业生产、经营及投资，征收遗产税时可以按土地的使用价值而非市场价格来计税。这样，一方面可以消除土地溢价带来的额外税收负担，另一方面也可以规避市场对农业带来的产业冲击。同时，美国政府还规定，如果继承土地满10年，则继承人在出售土地时可把经营成本按照标准市价算作土地成本一并扣除，如此便能很大幅度降低农业生产者及经营者的税收负担，从而提高继承人的财产性收入。

2. 加拿大

加拿大政府主要从两个方面对农业生产者及投资者实行税收优惠：一是对涉农税基实行税收优惠。在加拿大，涉农财产税属于市级独享税，是其财政收入的重要来源，所以加拿大市级政府明确规定了这类税收的税基——土地和其上的建筑物。同时，加拿大政府也对农业用地的性质进行了具体细致的划分。在对不同税基进行征税时，加拿大政府会根据土地性质进行归类。当然，农用机器设备等不动产是可免交财产税的。同时，加拿大政府对住宅性土地财产进行了特别规定，要求采用较低标准估价和较低税率征税。二是在征税过程中实行税收优惠。加拿大政府制定了一套非常完备的征税体系，尤其对农业生产用地及投资用地的价值评估，对土地所处位置、大小、质量及同类型土地的各类价格和成本都做了详细的规定。一般而言，对农业用地均采用较优惠估价法进行征税，一方面可以避免重复征税，另一方面也给农业生产者及投资者营造积极的市场环境。

3. 法国

法国政府对不同性质的农业用地有两种不同的处理办法。一种是对农业经营用途的土地，无论是已建筑土地还是未建筑土地，任何人都可以享受税收优惠。其中，对自足自主的农民种植园进行了特别规定。对于这类土地，如果不是用于农业生产和经营，而只是满足自己需要进行农业活动，则需对相关的建筑物征收土地税；另外，法国政府规定，土地有特殊用途时，比如用于种植橄榄树或作为湿地、播种地及绿化地等可以免征土地税。另一种是对非农业用途的土地，只享受部分税收优惠政策。

4. 德国

德国政府有两套体系分别计征土地税。一套体系针对农业生产用地。对于农业用途的土地，在计征税收时，是按照产出价值计算课税价值的，并且适用较低的税率（6%）。另一套体系主要针对建筑用地。德国政府认为，建筑用地应以土地的市场价值进行评估，因其本身评估价值较高，在适用税率时采用较低的 2.6% ~ 3.5% 的税率进行计征。当然，对于农民生活必需的住宅用地，德国政府规定免征土地税。

（二）所得税优惠

美、加、法、德都对农业所得征收个人所得税和公司所得税，但因国情差距较大，发达国家在具体设置征收法则和进行征收时税收优惠的差距也比较大。

1. 美国

美国主要对家庭农场采用所得税优惠政策，且主要对个人所得实行税收优惠。在具体计算时，严格按照会计准则中的记账法进行区分。一是对于农业经营者，既可以采用现金收付记账法进行账目登记，也可以采用权责发生记账法进行账目登记。对于前者，由于一方面可以延迟税款缴纳时间，方便资金周转，另一方面可以冲抵经营成本，被绝大多数农业生产经营者青睐。比如，美国税法规定，资本利得适用 8% ~ 28% 的较低税率，而劳动所得因需要纳入综合税基，适用 15% ~ 39.6% 的税率。为了规避如此高的税率，农业生产者可以采用现金收付记账法，在销售产品时将其划分为资本项，然后通过税收优惠政策获得税收减免。二是对于非农业生产经营者，必须采用权责发生制进行账目登记。另外，美国政府对农业连亏企业采取了特殊税收减免。对于亏损企业，除了可以享受一般农业经营者的鼓励就业、投资税收抵免外，还可以享受亏损5年后税收抵免或用之前年度已缴纳税款抵免及其他利息和股息所得、补贴所得免税优惠。

2. 加拿大

加拿大政府严格区分个人所得税和企业所得税税收优惠征收办法。首先考察个人所得税税收优惠。在加拿大，政府主要对农场主及其雇工的个人所得，包括工资薪金所得、退休金、奖金、利润、租金、股息、利息、失业保险收入及抚恤金征收所得税。在具体计征时，税务部门会扣除各种生产生活开支，比如医疗卫生费用、育儿陪护费用、就业失业费用、家庭购房贷款、基本生活消费、社会保障等，以其余额作为计税标准计算个人所得税。同时，已税股息和已纳国外税收等在申请后是可以进行税收抵免的。其次来看企业所得税税收优惠。加拿大的公司类型只有三种，分别为小型公司、制造与加工业公司和一般公司，适用的税率也依次增大，分别为12%、21%和28%。通常情况下，加拿大的公司按规定以公司所得净利润缴纳企业所得税，但对于大中型农场所得净利润，加拿大政府有特殊规定。加拿大政府规定，大中型农场不属于一般公司类型，而属于制造与加工公司类型，因此，按21%的税率征收企业所得税。另外，加拿大政府一直鼓励公司进行科研投入和研发，在这方面，也有明确的税收优惠政策。比如，加拿大的农业税优惠政策规定在成本折旧、科研投入、适用保留机制递延方面，征税时应给予相应照顾。

3. 法国

法国政府分别对农业经营者和涉农的公司或社团类法人进行了个人所得税及企业所得税的税收优惠规定。一是对农业经营者进行个税税收优惠规定。法国将个人农业经营者分为三大类：自耕农、分成农、佃农。个人农业经营者收入也分为三大类：农业所得、山林所得及育种、养殖所得等。对于这些所得，个人农业经营者既可以采用个人申报纳税方式，也可以采用协商纳税方式，无论采用哪种方式，均会对可扣除部分进行及时费用和折旧的扣除，换言之，法国政府只对个人农业经营者的实际收益进行征税。另外，还可扣除按经营种类计算的佃农费。二是对涉农的公司或社团类法人进行企业所得税的税收优惠规定。通常情况下，只要是以营利为目的进行的农业生产经营活动，都需要以经营所得的净利润缴纳33%的企业所得税，但以下这些情况可以适当进行税收优惠和减免。如果是公共团体和其他各种团体的农林业收入，可按24%的优惠税率进行征收；如果是农业合作信贷银行、农业合作社及其联合组织的收益，可免征企业所得税。

4.德国

德国绝大多数的农场是家庭作坊式的，不仅规模小，且农场主的文化水平极为有限，大多数农场主建立不了自己的账簿，而德国政府又恰恰是根据农场主自行建立的账簿来进行所得税征收及税收优惠的，同时，德国政府又想兼顾农业生产者及经营者所得利益，因此德国政府规定，在具体计征所得税时，可以依照平均值推算农场的净收益，如此便也成为农业生产者的一项优惠政策，估算的净收益往往只有实际收益的六成。另外，德国政府对农民给予了十分优惠的所得税政策。首先，在征收个人所得税时，给予农民一定比例的免税额。其次，再根据实际情况给予税收优惠，有四大类：一是允许农民在扣除生产成本且获得收入后报税；二是允许企业扣除投资成本后报税；三是如果农民出售土地可以获得高额税收减免；四是允许延期纳税。

（三）流转税优惠

不同发达国家对流转税的分类也不同。美国把流转税称为销售税，加拿大、法国、德国称之为增值税。而在我国，流转税是两大税种之一，包括增值税、消费税和关税。发达国家在征收流转税时通常会采用较低税率甚至是零税率，主要原因是通过税收优惠手段营造良好的农业生产经营环境，让农业生产者及经营投资者有信心有力量将农业发展壮大。

1.美国

美国的销售税属于地方税，各州都可以自主制定符合自身条件和实际情况的销售税及税收优惠细则。美国的销售税有如下规定：一是主要在农产品零售环节征收。只有农产品参与了零售交易并取得收入才能计征；二是农民购买的生产资料需要缴纳销售税，且必须由零售商代收代缴；三是各州必须制定有针对性的税收优惠政策。比如在犹他州，如果农业经营者是以经营为目的进行租借或购买机器设备的，可以对直接用于农业生产的各类生产资料免税。

2. 加拿大

加拿大的流转税是增值税，也称为商品与劳务税，一般按 7% 的税率进行征收。因为要最大程度照顾农业生产者的经营利益，加拿大政府规定，农业生产者在缴纳商品与劳务税时可以享受四种优惠：一是大部分农牧渔业的初级产品和生产用投资产品免税；二是对已缴纳商品与劳务税部分可以根据实际情况进行抵免；三是出售作为农业用途 5 年以上的土地继续用于农业生产经营的免交商品税；四是在遭受外力不可抵抗因素影响的年份可以申请免交商品与劳务税。

3. 法国

法国的流转税也称为增值税，法国政府会对境内所有以营利为目的的农业生产经营活动征收增值税，以基准税率 17.6% 为中线，适当上下浮动或直接免征增值税，其中，最高税率可达 33%。一般而言，法国增值税税收优惠体现在以下两个方面：一是直接以较低税率征税进行优惠。比如对于农业企业和绝大多数农场主，基本可以按基准税率或更低税率甚至零税率进行增值税缴纳；二是对征收环节进行税收优惠。这里分两种情况：一种是在零售环节上，出口农产品可免税，对销售农林产品、贩卖旧物品、买卖有价证券等按一般项目免税；另一种是允许纳税人季度缴纳，年终结算。具体做法为，法国政府设定了一个增值税应纳税额，为 3500 法郎，若应纳税额低于3500 法郎则年收入在 30 万法郎以下的免征增值税；若应纳税额高于 3500法郎则年收入在 30 万元以上的可按照上年缴纳增值税税款的 1/5 季度缴纳，年终结算。

4. 德国

德国的流转税也称为增值税，它的优惠政策有两种情况：第一种是低税率或直接减免。所有农产品都适用较低税率，根据情况分为四类：一般农产品适用 7% ；加工类农产品适用 5.5% ；与农业关联的产品收入采用较低税率，要视情况而定；特殊农产品则直接免税。第二种是税额抵扣。适用林业产品销项税率和可抵扣的投入物税率均为 5% ，林业企业实际已免除增值税；农产品的销项税率是 11% ，可抵扣的投入物税率是 8% ，实际负担增值税率低至 3% 。农林业经营获得巨大税收优惠。

（四）关税优惠

发达国家都会制定一系列关税政策保护本国农业发展及促进农产品贸易。在具体制定关税税则时，不同发达国家也会视具体情况而采用阶梯式递进的税率实行税收优惠。通常情况下，如果此类农产品是本国可以大规模生产又是国民所需时，则会制定高关税，关税优惠力度会弱很多；反之，如果此类农产品在国内不能大量生产而又是民众生活必需品，则会设定较低税率，并且在税收优惠政策上会加以倾斜并加大优惠力度，甚至会直接免征关税。以美国为例，事实上，美国整体的关税是比较低的，但农产品的关税却处于较高水平，有时甚至会高达 440% 。另外，美国为了限制外国农产品对本国农产品的冲击，施行关税配额制度，凡属配额之外的进口农产品会课以较高税率。

二 发达国家涉农税收优惠政策的特点及其积极效果

通过梳理美、加、法、德涉农税收优惠政策，不难发现，发达国家都十分重视本国农业发展，为了促进农业农村积极、健康、良性发展，各国均根据实际情况对农业及农产品生产、消费、销售等各环节制定了相应的税收优惠政策。虽然各国的税收优惠政策存在一定差异，但可以总结出以下几个共性。

第一，统一税制是前提。美国、加拿大、法国、德国的城镇化率非常高，城乡一体化融合发展不仅迅速而且高效，这就为税收一体化的进一步改革提供了良好的外部环境和条件。在高度城乡融合发展背景下，发达国家不分城乡、行业、产业性质、地域等对农业施行相同的税收制度，存在两个好处：一个是凸显了农业是国民经济基础产业的根本特性。农业因其自身属性在制定税收政策时非常烦琐和复杂，如果不能与工商业和制造业等统一制定税制，而要单独规划序列，则会增加太多额外负担。二是增强了农业发展自信。将农业与工商业和制造业等统一税制便释放出了一个信号，那就是国家对各产业各行业的发展是一视同仁的，城乡居民的地位是平等的，这会极大鼓舞和提升各行各业从业人员的参与热情和积极性，为农业的高质量发展储备人才力量。

第二，税收优惠政策是保障。为了保护本国农业生产和农产品市场，发达国家均会根据实际情况和自身条件制定众多涉农税收优惠政策，一方面可以提振农业生产者与经营者继续农业生产的信心和决心，另一方面也展示了国家对农业发展与生产的重视。同时，发达国家的税收优惠政策制定得详细且具体、科学又合理。一是从税源和税基上整体把握税负大小，尽量避免重复征税。比如美国在计征土地税时，总是细之又细，慎之又慎，能减则减，选择以实际的产品价值作为土地的评估价值。二是在征税环节上能少则少，不拖泥带水。比如加拿大计征土地税，在制定了一套十分完备的计税系统的前提下，还对土地所处的位置、大小、质量、实际产出、同类型土地各项指标情况等均进行具体考量后，以土地的实际使用价值作为评估价值来计税。

第三，关税保护是后盾。为保护本国农业生产和投资，尤其是保护弱势且为群众必需农产品的生产和销售，发达国家制定了十分清晰且明确的关税保护条目，美国甚至建立了农产品配额制度。尤其是，自 2018 年以来，美国肆意挥动关税大棒打压中国产品及服务的输出，已严重影响了两国之间乃至世界各国间的货物贸易，其中受影响的农产品不在少数。

第四，财政补贴是辅助。除了制定详细具体的涉农税收优惠条目外，发达国家均会制定相适应的财政补贴政策来辅助本国农业的生产、经营与投资。最常见的做法便是利用 WTO 成员方的身份巧妙地通过黄箱与绿箱政策对本国农业进行财政补贴。尤其是，绝大多数发达国家善于通过价格保护来促进农业及农产品生产经营。比如欧洲很多国家，他们经常利用较高的价格收购本国农民生产的粮食，给本国农民营造稳定、宽松、有利可图的生产经营环境，极大激发了农民进行农业生产的热情和积极性。

综上所述，发达国家在高度融合的城乡一体化背景下，将城乡税制进行了积极整合，实现了税制的统一。在此基础上，各国均十分重视农业农村农民的生存与发展，纷纷制定各项税收优惠政策、关税政策及财政补贴政策保护和推动农业生产、经营与投资，让农民看得到希望、感觉到幸福、拥有满满的获得感。这份积极的效果会带来三个方面的效应：首先，保证了农业经营收益。任何生产经营活动都是带有目的性的，有的是为了获得经营收益，有的是为了获得社会荣誉，无论哪种，经济基础决定上层建筑，如果辛苦劳作的农民经常食不果腹、衣不蔽体、孩子养不起、房子住不起，那不会有农民进行农业生产。相反，在保证基本经营收益的基础上，还能体面生活，那农民会越干越有劲，农业也会越来越发达。其次，带动了农村的发展。农村最大的依靠是土地，农民最好的伙伴是粮食。税制统一不仅带来了城乡的高度融合，也让税收征管工作顺畅明了，使得农村可以搭上科技迅捷发展的快车，享受科技发展带来的红利。最后，建立了城乡共荣发展的联动机制。税收优惠政策的统一不仅消除了地域差别，也消除了人与人之间的隔阂与偏见，更消除了制度差异带来的发展不充分不平衡。今天，美欧等发达国家和地区已经实现了农业农村现代化，在这些国家和地区的土地上随处可见"产业兴旺、生态宜居、乡风文明、治理有效、生活富裕"的农村生产生活场景，这些都得益于城乡间建立的高度融合、互相联动的共荣发展机制。

三 发达国家涉农税收优惠政策经验对我国农业农村优先发展的启示

党的十九大报告明确提出，必须始终把解决好"三农"问题作为全党工作重中之重。而要建立"产业兴旺、生态宜居、乡风文明、治理有效、生活富裕"的农村新场景，必须坚持农业农村优先发展。发达国家在坚持城乡融合、税制统一、制定各种税收优惠政策情况下，将乡村建成了"强、美、富"的生产生活新天地，对我国推进农业农村优先发展战略、建立社会主义现代化新农村具有极强的借鉴作用和启示意义。

（一）发达国家涉农税收优惠政策经验对我国农业农村优先发展的启示

发达国家在统一城乡税制基础上，通过制定各项涉农税收优惠政策实现了乡村发展现代化，对我国农业农村优先发展产生了以下两个方面的启示。

第一，通过统一工农商税制，构建完整的国民经济税制体系，建立健全城乡融合发展体制机制和政策体系，推进农业农村现代化。在发达国家，工农商税制的统一是建立在城乡融合高度联动基础上的。由于经济社会的快速发展，发达国家的城镇化率非常高，在不区分地域、行业、身份等的情况下，统一城乡税制也变得行之有效。同时，发达国家认为农业是国民经济的基础，固然需要花大力气发展工商服务业，也要一如既往重视农业经济基础地位，甚至更加重视农业对于国计民生的基础作用，如此才可以克服阻力让税制统一顺利推行。而在统一税制后，因城乡不再存在制度、政策、实施、执行等方面的差异，农民的社会待遇愈发公平，而这种公平产生的自豪感会在无形中鼓舞和激励农民和农村更加自信地进行农业生产，也更加愿意以主人翁的精神状态参与农业建设。长此以往会产生辐射的积极效应：一是充分调动了人的主观能动性，让农村的人才处处可用、处处能用。农业农村优先发展，人才是核心、是关键。尤其是农业生产大户中的能手，其丰富的生产经营经验、广博的农业种植知识、多样化的农产品销售渠道等会产生巨大的"领头羊"的带动作用。同时，即使在农业生产上遇到什么难题，农民也会积极寻求解决办法，而不再一味地"等、靠、要"。二是推动城乡朝更加美好和谐的方向融合。城乡融合与税制统一是相辅相成的，两者互相促进、共同作用。在发达国家是先有了高度融合的城乡关系之后才有了税制统一的可能，而在我国，数据显示截至 2018 年末，全国常住人口城镇化率为59.58%，户籍人口城镇化率为43.37%，与美国83%的城镇化率相比，差距还比较大，但并不影响我国进行工农商税制统一。相反，我们可以采取

"两条腿走路"，让城乡融合和税制统一相向而行，既能互为补充，又可以成为对照查找短板，让整个国民经济税制体系更加完善有效。

第二，通过税收优惠强化农业地位。农业作为第一产业，自古以来就是为人类提供最基本消费的，但农业因其自然属性强，产品附加值又低，市场化程度偏差，尤其在国际市场上，一有风吹草动便会承受巨大损失，会极大动摇农业的基础性地位。为了保护本国农业的发展及农产品的市场销售，发达国家往往制定条目繁多、税率较低、计征简便的税收优惠政策，一方面可以维护本国农民的生产收益，另一方面可以打击外国农业生产发展。目前，我国在这方面的税收优惠政策亟待加强。一是从税源税基着手，最大限度开辟税收优惠政策。针对新时代农业农村农民发展问题挖掘新税源，拓展税基。二是从政策制定上，坚持有条有目，有纲有本，有依有据。税务部门应尽量招聘层次较高的专业税务人员，一方面可以对既有税目进行专业完善和修订，另一方面可以对知识基础较为薄弱的纳税人进行现场讲解，如此便可以最大程度减少有税纳不上的尴尬情况。三是从计征环节入手，简化程序，力求高效。税务部门工作人员要以高度的服务意识做好纳税服务工作。尤其对于情况特别复杂的土地，务必先要弄懂每个环节涉及的税务知识，才能在纳税人缴纳税款时让对方放心。

（二）我国农业农村优先发展的具体路径

通过梳理和分析发达国家涉农税收优惠政策的经验做法，笔者认为，推动我国农业农村优先发展必须实施以下路径。

一是尽快完善城乡统一税制。事实上，我国已经取消农业税和农业特产税，这为工农商服务业税制统一提供了前提条件。在此基础上，通过公共支出倾斜和补贴、完善农村地区基础设施建设、信息化建设，建立快速、便捷的信息高速公路，让城乡之间信息共享、资源共用，最终为税制统一服务。

二是尽快完善税收优惠制度。首先，在完善财产税优惠方面，要尽快完善产权登记制度。明晰了产权登记，土地财产价值就会凸显，而且土地可以正常流转。而对于土地正常流转收入，应规定一定年限的农业用途土地可以免征个人或法人的财产税，以此规避某些投机者的短期套利行为。其次，在完善所得税优惠方面，可根据农村地区发展实际，对服务于"三农"的企业、团体及个人的劳动所得、经营所得、投资所得、捐赠所得减免税收。再次，在完善增值税优惠方面，在增值税上给予农民和农业企业最直接的优惠，主要是避免中间环节截留，最终目的是让真正从事农业的经营者得到实惠，以保护农业生产。一是由农民凭借购买各种生产资料的发票直接到税务部门办理增值税进项税额的退税事项。二是降低农业加工企业，尤其是一般纳税人的增值税税率，可以采取13%的增值税最低税率。三是对"种、养、加、售"一体化的农业企业实行增值税全免或全退政策。最后，在完善农产品出口退税政策方面，在提高出口退税率的基础上，逐步完善出口退税管理制度，适当的时候，可根据国际环境建立农产品配额制度。

三是尽快完善农业补贴制度。除了完善农业间接补贴外，建立农业直接补贴制度迫在眉睫。对于农业生产经营者来说，只有拿到手的实在补贴才能激发其战斗力。

参考文献

安敏：《简介西方经济发达国家的农业税》，《现代农业》2006 年第 8 期。

陈甜甜、阮庆文：《坚持农业农村优先发展　描绘乡村振兴美好图景》，《江苏农村经济》2019 年第 3 期。

韩长赋：《坚持农业农村优先发展　大力实施乡村振兴战略》，《农村工作通讯》2019 年第 8 期。

黄晓东：《取消农业税　发展农村经济》，《价格月刊》2004 年第 7 期。

《坚持农业农村优先发展，实施乡村振兴战略——习近平关于"三农"工作论述摘编》，《中国农业文摘：农业工程》2019 年第 4 期。

马国贤、陈东：《西方各国涉农税制的比较》，《税务研究》2003 年第 7 期。

《农业领域首个 PPP 指导文件发布》，《现代农业装备》2016 年第 6 期。

乔占平、郑淑臻：《中国与美国、欧盟农产品税制比较》，《经济社会体制比较》2003 年第 4 期。

唐仁健：《国外农业税收制度及其对我国的启示——农村税费改革下一步怎么走》，

《农业经济问题》2002 年第 10 期。

王朝才、傅志华、王继洲：《农业税制国际经验比较及我国未来改革思路研究》，《经济研究参考》2004 年第 41 期。

《坚持农业农村优先发展》，《人民日报》2019 年 3 月 16 日。

文小才：《我国农业税收优惠政策现状考察与优化建议》，《财会月刊》2011 年第 36 期。

严明、任晓燕：《法国农业税制及其对我国的启示》，《福建税务》2003 年第 5 期。

朱惠丽：《加拿大农业税收政策及其对我国的借鉴意义》，《涉外税务》2002 年第 2 期。

后小康社会时代促进我国农村
公共服务高质量发展研究

林昌华[*]

摘 要： 当前我国城乡融合发展已经步入新的发展阶段，在进入乡村全面振兴的后小康社会时代背景下，推动农村公共服务高质量发展成为实现城乡一体化发展的必然选择。本文依据马克思关于城乡融合的思想原理着重阐述我国农村公共服务对实现城乡融合的重大意义；在此基础上探讨引领我国农村公共服务高质量发展的理论遵循，并尝试提出全面贯彻乡村振兴战略、践行新发展理念、实现我国城乡高水平融合发展的路径与对策。

关键词： 马克思主义 城乡一体 农村公共服务 均等化

一 乡村振兴的马克思城乡关系理论逻辑溯源

马克思、恩格斯在《1844 年经济学哲学手稿》、《共产党宣言》、《德意志意识形态》、《政治经济学批判》和《资本论》等经典著作中提出了有关城乡关系的一些重要论述，集中体现了马克思主义城乡融合思想。马克思、

---

[*] 林昌华，博士研究生，福建社会科学院经济研究所副研究员，主要研究方向为中国特色社会主义经济理论、城乡经济理论。

恩格斯指出，城乡对立、城乡分离的产生是生产力发展到一定阶段、生产关系发生变迁的必然结果，认为城乡差别是城乡分离、对立的特殊表现，未来社会势必要消除城乡差别，实现城乡融合发展。马克思主义城乡融合理论充分体现了以人为本的思想，提出要实现城乡一体化。马克思主义城乡融合思想主要是以工业革命和城市化为时代背景，认为城乡分离是城乡融合的逻辑起点，民族内部的分工产生了城乡分离，从而引起了工商业劳动与农业劳动的分离；城乡对立是城乡分离过程中不同的劳动分工与生产关系之间的矛盾状态。马克思指出，"资产阶级使农村屈服于城市的统治"，[1] 虽然农村人口在向城市转移过程中摆脱了愚昧，但是在转移过程中这些人的生活状态并没有较大的转变，反而由于不同的财产形式和劳动方式，城市生产者和乡村个体农民之间产生利益"隔阂"。"城乡之间的对立反映为把一部分人变为受局限的城市动物，把另一部分人变为受局限的乡村动物。"[2] 城乡分离和对立演变出来的城乡差别制约着城乡融合和社会统一，因此马克思提出要消灭"三大差别"，最为重要的就是消除城乡之间的差别。

马克思、恩格斯认为，城乡融合最终将成为城乡关系发展的目标。城乡对立与分离是在资本主义生产条件下特定的社会生产发展方式带来的一系列矛盾而产生的，所以要致力于消灭资本主义私有制，才能解决城乡矛盾的制度根源问题。众所周知，资本主义的消亡是以发达的生产力为基本前提的，生产力的发展也是消除城乡矛盾的先决条件。城乡关系最终会在更加高级的形态下实现融合，从事农业劳动和工业劳动的劳动者是同样的人，不再是不同的阶级。恩格斯提出消除旧有的分工，通过进行产业教育和改变工种，让所有人享有所创造出的福利，通过城乡融合，让全体社会成员得到全面自由的发展，[3] 亦即充分体现了现代社会要实现城乡融合，公共服务必须先行。此外，列宁和斯大林以马克思、恩格斯城乡融合思想为基础，进一步论述城乡分离的必然性，并指出了实现城乡融合的途径。他们提出科学技术可以提

---

① 《马克思恩格斯文集》（第二卷），人民出版社，2009，第36页。
② 《马克思恩格斯文集》（第二卷），人民出版社，2009，第556页。
③ 《马克思恩格斯文集》（第二卷），人民出版社，2009，第689页。

高生产力并且可以消灭城乡差别的观点，但他们认为城乡差别的消除不是城乡间本质差别的消失，而是居民在城市和农村都可以享受到同等的生活条件。马克思主义经典作家关于城乡关系的重要论述，为新时代中国推动农村公共服务高质量发展提供了重要的理论参考和根本遵循。因此，当前我们要更加关注农村生产生活条件的改善，走农村城市化道路，使农村也能拥有比较完备的公共服务和基础配套设施，补足农村发展要素资源，实现城乡公共服务均等化，才能有力促进城乡一体化发展。

二 坚持马克思主义对农村公共服务优先发展的指引

马克思关于人类社会发展规律的论述，揭示了城乡关系发展的基本趋势，其城乡关系发展理论提供了我国农村公共服务均等化的研究视角，为我国农村公共服务高质量发展奠定了具有前瞻性和指导性的理论基础，对我国农村公共服务体系建设的实践探索也具有现实指导价值。

（一）农村公共服务体系建设的科学视角

从我国城乡公共服务建设的发展历程来看，农村公共服务体系建设思路是由马克思城乡关系理论与中国农村发展具体实践相结合而逐渐形成的。总体来看，我国城乡发展经历了由城乡分割到快速扩张的城镇化，再到以人为本的新型城镇化，进而到追求城乡一体的融合发展目标。与之相对应，城乡之间的公共服务建设也由原来的城乡分割逐步过渡到城乡统筹，城乡公共服务差距不断缩小，城乡二元结构问题逐步得到改善。要解决和突破城乡融合发展的矛盾和瓶颈，提升城乡公共服务水平已成为破除城乡一体化发展难题的关键所在。应加快推进农村公共服务体系建设，弥合城乡居民在生产生活环境方面的发展差距，实现城乡产业发展、基础配套设施、生产生活环境、基本公共服务和生态环境保护等方面的一体化。我国城乡关系的变迁遵循了马克思城乡关系理论，构建农村公共服务体系必须以马克思关于城乡一体化的重要论述为指引，紧密结合中国国情实际，立足于我国农村公共服务发展的现实状况，为我国农村公共服务高质量发展提供比较科学的理论视野。

（二）农村公共服务体系建设的理论支撑

将马克思城乡关系理论作为我国农村公共服务体系建设的理论依据是符合城乡发展规律的，马克思、恩格斯等人所设想的未来共产主义社会，将彻底消灭城乡差别，实现了城乡一体和城乡融合发展。尤其是通过完善农村公共服务体系建设，消除了农村公共服务与城市的差别之后，有助于提升农村的生产生活水平，推动城乡之间物质文明和精神文明融通共享，进而实现城乡一体化。实践的发展有赖于理论支撑，我国农村公共服务体系建设必须坚持以马克思城乡关系理论为指引，深入推进农村公共服务高质量发展的实践探索。深入剖析马克思城乡关系理论，理解其重要表述内涵，推动马克思城乡关系理论中国化、时代化，对于正确认识当下我国公共服务实现城乡一体的内涵和意义，搞清楚农村公共服务体系建设在城乡一体化发展中的重要性，辨识城乡公共服务一体化发展的趋势和规律，探索农村公共服务高质量发展的路径选择具有十分重要的理论价值。

（三）农村公共服务体系建设的实践依据

通过农村公共服务体系建设，一方面可以使农村发展保持稳定，消减城市过度发展的压力和危机，缓解城市病问题；另一方面农村公共服务水平的提升，能够增强农村社会经济活力，实现农村剩余人口的就地安置，保障农村繁荣进步。当前，在乡村振兴战略的推动下，我国农村公共服务水平和质量有了长足进步，取得了明显成效，农村内生发展动力明显增强，生产生活生态条件加快改善，为农村可持续发展注入了强劲动力。农村公共服务高质量发展符合马克思城乡一体化重要论述中要推动"人口要尽可能平均分布于全国""借助于农村城市化"的观点，依托公共服务均等化的作用，实现城乡融合发展，践行"城乡一盘棋"的发展理念，通过公共服务体系建设推动乡村振兴战略实施，促进农村加快繁荣发展。

三　我国农村公共服务优先发展的路径选择

党的十九大报告做出乡村振兴战略的重大部署，这是遵循马克思城乡关系基本原理，实现城乡一体化的必由之路。作为解决"三农"问题的总抓手、决胜全面建成小康社会的总动员和实现农业农村现代化的总方针，乡村振兴是当下化解城乡区域发展不平衡、农村发展不充分矛盾的客观要求，迫切需要让乡村振兴成为全党全社会的共同行动。农村公共服务供给是贯穿乡村振兴发展的关键命题，实现乡村振兴，农村公共服务要先行，要在新时代"三农"工作新理念指引下，始终把握满足农民最迫切生存发展需要这个根本，抓住农村公共服务精准供给这个关键，全面提高农村公共服务的供给水平和供给质量，不断改善农村的生产生活生态条件，努力探索推进乡村振兴进而实现城乡一体的新路径。

（一）农村公共服务有效供给助力城乡一体的迫切性

中国是一个农业大国，农村人口规模庞大，农村贫困地区发展滞后，农业综合利用开发潜力有待释放，农村公共服务则是牵系我国农业农村农民问题的根本性环节，农村公共服务有效供给需要全国精准、精细、全面的耕耘布局。

当前农村公共服务供需矛盾突出，已日益成为我国实现农业农村现代化的潜在制约和症结所在。如城乡基本公共服务在供给水平、供给内容和供给质量方面差距凸显，不利于新时代彰显共同富裕的社会公平正义；多年来政府对农村公共服务投入持续加大，公共服务供给明显跟不上农村发展进程，儿童失学现象时有发生，农村医疗卫生服务、农村社会保障尚未全面覆盖，农村公共文化服务停滞不前；农村公共服务短板突出，农民多层次需求亟待满足，尤其是农村基础设施不完善、农业规模化发展程度不够高、农业资源利用不充分、农民增收效果不稳定、公共知识与文化消费需求得不到满足、农村公共服务产品不丰富等都阻碍了乡村振兴发展。农村公共服务有效供给不足制约着我国农村经济社会持续稳定健康发展，影响农村居民对美好生活的向往与追求。

更为严重的是，农村公共服务供给机制障碍凸显。农村公共服务供给主体和供给服务支持体系的失灵，导致公共服务供求不匹配、服务不均衡、发展不同步。公共服务供给主体单一，供给责任划分不明确，农村公共服务供给"自上而下"决策机制弊端明显，农民需求表达渠道尚不健全，由此引发的无效和低端低质量的农村公共服务供给浪费了大量公共资源和资金投入，引发城乡公共资源配置失衡，基本公共服务均等化水平降低；农村公共服务供给结构失调，公共服务供给与农民实际需求相脱节，不贴合农民最关心最迫切的公共服务需要；区域之间公共服务供给能力差距明显，彼此资源合作共享互动不足，欠发达的西部农村地区是公共服务资源相对短缺的聚集地带。农村公共服务供给过程中的系列矛盾妨碍了农村公共服务的有效精准供给，对城乡一体化发展和乡村振兴形成了无形阻力。

完善农村公共服务有效供给对于我国推进乡村振兴战略有着重要意义。一方面，农村公共服务供给水平是衡量我国城乡均衡发展水平的重要标准，乡村振兴要实现农村共同富裕，推动基本公共服务均等化发展，不断缩小城乡公共服务发展差距，加快实现城乡一体化发展，实现农业农村现代化。一个国家的农村发展水平，往往决定了该国的综合竞争实力。实现农民富、农业强、农村美的发展目标之日，即是建成现代化强国之时。另一方面，完善农村公共服务有效供给会倒逼"三农"问题治理能力建设和机制改革，促进乡村振兴战略顺利推进。农村公共服务有效供给有利于切实保障和改善民生水平，促进农业持续发展和农村繁荣稳定，与推进农业农村现代化密切相关。推动农村公共服务精准高效供给的过程，也是加快"三农"问题改革攻坚，促进供给内容丰富化、供给范围扩大化、供给主体明晰化的进程，势必全面提升我国乡村治理和发展能力，为农业农村现代化建设奠定坚实基础。

（二）农村公共服务有效供给助力城乡一体的着力点

步入新时代，农村公共服务供给越来越成为农村全面建成小康社会的关键环节、越来越成为推进乡村振兴增加民生福祉实现城乡一体的核心所在。"治政之要在于安民，安民之道在于察其疾苦。"一直以来，我国重要领域和关键节点的改革都与农村紧密相连，中华民族拥有璀璨的农业文明历史，对民生问题认识具体而深刻。"三农"工作始终是我党工作的重中之重，任何时候都不能忽视农业、忘记农民、淡漠农村。乡村振兴战略的实施，就是致力于实现城乡一体为农村谋幸福的重大举措，全面推动农村深化改革，让农业成为有奔头的产业，让农民成为有吸引力的职业，让农村成为安居乐业的美丽家园，这些都有赖于农村公共服务有效供给来提供可靠的保障。

农村公共服务供给要坚持以人为本的导向。实施乡村振兴战略，民生福祉是根本。农村公共服务供给要从农民群众最关心最直接最现实的民生利益问题上寻求突破，供给内容要更侧重于满足与农民群众切实相关的迫切需求，做到以人为本、解民生之忧，从农村群众福利角度出发，真正做到情为民所系、利为民所谋、服务为农民所需，服务保障工作要在抓细、抓小、抓实方面下足功夫，充分回应农民对于多层次公共服务供给的要求和期待，更加注重提升农村群众的获得感和幸福感。

农村公共服务供给要彰显社会公平的追求。城乡发展一体化是国家治理现代化的重要标志。公共服务供给要让城乡居民的基本权益向均等化方向发展，让农村平等享受经济社会发展的成果。要按照抓重点、补短板、强弱项的要求，逐步建立健全全民覆盖、普惠共享、城乡一体的基本公共服务体系，提升农村公共服务供给能力与供给水平，努力提高农村民生保障水平，促进农村的经济方式、生活方式和福利方式发生深刻的变革，塑造幸福美丽乡村面貌，化解城乡发展不平衡与农村发展不充分的矛盾。

（三）农村公共服务有效供给助力城乡一体的路径

习近平总书记指出，坚持农业农村优先发展的总方针，按照产业兴旺、生态宜居、乡风文明、治理有效、生活富裕的总要求，坚持农业现代化和农村现代化一体设计、一体推进，实现农业大国向农业强国跨越。这为我国推进乡村振兴战略、实现城乡一体指明了方向，也为新时代农村公共服务事业发展确立了基本原则，提供了根本遵循。

在农村公共服务供给方式方面，要贯彻新发展理念，勇于推动公共服务供给模式创新、供给渠道创新和供给主体创新，切实增强和提升农村公共服务的供给能力、供给水平与供给效率。建立政府、市场、社会组织多元化的协同供给机制，明确政府对纯公共服务的供给主体责任，拓展市场对准公共服务的供给发展空间，拓宽公共服务供给资金来源渠道，推动供给主体更加完善、供给方式更加多样，满足农民多层次公共服务需求。

在农村公共服务供给决策方面，要探索构建自下而上的需求主导型供给决策机制，以受益者的需求和偏好为依据，畅通政府与农民对公共服务的信息沟通渠道，完善农民公共服务利益诉求表达机制，提高作为直接受益者的农民在公共决策中的参与度，确保供给决策贴合农村民众的服务诉求，精准提供能够切实改善农民生活水平与满足生存发展需要的公共服务，有梯次地丰富农村公共服务供给内容，有层次地持续扩大供给范围，有步骤地推动公共服务供给结构优化，最大限度地让供给成果惠及广大农村群众。

在农村公共服务供给绩效方面，要强化对农村公共服务供给的监督，权衡好公共服务的公平与效率价值平衡，克服公共服务供给绩效评估环节的技术性障碍，消减供需矛盾、供给低效现象，保证农村公共服务供给的质量、水平与效果。建立以政府和农民为主体的双向评价机制，健全公共服务供给绩效评价体系，完善全方位、立体式的监管监督网络，落实问责追责制度，有效规范供给行为，引导树立正确的政绩观，避免出现"形象工程"，确保公共服务供给决策切合公共利益。

参考文献

陈伟东、张大维：《马克思恩格斯的城乡统筹发展思想研究》，《当代世界与社会主义》2009 年第 3 期。

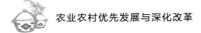

龚丽兰、郑永君：《培育"新乡贤"：乡村振兴内生主体基础的构建机制》，《中国农村观察》2019 年第 6 期。

林昌华：《培育新型文化业态 打造现代文化产业体系》，《福建日报》2017 年 11 月 20 日。

刘树新：《构建我国乡村振兴金融供给的"多中心"模式》，《浙江金融》2019 年第 11 期。

宁阳：《多措并举推动实现乡村振兴》，《理论导报》2019 年第 11 期。

欧阳雪梅：《新时代中国特色社会主义文化建设的理论与实践创新》，《党的文献》2019 年第 1 期。

石林：《公共服务均等化助益乡村振兴》，《中国社会科学报》2019 年 11 月 20 日。

吴敏燕：《习近平关于文化建设重要论述的逻辑理路》，《中共中央党校（国家行政学院）学报》2019 年第 2 期。

杨叶卿：《习近平文化建设思想研究》，硕士学位论文，西南大学，2018。

张克俊、杜婵：《从城乡统筹、城乡一体化到城乡融合发展：继承与升华》，《农村经济》2019 年第 11 期。

赵智奎：《马克思主义中国化的基本经验及规律性研究》，中国社会科学出版社，2015。

郑传芳：《中国特色社会主义理论体系若干问题研究》，人民出版社，2010。

郑会霞：《乡村振兴背景下乡村治理能力提升的四个维度》，《学习论坛》2019 年第 12 期。

中共中央宣传部：《习近平新时代中国特色社会主义思想三十讲》，学习出版社，2018。

协调推进城镇化与乡村振兴
战略的体制对策

——基于城乡共享体制建设的视角

刘爱梅*

摘　要：如何协调推进新型城镇化与乡村振兴战略是目前实践当中遇到的难题，体制机制与政策在城镇化与乡村发展的相互推进过程中具有重要作用。从国内外城乡经济社会运行的轨迹来看，城镇化与乡村发展经历了失衡—平衡—新失衡—再平衡的过程；在各国应对城乡失衡的治理策略上，呈现从城乡分治到城乡共治的治理趋势。分析认为，目前制约新型城镇化与乡村振兴战略协调推进的关键因素是对城乡二元体制的路径依赖，这种路径依赖的惯性作用导致政府易对城乡分而治之，城乡难以融合发展。对此，本文基于城乡融合系统理论等，提出通过城乡共享体制建设推进城乡融合发展、促进新型城镇化与乡村振兴战略协调推进的对策。

关键词：新型城镇化　乡村振兴　城乡融合　共享体制

2018 年我国常住人口城镇化率达到了 59.58%，户籍人口城镇化率达

＊ 刘爱梅，经济学博士，山东大学经济学博士后，山东社会科学院农村发展研究所副研究员，主要研究方向为城镇化、发展经济学。

到 43.37%。2011～2018 年我国城镇化率年均增长 1.2 个百分点,相比 2001～2010 年年均增长 1.4 个百分点的速度出现下降,我国城镇化发展已经从快速扩张、粗放式阶段进入转型发展阶段。在粗放式城镇化过程中,资源要素主要从乡村向城市单向流出,乡村衰败与城市繁荣反差明显,城乡关系呈现明显的不均衡状态。为促进城乡经济社会协调发展,党的十九大以来,我国实施了乡村振兴战略,对此,有部分学者认为我国在城乡关系的关注重点上要从城镇化转到乡村振兴。笔者在实地调研中也发现,部分县、镇的工作人员存在一些疑惑:实施乡村振兴战略是不是意味着城镇化战略不再重要?理论上的困惑导致实践中的犹豫:是否要继续推进农村居民集中居住区建设?还要不要鼓励农村人口外出打工?可见,厘清城镇化与乡村振兴战略相互推进的内在规律并处理好二者之间的关系具有重要意义。本文在总结分析二者关系及体制制约因素基础上,试图从共享体制机制建设的视角提出促进新型城镇化与乡村振兴战略协调推进的对策建议。

一　理论探讨与文献综述

(一)关于城乡关系的基础理论研究

西方学者在城乡关系的研究上,主要是在基础理论方面形成了较为经典的理论,包括二元经济结构理论、非平衡增长理论、"核心－边缘"理论等。①二元经济结构理论。刘易斯的二元经济结构模型认为,工业、农业部门之间存在巨大的劳动生产效率差异,城市经济的发展对破除城乡二元结构有关键作用。费景汉－拉尼斯模型则强调了农业经济发展的意义,乔根森模型与托达罗模型也都指出必须大力发展乡村经济,改善农民生活,城乡一体化的目标才能实现。②非平衡增长理论。该理论认为,一个国家要实现平衡发展只是一种理想,经济增长在区域内是一个不平衡的动态过程,增长以不同的强度首先出现于一个或数个"增长中心",然后通过不同渠道向其他部门或地区传导扩散，最终对整个经济产生不同的带动影响。因此，应选择特定的部门或者地理空间作为增长极，以带动经济发展。③"核心－边缘"理论。这一理论是解释经济空间结构演变过程的一种理论。弗里德曼将城市地区定位为核心区，城市地区技术水平较高，资本集中，属于权力掌握者；而乡村为边缘地区，处于从属地位，强调以城市为中心进行资源配置，以城市发展带动农村发展。

（二）城镇化与乡村发展之间的关系研究

国内学界关于城镇化与乡村发展之间的关系做了较多研究，研究重点主要集中在二者之间的静态利益关系及动态推进关系两个方面。在城镇化与乡村发展的静态利益关系上，普遍认为城镇化与乡村发展之间既有一致的地方又有背离的地方。一致的地方表现为：二者都是通向现代化的重要途径，城镇化做得好的地区往往能带动乡村经济社会的发展，乡村发展则为解决新型城镇化推进过程中所面临的"大城市病"、环境问题等提供了重要途径。①背离的地方表现为：在粗放式城镇化模式下，乡村的土地、人口等主要生产要素快速地被城镇化进程所吸纳，成为城镇化发展的主要资本，资源要素主要由乡村向城镇单向流动。推进城镇化时，政府往往强调农村剩余劳动力等资源要素向城镇流动，推进乡村振兴时，又强调乡村要"留得住人"，资源要素要流向乡村。②

对于城镇化和乡村振兴战略的动态推进关系及趋势尚未形成一致的结论，目前有两种不同的观点：①乡村振兴是今后的战略重点，应大力发展乡村社会。仇保兴认为，我国城镇化率到65%就达到峰值，中国已经走完了快速扩张的城镇化阶段，我国东部地区已经到了逆城镇化阶段。③今后要大力发展乡村社会，变城乡分割为城乡一体化，重构城乡的空间秩序，实现要

---

① 李明奇：《乡村振兴战略与新型城镇化的关系》，《党政干部学刊》2018 年第 9 期。
② 陈丹、张越：《乡村振兴战略下城乡融合的逻辑、关键与路径》，《宏观经济管理》2019 年第 1 期。
③ 《中国城镇化率65% 到顶　超大城市可能会继续膨胀》，《南方都市报》2017 年 3 月 18 日。

素在空间上的优化配置。②我国城镇化的任务远未完成，城镇化与乡村振兴战略应共同大力推进。蔡昉运用二元经济结构的经典理论分析了中国农业劳动力的转移过程，认为中国农业劳动力比重仍然偏高，农业劳动力转移任重道远，我国与发达国家平均80%的城镇化率还有20个百分点的差距，还有很长一段路要走。①

（三）城镇化与乡村发展失衡的原因分析

世界范围内的城镇化与乡村发展曾经或正在经历失衡是普遍现象而不是个例，目前文献对于城乡失衡原因的解释主要有三个方面。一是经济结构变革导致城乡经济地位发生变化。技术在经济发展中地位的提升导致城市在国民经济中的地位不断超越农村，② 乡村经济地位相对衰落。过去40年中国人口从农业到非农产业的重新配置过程就是经济结构调整及社会变迁的过程。二是区域空间结构的演变导致城乡经济的非均衡发展。作为城市的核心地区具备规模效应和极化效应，同时能够带动周边地区乡村的发展，形成扩散效应，但是如果增长的极化效应大于扩散效应，就会扩大发达地区与落后地后的差距，特别是城乡差距。傅辰昊等分析认为，我国东部地区城乡居民生活水平差距相对较小，中西部地区城乡居民生活水平差距相对较大。③ 三是政治体制与政策的影响。美国经济学家亨德森（J. Vernon Henderson）论述了民主化和权力分散化进程对城市化的影响。他认为，民主化进程更有利于中小城市的规模增长和乡村的发展，因为民主政治能够约束政府的资源配置行为，提高中小城市和乡村的政治地位，进而提高它们经济资源的获取能力等。目前国内众多的研究也逐步探讨城镇化与乡村发展不协调的体制和政策因素。孙华臣和焦勇通过实证分析证明，制度扭曲效应逐渐成为城乡收入

① 蔡昉：《农业劳动力转移潜力耗尽了吗?》，《中国农村经济》2018年第9期。

② Glasmeier, A. K., "The High-tech Potential: Economic Development in Rural America," *Contemporary Sociology* 6（1991）.

③ 傅辰昊、周素红、闫小培、古杰：《中国城乡居民生活水平差距的时空变化及其影响因素》，《世界地理研究》2015年第4期。

差距的最大贡献因素，其贡献度高达 67.8%，这种影响在经济发展相对落后的地区更为明显。[①]

（四）城镇化与乡村发展失衡的治理对策研究

在城乡失衡的治理对策上，各国学者们都强调了制度和政策的作用。道格拉斯认为，发展中国家的城乡关系不会因为经济发展到了"成熟阶段"而自动转化，而需要政府进行干预，他从城乡相互依赖角度提出了区域网络发展模型，通过"区域网络"和各种"流"（人、生产、商品、资金和信息）促进城乡融合和系统化发展。[②] 日本学者岸根卓郎构建了"自然—空间—人类系统"城乡融合型网络化发展框架。[③] 刘彦随认为，依据吴传钧提出的人地关系地域系统延展而来的城乡融合系统是认知现代城乡关系的基本依据。[④] 他强调："城乡融合发展的要义在于强化城乡地域系统极化作用的基础上充分发挥扩散效应，构筑城乡命运共同体，形成城乡发展的立体空间和网格结构。"在实践中，法国、美国等发达国家采取了一系列的干预政策甚至立法保护措施促进乡村的复兴。中国治理城乡失衡的对策主要是依靠不断改革体制机制与完善政策体系促进城乡一体化发展。党的十九大提出了建立健全城乡融合发展体制机制和政策体系，国内部分文献也探讨了如何完善相关的体制机制和政策体系的问题。中共中央、国务院在 2019 年 5 月出台了《关于建立健全城乡融合发展体制机制和政策体系的意见》，提出了推进城乡融合发展的一系列体制机制改革措施，并指出，促进城乡融合的抓手是协调推进乡村振兴战略和新型城镇化战略，而对于如何协调推进二者发展是需要深入研究的课题，也是本文试图回答的问题。

---

① 孙华臣、焦勇：《制度扭曲与中国城乡收入差距：一个综合分解框架》，《财贸经济》2019 年第 3 期。

② Douglass, M. A., "Regional Network Strategy for Reciprocal Rural Urban Linkages: An Agenda for Policy Research with Reference to Indonesia," *Third World Planning Review* 1 (1998).

③ 〔日〕岸根卓郎：《迈向 21 世纪的国土规划：城乡融合系统设计》，高文琛译，科学出版社，1985。

④ 刘彦随：《中国新时代城乡融合与乡村振兴》，《地理学报》2018 年第 4 期。

二 城乡之间的动态演化规律与对策趋势

城市与乡村是一个有机体，二者之间既相互支撑，又相互制约。从国内外城市与乡村发展运行的轨迹来看，二者之间的演化发展存在着如下规律与趋势。

（一）城乡之间的动态演化规律：失衡—平衡—新失衡—再平衡

从世界上城市与乡村发展关系的总体趋势看，城市与乡村之间总是通过既相互推进又相互背离的运行过程不断提升发展水平，具体运行过程表现为失衡—平衡—新失衡—再平衡的循环往复过程。当然，在"平衡"之后的"新失衡"是一种更为高级阶段的失衡，是一种新的失衡。法、日、美三个国家的乡村现代化进程就显现了上述规律的运行轨迹。①法国。20世纪六七十年代，法国在城市化后期面对乡村衰败，通过领土整治与乡村基础设施建设等一系列措施实现了乡村复兴，使乡村成为人们向往的地方，一些城市白领、退休人员等在乡村买房居住或度假休闲，目前约有1/4的法国人居住在乡村。法国在实现乡村复兴的同时，却出现了另一种新的不平衡，乡村地区发展呈现分化态势，一些大城市附近的乡村以及沿海地区在旅游、民宿等行业带动下，呈现就业岗位增加、收入上涨的良好状况。然而，在一些偏远地区的农业区和老工业区，乡村发展持续衰败。②日本。20世纪50年代末，随着工业化、城市化的快速发展，日本城乡矛盾日益突出，政府开始关注乡村振兴问题。1961年开始施行的《农业基本法》，通过建立农村土地法律制度、发挥农协综合功能等措施来推动农业和农村发展，经过半个多世纪的发展，日本的乡村振兴措施取得了显著成效，城乡发展不平衡问题基本得到了解决。日本在实现乡村振兴的同时部分乡村地区随着人口老龄化的发展及年轻人口的持续流出，部分乡村住宅闲置，乡村衰败无法避免。③美国。20世纪三四十年代，美国采取了一系列基于自然资源利用的乡村复兴措施，包括退耕还林、土壤修复、水利设施建设以及为乡村提供生产生活所用的廉价电力等，目的在于振兴乡村经济。这些措施提高了乡村居民收入，也赢得了乡村居民对政府的支持。后来，老布什总统系统地提出一套乡村发展措施，并于 1990 年建立了国家和州两个层面的乡村发展委员会，负责领导乡村发展，部分乡村地区实现了复兴，但是许多乡村地区经济仍然处于低迷状态。法、日、美等国虽然实现了第一个"失衡—平衡"的转变，但是仍处于"新失衡"到"再平衡"的阶段。它们普遍面临乡村内部不同区域发展分化的局面，在区位条件和资源条件较好的地区，乡村得到大力发展，在地域偏远、自然条件较差的地区，乡村则难以发展甚至持续衰败，对此，政府部门不得不继续采取各种措施来促进当地经济社会的发展。

（二）城乡失衡治理的趋势：从城乡分治到城乡共治

基于城乡经济互联互动发展的实践及区域网络理论的发展，20 世纪七八十年代以来，部分国外学者研究城乡失衡治理对策的着眼点从单个城市和乡村变成一个区域网络，注重从城乡区域网络系统视角来审视和解决城乡问题，而不单从城市内部、乡村内部或者是单个城市—乡村之间的联系来寻找解决城乡失衡的办法。进入 21 世纪，国内学者也认识到城乡系统的一体化问题，注重从城乡系统化角度分析问题，刘彦随认为依据人地关系地域系统理论延展而来的城乡融合系统、乡村地域系统是理解城乡关系的基本理论依据。① 从专注于城市的治理到城乡系统化治理也成为各国政府处理城乡关系的政策思路和实践风格。如 20 世纪 60 年代美国的新城镇开发建设、法国的"乡村复兴"运动、英国的农村中心村建设等。这些国家通过创新机制，将城市的先进生产要素引入农村，盘活利用农村土地资源与资产，大力建设农村社区基础设施，采取补贴政策等吸引人口回到农村，从而改变农村的面貌，实现城乡融合发展。从中国城乡发展的实践来看，中国也正在经历从"城乡分治"到"城乡共治"的建设过程。但是目前城乡土地制度、公共服务供给体制等重要方面还需要不断深化改革，城乡共治的体制建设仍然任重

---

① 刘彦随：《中国新时代城乡融合与乡村振兴》，《地理学报》2018 年第 4 期。

道远。

从城乡分治到城乡共治是一个国家政府的理性选择，在国家经济发展早期由于财力有限，往往首先集中投入建设城市地区，城市地区先发展起来，经济发展到一定程度后，需要以城乡平衡增长为价值取向和目标，实行城乡共治，采取促进城乡互惠互利发展的政策，建立健全既利于城市也利于乡村的体制机制，在激发乡村发展的内生动能与活力的同时推动城乡可持续健康发展，逐步形成公平、公正、效率的城乡良好互动格局。

三　城镇化与乡村振兴战略协调推进的体制约束：对二元体制的路径依赖

目前，国家在推进城镇化和乡村振兴战略过程中进行了各种体制改革和出台了多种政策，取得了很大成效，但是囿于二元体制路径依赖的影响，在改革的方向上到底是合二为一还是在二元基础上进行修正，在改革的步伐上到底是太快还是太慢，还存在较多的疑惑和问题，这些疑惑与问题制约了新型城镇化与乡村振兴战略的协调推进。

（一）城乡二元土地制度

长期以来，中国实行的是城乡二元土地制度。在城市市区，土地所有权归国家所有。在农村和城市郊区，土地所有权归集体所有。这种制度导致城乡土地市场的分割和土地管理的城乡分治。对于农村土地制度改革的方向，主要存在三种不同观点：一是实行城乡统一的土地国有制度。根据我国的国情，实行"土地国有，永包到户"的方案，把土地的所有权统一收为国有，实行城乡统一的土地国有制。二是农村土地私有。如杨小凯主张"中国农业要真正搞起来，土地一定要私有化，要自由买卖"。① 三是大部分人主张的在目前的土地制度基础上进行改革。如果不考虑我国土地制度的现实状况

---

① 杨小凯：《土地私有制与中国农业问题》，中评网，2006 年 7 月 11 日。

和约束条件，土地国有与土地私有可能都没有问题，应该说，在产权上土地国有或土地私有比土地集体所有更加清晰，更有利于土地流转、交易，也易于使群众通过土地交易获得更多资产。但是目前我国已经经过了 60 多年的土地集体所有制、40 多年的家庭承包经营制度，在路径依赖作用下，我国实行土地制度的大变革会产生巨大的改革成本，且在目前农村户籍人口还占总人口 56.6% 的条件下进行农村土地国有化或私有化改革将会使土地永久承包权或产权"细碎化"，不利于以后的土地规模经营。

在土地的二元所有制路径依赖下，我国农村土地制度改革虽然"荆棘丛生"，但是短时期内仍需要沿着这条路前进。目前，我国农村土地改革主要集中在农地、宅基地和集体经营性建设用地这"三块地"上。其中，农地改革的焦点在于推进"三权分置"改革，提高土地利用效率，解决农地征用及其补偿标准过低问题；宅基地改革的焦点是如何盘活闲置宅基地资产的问题，现行制度允许宅基地在集体组织内部流转，但不能向城市居民转卖，这会制约社会资本投资农村宅基地的积极性，不能实现高效的资源配置和农民利益的最大化。集体经营性建设用地改革的焦点是"同地、同价、同权"的平等入市问题。上述"三块地"改革的核心都是要保障土地流转和经营者的权益，但是目前的制度改革还不到位，部分承租方、旅居者、投资者常常因为"产权壁垒"风险担心权益得不到保障，不敢投资农房改造和乡村建设。加之，在土地集体所有和农村"一户一宅"的政策格局下，农户也不敢出售闲置宅基地和房产，导致农村土地资源无法畅通地流动，不利于农民财产权的实现。

（二）城乡二元公共产品供给体制

城乡公共产品供给体制的制约主要体现在基础设施建设、公共服务供给、生态环境治理等三个方面。党的十六大以来，我国开启了城市反哺农村、城乡一体化发展的道路，但是受制于城乡二元体制的传统影响及城市与乡村二者自然地理条件的差异，城乡公共产品供给的不平衡特征仍十分明显。一是基础设施建设、运营体制的城乡二元化。城市基础设施建设根据城市规划进行，已经形成了较为完善的投入与运营体制。城市道路、绿地、供暖等基础设施由专门的公路局、市政公用局等负责建设与管理，乡村基础设施建设还没有形成固定化、法制化的投入、运营方式，常常是运动式的投入，例如目前部分地区的水泥路户户通及改厕等，一些地区的建设缺乏规划，存在较大的主观性，部分地区改造后的厕所需要另外提水甚至要在冬天烧热水进行冲洗。二是城乡公共服务供给水平差距较大。目前，我国城乡居民的养老保险已经实现统一，居民医保也基本实现了城乡统一，城乡义务教育学校生均公用经费基准定额实现统一，城乡公共服务一体化水平不断提升，但是城乡义务教育质量、医疗卫生资源条件、公共文化设施与服务水平仍然差距很大。三是城乡生态环境治理与投入的不平衡。目前，城乡生态环境治理还是二元化的投入和治理格局，城乡环保投入不均衡，城市环保投入多，乡村环保投入少，城乡环保设施不同步发展，城乡环保治理力度与治理水平差距较大，城乡生态环境质量差别也较大，部分污染企业向乡村地区转移，造成部分乡村地区的面源污染、水污染，垃圾围村等现象也较为严重。

（三）城乡二元要素投入与发展机制

我国的城乡体系是一个"金字塔"形的结构，从上到下依次是直辖市、省会城市、地级市、县、镇和村。较高层级的城市指导监督较低层级的城市，越高级别的城市享有越大的决策自主权，拥有更多优质的人才、资金资源。处于"金字塔"底端的乡村社会拥有的人才、资金资源少，技术水平低，商贸物流不发达，公共服务水平低。人才、资金资源少又会反过来制约乡村社会的发展速度，形成低水平的漩涡式发展，如果没有体制改革或外力作用，城乡二元社会的发展轨迹不会自动趋向于收敛，相反，会因为城市与乡村两个系统的自我强化发展而拉大差距。党的十六大以来，由于实行了一系列的支农惠农措施及城乡一体化改革，扭转了城乡发展差距扩大的趋势，2008年城乡居民收入比例是3.11∶1，从2009年开始城乡居民的收入比例逐渐降低，2018年城乡居民的收入比例是2.69∶1。由于我国城乡体系"金字塔"结构影响及行政等级管理体制的约束，目前城乡要素双向流动的机制还没有建立起来。在城镇化和乡村振兴战略实施过程中，由于资金短缺，出现了财政资金"扶强不扶弱"的现象，有限的资金往往投入区位条件较好的城边村、城郊村，或者自然资源条件比较好的地区，以打造乡村振兴的"样板工程"。财政资金的"扶强不扶弱"可能会导致乡村发展的分化，城郊地区或基础好的地区的乡村能够快速发展，而偏远地区乡村则会持续衰败，对样板村投入太大，不可持续、复制和推广，也导致没能得到政府大量投入的邻村的攀比和不满。

另外，我国目前的户籍制度改革已经推向深入，除了部分大城市外，户口限制基本上全面放开，但是长期以来实施的城乡差别的户籍制度对城乡人口流动的影响深远，目前的户籍制度改革还不够彻底，主要表现是附着在户口上的公共服务水平差距较大。还有在城乡产业发展体制上实施了差别化的产业政策，在城镇化早期给予了城镇地区更多的优惠政策，加之城镇地区的规模经济效应，使城乡产业发展呈现了迥然不同的局面。城乡土地、公共产品供给等二元体制的运行不断强化并最终导致城市与乡村在经济发展、社会文化、公共服务供给、社会治理等方面分属于两个不同系统，城乡居民的生活水平和文明程度存在较大差异。因此，从城乡系统分割到城乡系统融合、从城乡分治到城乡共治是协调推进城镇化与乡村振兴战略实施并最终实现城乡融合的必然趋势。

四 城乡共享体制建设的思路与对策

基于道格拉斯的城乡区域网络发展模型及刘彦随等的城乡融合系统理论等，笔者提出建立城乡共享体制促进我国新型城镇化与乡村振兴协调推进的思路。城乡共享体制建设的思想基础是：城乡是一个紧密联系的利益共同体，要把城市和乡村作为一个系统整体统筹谋划；其主要目标是：通过城乡共享体制的建设打破城乡分治及城乡居民利益分割的局面，建立城乡统一或者能使城乡居民共享发展利益的体制机制。城乡共享体制建设的主要内容如下。

（一）建立城乡共享的农村土地投入与发展机制

建立城乡共享的农村土地投入与发展机制，是指在坚持农村土地集体所有的前提下，解除投资者对"产权壁垒"的担忧，引导城乡社会资本共同投入农村土地，通过承包地流转、宅基地住宅的共建共享、集体经营性建设用地的"同地、同价、同权"等改革，形成城乡居民共同投入农村土地、共享土地投入发展成果与收益的机制。在农地、宅基地、集体经营性建设用地这"三块地"的改革中，农地推行的"三权分置"改革基本满足了城镇化进程中农村土地经营和流转的需要，党的十九大提出的"第二轮土地承包到期后再延长三十年"政策稳定了承包关系以及在此基础上的土地流转关系，为现代农业的规模化经营提供了保证。目前迫切需要深化探索和改革的是农村宅基地和农村集体经营性建设用地。国家正在试点推进宅基地所有权、资格权与使用权的"三权分置"改革，在各地试点经验中出现了不少放活宅基地和农民房屋使用权、让农民更多地分享土地增值收益的案例。其中，由城乡居民共同投入建设的共享农房或由市场投入、城市居民消费、农村居民得实惠的共享农庄等是一种发展旅居产业的有效形式，为房产闲置的农民提供了财产收益途径。因此，以城乡居民利益共享为出发点，鼓励建设共享农庄、共享小院、共享村落等，鼓励成立村集体经济主导控股的农发公司，联结城乡居民，为共同开发建设农村土地资源提供服务；研究出台引导鼓励规范民宿经济、旅居产业发展的相关法规政策，形成城乡共享的农村宅基地投入与发展机制。在经营性集体建设用地市场领域，在推进城乡建设用地"同地、同价、同权"的基础上，允许农村闲置的宅基地转换成工业、商业等经营性建设用地，并在符合城乡统一规划的前提下进入城乡统一的建设用地市场，使农民可以分享土地市场增值收益。

（二）建立城乡统一、共享的公共产品供给体制

建立城乡统一、共享的公共产品供给体制，是指在基础设施建设、运行，公共服务供给及生态环境治理等方面逐步形成城乡统一投入、运营及共

建共享的体制机制。一是要完善城乡规划体制，将城市和乡村作为一个整体，统筹考虑城乡发展规划编制，多规合一，解决规划上城乡脱节、重城市轻乡村的问题，比如可以将城镇化发展规划与乡村振兴发展规划等合为一个规划，统筹布局。二是建立城乡统一的基础设施建设、管护体制。把城乡交通、水利、能源和信息等方面的基础设施，按照统一规划、统一建设、统一经营和统一管理的要求，从区域整体上进行统筹规划，构建乡村基础设施主要由政府投入运营的格局，努力实现城乡基础设施互联互通、共建共享，实现城乡基础设施网络一体化发展，提高资源使用效率与投资效率。三是建立城乡基本公共服务共建共享机制。一方面，加快户籍制度改革，放开除个别超大城市外的城市落户限制，使得进入城市的农业转移人口能够与城镇户籍人口均等地享受城市现有的教育、医疗及公共文化等服务。另一方面，促进城乡公共服务规划与政策统筹衔接，把市政府有关部门的经济管理和公共服务职能由只管城市或城乡分割管理一律向农村延伸，形成城乡一体的行政管理模式，使城乡居民的公共服务对接共享并逐步达到同一标准。四是建立城乡生态环境一体化建设机制。打破城乡生态环境分治局面，转向城乡一体化的生态环境规划、生态环境建设与治理，借鉴法国经验，建设国家公园，将公园、湿地等部分生态产品逐渐向农村地区延伸，改善和提升农村人居环境，推动生态资源在城乡之间均衡化配置、合理化分布，让城乡居民共享良好生态环境。

（三）建立城乡共享的要素投入与发展机制

建立城乡共享的要素投入与发展机制，是指通过在人才、科技等一系列资源要素领域进行体制改革，形成人才、技术、资金、信息等要素既能被城镇利用又能为乡村服务，资源要素在城乡社会之间自由流动、共享使用的体制机制。一是建立人才、技术的城乡共享机制。引导事业单位、社会团体、企业等参与乡村建设，鼓励各类科技人才、文体人才等通过在城乡兼职兼业、离岗创业及定期交流服务等多种形式既为城市工作又为乡村服务。例如，可以在每一个县设立一个乡村振兴委员会，由规划、建筑、产业、环保等多领域的专家进行兼职，定期提供城乡规划、乡村农宅建设改造、环保等的技术咨询及服务等。二是建立资金资本的共享机制。制定相关法律政策，使农村地区基础设施建设和生态建设的财政资金使用渠道法制化、规范化。支持服务乡村振兴的城乡金融产品创新，拓展社会资本参与乡村振兴事业的渠道。鼓励城市工商资本下乡参与乡村建设，共享乡村发展收益。鼓励商贸物流企业向农村地区延伸，加快形成城乡要素资源的均衡配置和顺畅流动格局。三是建立数据信息的城乡共享机制。首先要实现各级、各地政府部门之间的大数据共享，在此基础上，不断扩大政府向公众公开信息的范围，实现政府与城乡居民之间信息的共享。通过电视、网络、云平台等多种形式向城乡居民介绍各地乡村现状、生态资源等，促使城乡居民了解各地乡村、社会资本投资乡村。整合并做好各类公益信息平台，在升级农村信息基础设施的基础上，引导支持建设各类有益于城乡居民生产生活的大数据信息平台，比如建设影响力强、认可度高、方便实用、连接城乡用户的全国统一的城乡就业创业服务信息平台等。

（四）建立城乡共享的乡村产业发展机制

建立城乡共享的乡村产业发展机制，是指引导我国部分城市地区的产业适当向城市周边及乡村转移，并鼓励城乡社会资本共同投入乡村产业发展，形成城乡共建、共享发展成果的乡村产业发展机制。推进产业向城市周边或乡村地区分散是许多发达国家在城市化后期采取的策略。20 世纪 90 年代开始，日本国土交通省出台政策，引导首都圈中心地带——东京 23 区、川崎和横滨高密度的人口及产业向周边地区分散。法国在乡村复兴时期，在部分山区农村有选择地开辟了一些"新工业区"，同时政府设立"地区发展奖金"以奖励到指定的落后地区新建和扩建工厂的企业，还设立了"农村特别救济金"，奖励工业企业到那些居住人口稀少的农村地区建新厂，带动了乡村地区经济发展。目前，我国城市地区部分产业也有寻找低地租的乡村地区、逃离高地租的城市地区的需求，因此，鼓励这部分产业资本到有条件的乡村地区投资，带动乡村一、二、三产业融合发展是十分必要的。城乡共享的乡村产业发展机制至少可以通过以下四种方式进行建设。一是鼓励城市地区的部分农业企业及生产型企业向乡村转移，带动乡村就业及经济发展等，推动城乡要素跨界配置和城乡产业融合发展。二是引导工商资本与村集体或农户合作共建。比如工商资本与村集体合作进行乡村共享农房、乡村旅游等方面的开发建设。三是鼓励工商资本在有条件的乡村地区设立企业、投资创业，并对符合条件的企业给予财政、贷款等方面的扶持。四是出台和完善关于民宿经济、乡村旅游及农村电子商务方面的支持政策，依托"互联网＋"和"双创"，探索农产品及农村旅游等的定制化服务，实现城乡生产与消费对接。

参考文献

〔日〕岸根卓郎：《迈向 21 世纪的国土规划：城乡融合系统设计》，高文琛译，科学出版社，1985。

蔡昉：《历史瞬间和特征化事实——中国特色城市化道路及其新内涵》，《国际经济评论》2018 年第 4 期。

蔡昉：《农业劳动力转移潜力耗尽了吗?》，《中国农村经济》2018 年第 9 期。

曹斌：《乡村振兴的日本实践：背景、措施与启示》，《中国农村经济》2018 年第 8 期。

陈丹、张越：《乡村振兴战略下城乡融合的逻辑、关键与路径》，《宏观经济管理》2019 年第 1 期。

陈旭堂、彭兵：《乡村命运寄于社区内外——美国乡村变迁的启示》，《浙江学刊》2016 年第 3 期。

《中国城镇化率65% 到顶 超大城市可能会继续膨胀》，《南方都市报》2017 年 3 月 18 日。

傅辰昊、周素红、闫小培、古杰：《中国城乡居民生活水平差距的时空变化及其影响因素》，《世界地理研究》2015 年第 4 期。

何仁伟：《城乡融合与乡村振兴：理论探讨、机理阐释与实现路径》，《地理研究》2018 年第 11 期。

〔美〕艾伯特·赫希曼：《经济发展战略》，曹征海、潘照东译，经济科学出版社，1991。

李明奇：《乡村振兴战略与新型城镇化的关系》，《党政干部学刊》2018 年第 9 期。

刘彦随：《中国新时代城乡融合与乡村振兴》，《地理学报》2018 年第 4 期。

陆学艺、杨桂宏：《破除城乡二元结构体制是解决"三农"问题的根本途径》，《中国农业大学学报》（社会科学版）2013 年第 9 期。

〔日〕速水佑次郎、神门善久：《农业经济论》，沈金虎、周应恒、张玉林、曾寅初、张越杰、于晓华译，中国农业出版社，2003。

孙华臣、焦勇：《制度扭曲与中国城乡收入差距：一个综合分解框架》，《财贸经济》2019 年第 3 期。

汤爽爽：《法国快速城市化进程中的乡村政策与启示》，《农业经济问题》2012 年第 6 期。

汪先平：《当代日本农村土地制度变迁及其启示》，《中国农村经济》2008 年第 10 期。

杨小凯：《土地私有制与中国农业问题》，中评网，2006 年 7 月 11 日。

Douglass, M. A., "Regional Network Strategy for Reciprocal Rural Urban Linkages: An Agenda for Policy Research with Reference to Indonesia," *Third World Planning Review* 1 (1998).

Fei, J. C. H., and G. Ranis, "Development of the Labor Surplus Economy: Theory and Policy," *The Economic Journal* 306 (1967).

Friedman, J., *Regional Dvelopment Policy: A Case Study of Venezuela*, Cambridge: MIT Press, 1966.

Glasmeier, A. K., "The High-tech Potential: Economic Development in Rural America," *Contemporary Sociology* 6 (1991).

Henderson, J. V., "The Sizes and Types of Cities," *American Economic Review* 4 (1974).

Lewis, W. A., "Economic Development with Unlimited Supplies of Labor," *Manchester School* 22 (1954).

Todaro, M. P., "A Model of Labor Migration and Urban Unemployment in Less Developed Countries," *American Economic Review* 1 (1969).

二　农村集体产权制度改革

中国农村宅基地改革的实践与创新

—— 基于江西余江的改革观察

郭晓鸣[*]

摘　要： 基于"一户多宅"、宅基地大量闲置、村庄空间布局散乱等现实问题，江西余江创新性探索农村宅基地改革并取得显著成效，包括创建了村民理事会组织载体，建立了自愿退出机制，创新累进收费的宅基地有偿使用制度，构建了以多元赋权为手段的宅基地利用制度。这在激发内生动力、注重平稳推进、坚持多元取向等方面具有重要创新价值。

关键词： 宅基地　"一户多宅"　村民理事会

引　言

农村宅基地是中国农村土地中最重要的组成部分之一。在中国农村土地供求矛盾不断尖锐的背景下，对农村宅基地的关注达到前所未有的高度。尤其在全面实施乡村振兴战略的过程中，有效激活农村宅基地被认为是解决城市用地成本高企与乡村土地资源大量闲置双重困境的关键选择，同时也是打通城市资本与农村土地连接通道的重要节点，是进一步全面释放改革红利最

---

[*]　郭晓鸣，四川省社会科学院研究员，中央农办、农业农村部乡村振兴专家咨询委员会专家，四川省乡村振兴战略研究智库首席专家，主要研究方向为农业农村发展。

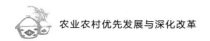

关键和最有效的突破口。

但是,农村宅基地改革的目标就是通过激活乡村闲置农地为城市资本下乡提供用地空间吗?就是通过土地出让实现农民和集体经济组织相应的收益增长吗?可以认为,这是农村宅基地改革的重要目标之一,但绝不是唯一目标。如果这样,农村宅基地改革在一定意义上就是以土地的财产价值实现为目标的单一过程,就会表现出很强的选择性改革的基本特征。因为城市资本基于营利需求进入乡村的过程本身就有很强的区域选择性,那就意味着在现阶段农村宅基地改革只能够发生在区位条件良好、经济活跃度高的城市近郊或者经济相对发达地区。已有现实表明,城市资本大量进入的正是这类区域,并且对这些区域主要是非农化选择进入,不是瞄准农业资源的深度开发,而是选择新的产业形态进行土地的非农化利用。正因如此,在这一过程中更多和更强烈地表现出城乡不同主体之间的资源争夺与利益冲突。

一　余江的改革实践

以此观之,2015 年先期启动的江西余江的农村宅基地改革虽然已经产生了全国性的广泛影响,但其并非在城市近郊或经济发达地区发生,相反,余江是典型的传统农区。深入解析余江农村宅基地改革的实践案例,可以清楚地看到,余江的宅基地改革并非仅有缓解用地供求矛盾和实现农民土地财产权利的目标,而是在多个重要领域实现了关键性突破,表现出显著的多目标性改革特征。

2015 年改革之前,余江农村宅基地的利用现状与全国一致,突出存在三个方面的尖锐矛盾。

一是"一户多宅"现象普遍。由于农村宅基地一直作为对集体经济组织成员的一种福利供给,具有社会保障功能。宅基地获得不仅无偿,而且在使用权期限上具有无限期性,农户倾向于尽可能多地获得这一资源。尽管长期以来的政策都是严格审批和管控,但是在具体落实时面临巨大的监管成本和社会风险,因此难以达到政策目的。据余江区统计,2015 年试点前,余江区有农户 7.3 万户，其中"一户一宅"4.4 万户，"一户多宅"2.9 万户，"一户多宅"占农户总数的比重高达 39.7%。

二是农村宅基地大量闲置。随着城镇化的发展，农业人口向城镇转移是一个不可逆的发展趋势。但是当前宅基地管理制度中缺乏退出的制度设计，农户不愿意轻易放弃这一无偿获得的重要资源，结果导致农村闲置宅基地大量存在。据余江区 2015 年试点前的摸底统计，全区有农村宅基地 9.235 万宗，其中闲置房屋 2.3 万栋，所占比重达到 24.9%。在闲置房屋中，共有危房 8300 栋，倒塌房屋 7200 栋，两者相加所占的比重为 67.4%。

三是村庄空间布局散乱。由于宅基地管理不力，加之村庄住房建设规划滞后，普遍存在宅基地未批先建、批少占多、建新不拆旧等现象。特别是近年来农民建房倾向于交通和区位条件较好的地点，往往是新建扩建在道路两旁，而原来的居住点并没有相应拆除，导致原旧宅院长期无人居住形成空心村。而这些原旧宅院又挤占村庄建设用地，导致村庄规划面临用地乱和用地难的双重困境。

因此，一方面，农村宅基地利用效率低下，大量闲置，浪费严重。另一方面，争占宅基地现象与日俱增，矛盾尖锐，乱象丛生。作为全国 33 个农村土地制度改革试点县之一，2015 年正式启动改革以来，余江经过持续多年的不懈努力，大胆探索，不断创新，在农村宅基地改革方面实现了极具标志性意义的关键突破。

第一，三年时间内余江区分五个批次，在全区 1040 个自然村全覆盖地铺开农村宅基地制度改革。改革的区域范围无一遗漏，并非聚集资源选择性地打造宅基地改革试点的典型样板。

第二，至 2018 年底，余江全区自愿退出宅基地 34161 宗，其中有偿退出 1071 亩，无偿退出 3466 亩。退出土地可以满足预计 15 年内全区农村新增人口建房的用地需求。

第三，通过改革农村宅基地使用制度，余江全区收取农村宅基地有偿使用费 1115 万元，由集体经济组织支付退地补偿费 1974 万元。

上述数据无疑是极具说服力的，极其生动地显现了余江农村宅基地改革的直接成效。但是，这些仍然只是余江在农村宅基地改革中的现象描述。如果从更加重大和更具持续性的制度成果看，其改革的主要制度成果表现在以下四个方面。

第一，创建了村民理事会作为农村宅基地改革推进的实施主体。

余江全区 1040 个自然村全覆盖建立了村民理事会，以其为组织载体对农村宅基地改革实施"柔性"推进方式。其最重要的突破是全体村民选举产生的村民理事会全权承担推进改革的重要责任，乡村本土精英的引领和示范作用得到极大的制度激励。村民理事会成员基于自身在乡村内部的权威认同和对村庄的未来发展预期，带头拆除多建住宅和退出多占土地，由此打破困局，激发更多农民效仿性响应和自觉追随。在村民理事会成员的表率作用下，越来越多的农民形成了对改革的乐观预期，由观望犹豫转为主动参与，形成了参与式推进改革的良性机制。为了让村民理事会能够更好地发挥作用，余江区主动向村民理事会赋权，赋予包括申请、实施、收益分配等覆盖全过程的 12 项权力清单和 15 项职责清单，使其可以更充分有效地发挥改革代理者和监督者的双重作用，进而能够更加因地制宜地灵活推进改革，降低改革成本，提高改革效率，充分实现乡村改革发展的还权赋能。依托组建村民理事会的组织创新真正实现农民的事情由农民办、农村的矛盾由农民化解，这无疑是余江农村宅基地改革最重要的成功经验，也是余江农村宅基地改革之所以能够顺利推进的内在逻辑，更是其低成本改革路径选择的一个重要标志。

第二，建立了公平优先的自愿退出机制。

农村宅基地退出改革利益关系极其复杂，必须建立以公平为基本指向的改革思路，奠定获得农民自主响应和参与的社会基础。余江大量存在的农村宅基地超占主要包括"一户多宅"和超标超规两大类型，而两种情况形成的原因不同，处置方式应有所差异。针对这一实际情况，余江首先明确宅基地退出范围包括多宅部分、超标占地部分、不符合规划的乱建房屋、倒塌废弃的建筑物。在退出方式上，充分考虑到历史原因和农民的实际需求，余江创新性地提出了自愿有条件退出和自愿无条件退出相结合的退出补偿方式：

自愿无条件退出范围包括倒塌的住房、闲置废弃的畜禽舍、厕所以及影响公共设施建设的院墙；自愿有条件退出范围包括"一户多宅"的多宅部分和非集体经济组织成员出于历史原因在农村占有的宅基地。对于有条件退出的部分，余江区提出了有偿和无偿相结合的补偿方式：有偿包括现金补偿和城镇购房补贴两种；无偿则主要是指退出的农户将获得同等条件下优先享有新增建设用地申请许可的资格，或者在达到条件后无偿获得同等面积的宅基地，所有交易过程记录于"宅基地使用台账"。同时，为了保证农民实现"户有所居"和"住有所居"，余江提出在传统农区实行面积在 120～180 平方米的"一户一宅"政策，在县城核心区、乡镇核心区范围实行统规统建或统规自建政策，并且明确新增宅基地以择位竞价方式有偿取得，对建档立卡贫困户则实行政府"交钥匙"工程，确保贫困户住有所居。

第三，创新了累进收费的宅基地有偿使用制度。

从总体上看，当前农村宅基地乱占乱建现象的恶性发展，与无偿福利性供给制度是直接关联的。余江区在推进农村宅基地改革的过程中为破除宅基地无偿使用带来的大范围超占问题，探索性地创新实施了宅基地有偿使用制度，重点是以累进计费方法收取宅基地使用费，通过提高宅基地占用成本规范约束农户的建房行为，《余江农村宅基地有偿使用、流转和退出暂行办法》规定，以农户占用宅基地面积为标准实行累进收费的有偿使用模式："一户一宅"的，有偿使用费根据其超出起征面积实行阶梯式计费；"一户多宅"的，其中一宅超过统一标准面积的，超过部分与多宅部分累计按照阶梯式计费，一宅未超过统一标准面积的，多宅部分全部按照阶梯式计费，不扣除一宅不足标准面积部分。同时，规定了非集体经济组织成员通过继承方式或原属于本集体经济组织成员取得宅基地的收费标准。为了体现制度公平性，针对建档立卡贫困户、五保户等困难群体，规定了宅基地使用费用可以适当减免的例外条款。

余江创新的农村宅基地累进收费方式，其重大的改革意义在于从根本上终止了长期实施的低效的宅基地福利性供给制度，以市场化手段推动农村宅基地高效利用和村庄规范建设，促进农村建设用地节约和用地效率提升。

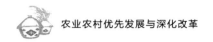

第四，构建了以多元赋权为手段的宅基地利用制度。

在成功探索退出制度和有偿使用制度基础上，余江进一步把退用结合作为深化农村宅基地改革的重要内容，重点通过多元赋权激活宅基地财产性功能，构建了退出宅基地的再开发和再利用体系，有效地盘活了闲置浪费的宅基地及农房。一方面，创新了宅基地用益物权的实现途径，将退出的宅基地统一收归集体经济组织，由集体经济组织主导进行收回宅基地的再开发利用。一是对符合村庄规划的退出宅基地，优先用于保障集体成员建房用地需求和村庄基础设施建设用地需求。二是退出宅基地复垦为耕地，建设成标准农田和农业园区，进行农业适度规模化经营。三是村集体经济组织主导开发利用宅基地和农房资源，发展农家乐、乡村民宿、生态康养等新产业新业态，充分发挥宅基地的经济功能。四是符合"增减挂钩"要求的退出宅基地，以指标流转形式实现价值，壮大集体经济实力。另一方面，与农村金融改革联动，余江赋予宅基地流转和抵押权能，允许县域范围内的集体经济组织成员跨村购买宅基地；引导金融机构开发农民农房财产权抵押融资产品，并建立了农民住房财产权抵押担保机制、抵押物处置机制和价值评估机制。

二　余江实践的创新价值

余江农村宅基地改革已经取得了重要进展并产生了十分积极的外部影响。更重要的是，在传统农区，余江农村宅基地改革并未表现出以入市交易吸引城市资本进入或将实现农村宅基地财产功能作为单一目标。相反，余江农村宅基地改革表现出一系列重要的创新价值和鲜明的多目标选择特征。

其一，坚持把乡村内生力量作为农村宅基地改革的主导力量。余江的农村宅基地改革当然是政府设计并直接推动的，但同时鲜明地表现出乡村内生力量主导的变革特征。首先，农村宅基地改革的实施主体是村民理事会，不仅改革中的关键难点是以发动农民主动参与的方式加以破解的，而且改革过程中的前期退地补偿支出也主要来源于乡贤捐赠，他们为改造家乡村庄形象而以自愿捐赠的方式提供相应资金支持。政府不到 1 个亿的财政资金则主要用于退地改革完成之后村庄的基础设施配套，以后期激励方式将农村宅基地改革与美丽乡村建设一体化推进。因此，余江农村宅基地改革最大限度地激活了农村内生动力，构建了参与性与市场化并重的改革推进机制，是主要依靠内生动力实现低投入和低成本改革的成功范例。

其二，选择平稳性改革的推进路径。当前，对农村宅基地改革的最大担忧和认识分歧是担心强势的社会资本过度进入，对弱势的农民群体形成稀缺土地的利益剥夺，同时农民有可能为短期利益轻易放弃安身立命的土地，进而在农村内部诱发系统性的不稳定风险。余江农村宅基地改革的实践证明，总体上农民是十分理性的，在没有可靠的生计保障条件下是不会轻易选择退出宅基地的。余江选择退地进城的农户仅有 312 户，而且退出的宅基地主要为多占地、超占地和倒塌农房及废弃圈舍等。因此，余江农村宅基地改革并非以动员农民彻底退地进城为主要方式，更大意义上是对农村内部大量闲置宅基地的全面激活。其关键点是以公平性利益调整为基本手段，优化农村内部的土地配置，改善村庄生活环境，从而获得了农民的广泛响应和支持。在这样的背景下，余江农村宅基地改革虽然涉及范围广并且利益关系复杂，但是总体推进过程是平稳有序和可持续的，表现出有坚实社会基础支撑的重要特征。

其三，坚持多目标并重的改革取向。余江农村宅基地改革的实际成效是十分可观的。进一步分析余江退出的 4500 多亩宅基地的利用结构，可以发现排在第一位的是留地保障未来农民 15 年的建房用地需求。排在第二位的是用于满足村庄内部道路等公共设施用地需求。排在第三位的是复耕之后扩大耕地面积。排在第四位的是用于集体经济新业态的发展。由此充分表明，余江农村宅基地改革的目标是多元的。

一是村庄空间形态优化。余江农村宅基地改革最大的贡献并非实际退出了多少地，引入了多少投资者，增加了多少集体收入，而是前所未有地激发了村庄内部的内生动力，农村宅基地改革成为实现余江村庄空间形态优化的一剂具有魔力的催化剂和一个强力的助力器。余江农村宅基地改革和美丽乡村建设齐头并进，成效极其显著。更为关键的是，这一村庄空间形态优化和宜居环境改造的过程并不是主要靠巨额财政资金补贴完成的。余江经验表明，乡村振兴和宜居村庄建设可以走内生性发展的道路，通过制度优化和创新，有效化解过去不公平资源分配方式累积的各种利益矛盾，构建自主性发展的强大内生动力，发动农民共建共享，实现改造村庄和美化村庄。

二是村庄社会治理优化。余江农村宅基地改革推进的过程也是农村社会治理结构不断优化的过程。不仅在改革的全过程中村民理事会担任着攻坚克难的主角，而且形成了重大事项由全体村民共同协商讨论的基本制度。宅基地退地完成之后，在所退土地如何利用的新的发展选择上，村民理事会仍然发挥着重要的主体作用。总体上，村"两委"、村集体经济组织和村民理事会分工合作形成合力，构建了村民充分参与的新的治理结构，显著提升了余江农村的社会治理水平。

三是城乡融合全面升华。尽管余江农村宅基地改革表现出农村自用为主的特征，城市要素的进入相对还较为有限，但这是一个阶段性的过程，农村宅基地改革不可能始终以封闭方式在农村内部展开，在新型城乡关系不断优化背景下，土地要素在城乡之间实现平等交换这一总体趋势是不可逆转的。就余江实践看，在区位条件相对较好、特色资源相对丰富的区域，农村宅基地改革同样具有较强的溢出效应，伴随着改革不断推进，社会资本持续进入，乡村旅游等新业态快速发展，土地增值潜力得到大幅提升。

三　简要结论

余江的农村宅基地改革仍然在艰难的探索过程之中，还有许多值得进一步完善和深入观察的方面。比如，余江农村宅基地改革的实施主体是村民理事会，其与集体经济组织这一宅基地产权主体的关系并未明确；累进收费是终结宅基地无偿福利性供给制的一项重要制度创新，但仍然缺乏法律和政策支撑，持续性问题并未解决；为鼓励进城农民退出宅基地而实施15年的过渡期，这一政策举措的未来效果及影响也还需要进一步观察；等等。尽管如此，余江以重点破解农村内部宅基地配置失衡和低效利用矛盾为主线的改革选择仍然表现出极大的借鉴和推广价值。综合而论，余江经验深刻地表明，农村宅基地改革不应该只以缓解土地供求矛盾和实现土地财产价值为目标，也不是只有对城市要素有较强吸引力的区域才有现实需求和价值。应当清楚地认识到，由于宅基地低效利用矛盾十分突出，农村内部优化配置的需求同样极为强烈，在类似余江的广大传统农区，农村宅基地改革同样具有重大现实意义和紧迫性，认为传统农区缺乏农村宅基地改革的有效需求和基本条件的看法是不能成立的。

参考文献

曾旭晖、郭晓鸣：《传统农区宅基地"三权分置"路径研究——基于江西省余江区和四川省泸县宅基地制度改革案例》，《农业经济问题》2019 年第 6 期。

郭晓鸣、虞洪：《四川农村宅基地自愿有偿退出探索实践及其潜在风险和应对建议》，《国土资源科技管理》2017 年第 3 期。

刘守英、熊雪锋：《经济结构变革、村庄转型与宅基地制度变迁——四川省泸县宅基地制度改革案例研究》，《中国农村经济》2018 年第 6 期。

严金明、迪力沙提、夏方舟：《乡村振兴战略实施与宅基地"三权分置"改革的深化》，《改革》2019 年第 1 期。

郑风田：《让宅基地"三权分置"改革成为乡村振兴新抓手》，《人民论坛》2018 年第 10 期。

农村集体产权制度改革的探索、难点与路径优化

——基于南京市的实践 *

金高峰　吕美晔　刘明轩　何益丰**

摘　要： 随着农村工业化与城市化的不断推进，农村集体资产产权不清、利益分配机制不完善等问题越来越突出，农村集体产权制度改革势在必行。本文基于农村集体产权制度改革南京市的实践，总结了农村集体产权制度改革的进展、成效与经验。在此基础上指出了当前改革中存在的问题——社员配股较为简单、股权管理方式不完善、股权权能还不够完善、村社政经分离推进缓慢、改革红利未能充分释放，剖析了问题产生的深层次原因，最后针对性地提出深化改革的方向与配套政策。

关键词： 农村集体产权　股份权能　南京市

* 本文系南京市农工委委托课题"南京市深化农村集体产权制度改革研究"和江苏省社会科学院重点学科"农村经济学"的阶段性成果。

** 金高峰，经济学硕士，江苏省社会科学院农村发展研究所副研究员，主要研究方向为农业经济、农村经济；吕美晔，经济学博士，江苏省社会科学院农村发展研究所副研究员，主要研究方向为区域经济、农业经济；刘明轩，经济学博士，江苏省社会科学院农村发展研究所助理研究员，主要研究方向为劳动力转移、农村经济；何益丰，经济学硕士，江苏省南京市农业农村局副处长，主要研究方向为农村经济。

引 言

随着我国农村工业化与城镇化的不断推进，农村集体资产产权不清、利益分配机制不完善等问题越来越突出，造成了一定的社会矛盾，也对新型城镇化进程造成了一定阻碍，农村集体产权制度改革势在必行。农村集体产权股份合作制改革，是农村集体经济组织在坚持集体所有的前提下，按股份合作制的原则，将集体资产折股量化到人，由农民共同共有转变为农民按股份共有的产权制度改革，其目的是"还权于民"，构建"归属清晰、权责明确、保护严格、流转顺畅"的农村集体经济组织产权制度。① 自 20 世纪 80 年代广州市天河区（天河模式）与深圳市横岗镇（横岗模式）开始探索，经历了多年的发展，逐步在北京、浙江、苏南、上海，乃至中西部部分地区推广，从城郊地区延伸到传统的、经济相对落后的偏远农区，逐步从"量化资产、按股分配"的有条件改革向"明晰产权、界定成员"的全方位改革拓展，为解决集体资产产权矛盾、促进城镇化进程做出了一定的贡献，也为农村集体经济发展创造了更为广阔的前景。

2014 年 11 月，南京市获批为全国第二批农村改革试验区，改革主题为"深化全市农村集体产权股份合作制改革试点"；2015 年起相关试点改革工作启动；2018 年全面开展新一轮深化农村集体产权制度改革工作。此轮改革，政策目标更明确，要求进一步规范农村集体经济组织管理、进一步健全监管体制、加快农村资源要素的优化。然而，如何将体制转变的优势转化为集体资产经营效益提高的现实，如何把机制转变带来的政策机遇转化为集体经济高速发展的成果，仍需做出更多的努力。基于此，本文在总结南京市农村集体产权制度改革成果的基础上，重点剖析改革进程中存在的较难突破的问题，提出深化南京市农村集体产权制度改革的政策建议。

---

① 方志权编著《"三农"政策法规知识普及读本》，上海财经大学出版社，2014。

一　南京市农村集体产权制度改革的进展

（一）试点工作推进

1. 建立组织领导体系

南京市成立了高级别的农村集体产权股份合作制改革领导小组，市领导先后 3 次参加全国农村改革试验区相关会议、培训班。此外，明确各郊区党委、政府是改革试验区的责任主体和实施主体，并要求试点镇街主要负责人亲自挂帅实施。江宁、浦口、六合、溧水、高淳等郊区也分别成立了全区农村集体产权股份合作制改革试点工作领导小组。各相关试点村成立了农村集体资产清产核资和集体产权股份合作制改革工作组，为深化农村集体产权制度改革提供保障。

2. 强化工作推进机制

一是加强牵头组织推进。由市委、市政府分管领导牵头，分别在 2016 年 9 月组织召开全市农村集体产权股份合作制改革试点工作现场推进会、2017 年 6 月召开全市农村综合改革工作推进会、2018 年 6 月召开全市农村集体产权制度改革暨农村集体资产清产核资工作电视电话会议，督促各郊区进一步深化农村集体产权制度改革。二是明确工作责任。每年将农村集体产权制度改革试点任务纳入市、区政府农口工作责任状，突出重点改革任务。同时，每年将改革试点工作纳入镇街分类考核指标体系，发挥考核指挥棒作用。三是加强改革督查工作。2015 年以来，多次组织实施了月报督查、现场督查、发函通报、走访检查等多种形式的督查工作，不断督促推动郊区加快改革试点进度。

3. 组织开展培训宣传

一是做好业务培训。先后 6 次组织郊区农工委、镇街和试点村（社区）干部，举办了全市农村集体资产清产核资研讨班、农村集体产权制度改革培训班及全市农村产权交易市场建设业务培训班，详细讲解相关政策业务和外地改革经验。二是组织考察外地改革经验。先后组织部分郊区及镇街和试点村干部赴苏州市、上海市等地，进行农村集体产权制度改革专题学习考察。先后印发了农村集体产权股份制改革政策文件汇编资料、外地改革经验参阅材料近4000册。2016年与江苏省社科院联合开展南京市农村集体产权股份合作制改革课题研究。三是加强改革经验宣传。积极总结提炼相关改革经验做法，先后在全国农村改革试验区简报、省市农村改革工作动态简报、《农民日报》、《南京日报》、南京电视台及南京郊县经济信息网等平台，围绕农村集体产权制度改革、农村产权交易市场建设、集体"三资"监管等方面的改革做法、经验成果发表文章约15篇，营造集体产权制度改革舆论氛围。

4. 推动跨部门协作

积极发挥沟通协调作用，2016年督促市民政局、国税局、地税局等单位分别制定了落实农村集体产权制度改革工作措施方案。2017年12月出台《关于深入开展征地留用地工作促进农村集体经济发展的实施意见》（宁委办发〔2017〕87号）。近年来，市农工委又会同市农委、市民政局赴郊区联合调研指导试点村开展村社分设改革试点工作。

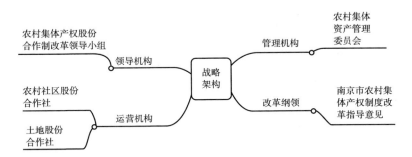

图1 南京市农村集体产权制度改革战略架构

（二）具体措施实施

1. 全面推进清产核资

全面清查农村集体资产状况，建立健全集体资产登记、保管、使用、处

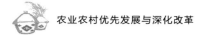

置等制度，开发建立集账内资产与账外资产于一体、市区镇村组一体、基于地理信息的"一张图"农村集体资产管理信息系统。

2. 合理界定集体成员资格

从户籍关系、土地承包、长期居住及义务履行方面考虑，界定了原始取得、婚姻生育取得、合法收养取得、统一移民取得、资格保留取得等几种成员资格获取方式。

3. 优化设置集体资产股权

在社区股份合作社的股权设置中，降低集体股比例，一般控制在20%左右。个人股一般以人口股为主，复杂情况根据民主讨论意见，兼顾不同成员利益。

4. 开展股权固化及股份权能改革

实行股权固化到户，以户为单位"增人不增股，减人不减股"，化解集体成员频繁变化引致的股权调整矛盾。并且探索集体资产股权可以在家庭成员内部继承的改革。基本形成"量化到人、固化到户、户内继承、社内流转"的管理方式。浦口区开展股份有偿退出试点，规定集体股权可以在内部转让或由本集体赎回。

5. 探索开展村社分设试点

逐步做到村（居）委会和农村集体经济组织的职能分开、人员分开、财务分开，努力形成在村（居）党组织的领导下、村（居）委会自治管理与农村集体经济组织自主经营、民主管理的新格局。

6. 组建联合社抱团发展

经济薄弱村以每年各级财政帮扶资金为资本金，通过在开发区购买优质资产、承担实施相关配套项目等形式，获得分红收益，拓展了村集体经济发展路径。

7. 探索拓展量化范围

探索采用"投入成本法""实际收益法"等对能够产生经营效益的集体资源型资产进行折股量化，如茶叶、树木、果树等。

8. 试行村账村管模式

通过统一全市集体财务科目体系、做账系统，统一招标开户银行，全面实施一村一账户，镇村双印鉴，并加强会计队伍建设，引导试行村账村管模式。

9. 促进农村产权公开流转

建成了 7 个区级、46 个镇街农村产权交易市场，率先实现全市全覆盖，并形成了高淳以镇级市场交易为主、溧水以区级市场交易为主和六合镇街公共资源交易站等三种模式，实现了承包土地经营权、集体经营性资产等 9 个品种的交易，并以此为依托探索开展农村承包土地经营权抵押贷款试点。

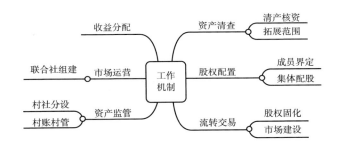

图 2 南京市农村集体产权制度改革工作机制

二 农村集体产权制度改革成果显著

南京市农村集体产权制度改革总体按照先易后难、逐步扩大试点范围、逐步深入试验内容的思路，有计划、有步骤地推进。2015～2017 年选择 47 个村进行试点，2018 年全面深入推进农村集体产权制度改革。

（一）改革的主要成效

通过改革，构建了归属清晰、权能完整、流转顺畅、保护严格的农村集体产权制度，促进了农村资产资源权属明晰化、配置机制市场化、产权要素资本化、管理监督规范化。具体如下。

一是通过不断完善农村财务和资产管理规章制度，健全集体经济组织治理结构，依法加强规范管理，落实民主决策、民主监督、民主管理要求，规范农村集体资产处置程序，构建全方位、多层次监管体系，建立产权清晰、权责明确、经营高效、管理民主、监管到位的集体"三资"监督管理体制，实现了集体资产管理规范化。

二是坚持完善农村基本经营制度，在用地、财政、人才政策等方面对农村集体资产股份合作组织给予大力的支持，完善集体经济组织经营机制，有效扩大集体经济组织经营性资产规模，增加集体物业出租、经营和土地流转使用等稳定收入，推动农村集体经济组织资产保值增值，促进农村新型集体经济稳步发展。

三是通过合理界定集体资产范畴，保障集体经济组织成员合法权益，将集体经营性净资产和资源以股权或收益分配权形式量化给社员，切实赋予农民对集体资产股份占有、收益、有偿退出及抵押、担保、继承权；在有条件的村探索村社分设，完善集体资产收益分配机制，在保证集体公益事业前提下，壮大集体经济总量，逐步提高社员分红比重，有效提升农民财产性收入水平。

（二）改革的主要经验

1. 三种模式构建农村产权交易市场，实现要素流动增值

为了加快农村产权交易市场建设，积极盘活各类生产要素，2015年南京市出台了《关于加快推进我市农村产权流转交易市场建设的实施意见》（宁委办发〔2015〕19号），由市委、市政府分管领导牵头推进，各区成立了区农村产权交易监督管理委员会，出台了农村产权流转交易办法、交易规则等制度，并加强督查考核。产权交易市场的交易总额不断提高，交易品种逐步探索拓展：全市农村产权交易市场累计实现交易额34.31亿元，实现交易溢价1.05亿元，交易品种不仅包括土地经营权、养殖水面经营权、集体经营性资产使用权等，还实现了集体"四荒地"使用权、林权、农业生产设施设备、一事一议项目和小型工程招投标服务等项目的成交。与此同时，各区还积极尝试在抵押融资、项目推介等方面拓展服务功能。产权交易市场

的建立和活跃有效促进了集体资产的保值增值，协助农民群众创业增收，带动了农民的就地就业。

在农村产权交易市场的建设过程中，南京市坚持因地制宜、灵活自主的原则，建立了以高淳区、溧水区和六合区为代表的三种农村产权交易市场建设模式。一是以镇级市场交易为主要模式。在高淳区，根据交易时间段集中、参与竞价的农民多等特点，选择以镇农村产权交易中心为主要交易平台。实行镇农村产权交易中心与农经站合署办公，镇农经机构新增办公面积近千平方米，新增本科农经人员 11 名，加强了区镇农经部门载体建设和农经人才队伍建设，既整合了人力资源，优化了为民服务，又强化了农村集体资产管理。二是镇街公共资源交易站模式。在六合区，依托镇街公共资源交易站打造农村产权交易平台。所有集体资产资源交易、政府采购和小型工程发包，都须经村民议事、"两委"会决议后逐级审批，进行资产评估、造价预算或市场询价。三是以区级市场交易为主要模式。在溧水区，前期各类农村产权在区农村产权交易所交易，业务流程相对规范后，再由区级授权一定交易额以下农村产权由各镇农村产权交易中心交易。农业农村部、中农办有关领导对农村产权交易市场建设成效给予充分肯定；省内外已有 60 多批次团队来宁考察。

2. 三类方式助推多方增收，保障社员财产权利

保障农村社区成员的财产权利，提高农民的财产性收入，是农村集体产权股份合作制改革的根本目的之一。改革试点工作实施以来，全市已有 453 个村（社区）完成新一轮深化农村集体产权制度改革任务，完成率达 66%，共量化集体经营性资产 40.7 亿元。集体股的比例不宜设置得过高，一般控制在 20% 左右，个人股占 80%。2017 年全市社区股份经济合作社实现现金分红和福利分配约 5 亿元。

除此以外，改革试验的推进还盘活了各类要素，间接助推农村集体经济发展以及农民财产性、工资性收入增加。一是将农村集体资产全部纳入农村产权交易市场公开交易，发挥市场在资源配置中的决定性作用，促进村集体增收。比如，通过市场公开交易，溧水区 2814 渔场经五年承包期集体收益

增加 243 万元，增长 187%。二是通过农村产权交易市场引导土地向专业大户、家庭农场等流转，吸引一批外地务工人员返乡创业，为推动"大众创业、万众创新"探索新路。比如，外地务工人员通过溧水区农村产权交易市场土地流转项目，合伙承包了 700 亩土地种植黄金芽白茶、莲藕和向日葵等，经测算 700 亩作物进入成熟期后年产值约 2000 多万元，亩均产值约 3 万元。三是通过返乡创业人员雇用当地农民就地就近务工，增加了土地流转收入和工资性收入，使得农民收入结构更加多元化，远超原本种粮的收益。

3. 三个"统一"强化"三资"监管，探索推进村账村管

结合农村财务使用管理实际，南京市探索形成了"三个统一"的三资监管方式，为深化集体产权制度改革提供保障。一是统一财务做账系统。建立市区镇村联网的农村集体财务资产信息监管系统，村级财务所有原始单据采用数码方式上传，账务处理实现自动化、网络化。全面完成集体财务网上做账。二是统一招标开户银行。以区为单位公开招投标确定统一的银行，所有村在该银行开设基本账户，银行为每村免费提供办公电脑、扫描仪、打印机等设备。三是统一实施"一村一账户"。全面清理村集体多头开设的银行账户，每个村级组织只开设一个基本账户，实现"一村一账户、独立建账"。

在此基础上，为了消除多年来农村集体经济组织的"村账乡（镇）代管"模式带来的诸如村集体经济组织法人主体地位缺失，上级部门平调、挪用村集体资金，镇街农经部门对村集体经济组织财务监督严重缺位，造成村集体经济组织资金"体外循环"等一系列问题，2014 年南京市出台了《关于进一步加强农村集体资金资产资源监督管理的意见》（宁政发〔2014〕194 号），探索实施"村账村管"模式。截至目前，全市共有 235 个村实行了村账村管，占比达 1/3，其中高淳区 134 个村全部实现村账村管。

三　改革中存在的主要问题与成因

南京市农村集体产权制度改革试点工作取得了初步成效，但仍存在一些需要改进的地方。

（一）改革内容还需进一步深化

1. 社员配股较为简单

课题组走访了解到，目前全市农村集体产权社员股份设置上，不少村仅设置了人口股，也有些设置了劳动贡献股、土地股等，但少有考虑历史上管理人员对集体经济发展决策的贡献情况，难以调动核心利益群体的积极性，而且这部分人员对于发展集体经济也可能承担更多的风险成本。

2. 股权管理方式不完善

目前南京地区农村集体股权管理采取了动态管理与相对静态管理两种方式。动态管理的亮点在于生增死减，将新增人员作为天然成员，对于死亡人员或外嫁人员则自动收回股权，表面上体现了公平性，但这种管理方式使股权的继承与流转权能无法实现，也可能影响农村人口的城市化进程；与之相比，相对静态管理模式比较科学，但股权仍然比较僵化，只能在社内继承与流动，不具备市场竞争力，难以实现资源要素的优化配置。

3. 股权权能还不够完整

改革初期，个人股权只有收益权，没有转让、抵押和处置权。尽管不少村社章程规定了允许股份在社区内流转、继承，但产权权能仍然不够完整。在集体经济组织内部运转方面，由于社区集体组织改革后治理结构运转还不规范，社员股东很难真正参与经营、分配等重大事项的决策，只能被动接受。股东对经济组织的监督权力非常有限，这使股东依然深刻感到自己手中的股权是"虚权"。

4. 村社政经分离推进缓慢

在"政经合一"的体制下，社区集体经济组织与行政组织边界重合，农村集体经济组织很难摆脱政府的行政干预，其运作效率也难以提升。然而，当前农村集体经济组织承担了许多社会性与公益性事务，在一定程度上影响了政经分离的推进进程。基层干部担心：一方面政经分离后，村委会对农村集体经济管理失控，无法获得必要的运作经费；另一方面，对于一些本身经济条件不太好的村，政经分离也有可能增加人员聘用成本，村里很难负担。

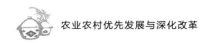

5. 改革红利未能充分释放

事实上，南京市推行农村集体产权制度改革已有很长时间，有的先行地区可能时间更长，但农民仍普遍不敢、不愿、不想迁出户口，尚未完全融入城市化发展；改革后集体经济收益实现分红的村面也比较窄。一方面改革模式主要适用于城中村、城郊村、园中村和经济较发达的村，且红利释放依次递减，绝大部分村在短期内实现分红缺乏股实的物质基础；另一方面股权权能的实现机制尚不健全，当前，农民所得股权实际上是在某种条件限制下的股权，并未取得完全经济意义上的股权，在交易、流动过程中都受到了限制。从农村集体经济在新常态下市场经济发展的长远要求来看，股权的开放性是农村集体资产股份化过程中的必由之路。

（二）影响改革进一步推进的原因

从农村集体产权所涉及的各方群体看，改革难以获得大的突破的原因除了常常提及的管理体制与法律地位问题外，还有以下几个方面：基层政府处于观望中，形成了改革的壁垒；掌握了集体资产支配权的社区领导拥有既得利益，而且改革涉及各方面的利益，在改革过程中难以进行平衡，改革需要付出很多的时间和精力，因此不愿意改革，制度创新也难以实现。

1. 基层改革动力不足

从南京市改革试点实际推进情况来看，近郊远郊改革意愿差别大，远郊农村缺乏主动改革的动力。改革动力不足的原因主要集中在以下几个方面：一是基层承担改革的力量不足。据统计，南京市平均每个涉农镇街农经干部不足 5 人，却承担着近 20 项行政管理职能，各镇街农经站普遍存在人员力量薄弱、改革精力不济、年龄老化、知识老化等问题。近几年来，南京市郊区镇街农经站先后承担了包括承包地确权登记颁证、集体"三资"管理、农村产权交易市场建设、集体产权股份制改革、扶贫开发、培育新型农业经营主体等多项农村综合改革工作，改革任务极为繁重。二是基层干部缺乏改革积极性。传统的集体产权制度，为农村社区提供了大量的公共产品，如基础设施建设、社会保障、社区公共卫生服务等，弥补了政府对农村社区公共产品供给不足的缺陷。而且传统集体产权制度中村行政组织具备更强的资源动员能力，便于村行政组织顺利完成政府布置的任务。也有部分领导干部在思想认识上，认为远郊区村集体经营性资产规模较小，没必要进行改革。同时，害怕改革引起群众矛盾，多选择谨慎观望，不敢放开尝试。上述问题都导致改革试点工作进一步推进困难重重。

2. 产权制度改革成本过高

改革成本是影响制度安排的一个重要因素，也在一定程度上拉慢了改革的进程。一方面，农村集体产权制度改革涉及各方面的利益，在股权分配时，存在老社员与年轻社员、管理人员与普通人员、已经"农转非"人员和现有社员的分配矛盾。如果给予个人量化股完备的权利，如转让、抵押和处置的权利，有可能增大改革阻力与成本，增大改革的内在风险（如抵押的金融风险）。另一方面，各地情况不同，模式也无法统一，现实中实行的是"一村一策"或"一镇一策"的改革方式。但群众对此还没有完全理解，比如某村规定外嫁女可以享受股权，但若外嫁女所嫁入村也分配股权，则有可能造成冲突，进而引发矛盾。再如，在收益分配上，如果邻村有而本村没有，就会造成误解，引发基层矛盾。还有，在制度选择的集合中，各级选择了赋予个人较小权利的制度安排。这符合制度创新中收益—成本比较原则，是创新者理性的表现。正如巴泽尔所说，由于彻底界定产权的代价过于高昂，人们按对自己有利的原则，决定把产权界定到什么程度。

3. 公共服务职能难以摆脱

村集体经济产权制度的改革必然也会牵涉到社会治理、集体经济体制改革等方面诸多问题的改革。比如公共支持不足，考虑是否撤销集体股必须考虑未来社区的公共服务管理、基础性和公益性支出如何落实，再比如考虑股权的出让和流转必须谨慎、警惕集体经济的性质变化等。在集体产权制度改革的过渡期，对于集体经济组织成员原本享受的退休金、生活费等福利性支出，不论经济组织经营好坏都不影响股东的福利分红水平，使得股东产生对改制后的经济组织不承担任何风险的印象，分配方案更多考虑的是福利分配人人所有，也还是以成员的天然资格为依据，并没有真正体现贡献与效率。

这样，分配方案忽视了劳动的贡献，并在一定程度上承担公共支出，这与现代化的企业权利与义务有差距。

4. 制度设计有待完善

顶层设计，是全面推进改革的行动指南。对不同地区不同发展水平的集体经济组织功能定位及其具体改革路径的异同问题，与其他农村基层组织关系定位及相应治理体系建设问题，户籍制度、土地制度（农地确权与宅基地"三权分置"制度）、计生制度、社保制度等与集体资产改革同步一体推进的问题，亟须明确。否则，地方改革推进会落入"旋转门"的陷阱，看起来措施很有力、改革完成面也很广，但实际效果却不尽如人意，改到哪儿算到哪儿，改革后的集体经济组织在实际运行中"穿新鞋、走老路"，甚至存在走"回头路"的可能。实践中，已出现户籍制度改革、土地制度改革等与集体资产改革互为牵制的现象。

5. 政策支持保障还需加强

长期以来，农村集体经济组织建设制度供给不足，导致其实际存在却无法人名份、实际运行却无主体地位、有事实成员却无明确边界、有行政监管却无法律规范。随着改革的推进，这些方面的缺失造成集体经济运行问题更为凸显。如集体经济组织在税收财务方面所执行的是适用于公司法人的相关制度，目前，集体经济组织的契税、印花税已经减免，但在运营中高达17%的租赁税没有进行抵扣，仍然偏高。并且按照规定，在进行股东收益分配时，还要缴纳20%的红利税（即个人所得税），这在很大程度上增加了农村集体经济组织的负担，也影响了村集体改革的积极性。又如南京市已经出台了农村留用地政策，但一直没能全面执行。在相关配套政策不明朗、不落实的情况下，改革试点工作更多地倾向于浅层的改革，深层体制机制等问题均难以触及。

四　深入推进农村集体产权制度改革的建议

针对南京市农村集体产权制度改革的现状，下一步应结合各地不同实际，决不可设定时间表盲目推进，更不能将分红考核的"紧箍咒"强加于新型农村集体经济组织，需分类渐进推行，真正做到"成熟一个、推进一个，建成一个、见效一个"。

在改革的未来方向上，一是制定集体经济改革、发展总体战略规划，并将其纳入区域总体经济发展规划；二是明确政府在村级集体经济中的定位，推进政经分开；三是不断完善农村产权交易市场，促进产权流动；四是进一步规范股权管理，完善微观组织机制。

（一）统一思想、提高能力，调动基层改革积极性

要统一干部思想认识，加强对农村集体产权制度改革的宣传教育，不断提高郊区基层干部对改革任务的认识水平，引导基层干部克服怕烦、怕乱、怕难、怕失权失利等情绪，增强基层干部深化改革的责任感、使命感；要加强政策业务培训，抓住新一轮中央对干部培训规划的政策机遇期，围绕改革试点的文件要求，分批次组织各个涉农郊区和镇村干部举办农村集体产权制度改革业务培训班，讲解改革程序步骤、集体成员界定、股权设置、章程制定、收益分配等改革任务。与此同时，为了避免出现村与村之间的政策矛盾冲突，市政府应出台方向上相对统一的规定，以处理好各村之间政策协调的问题，并进行广泛政策宣传。

（二）村社分设、政经分离，探索高效治理新模式

要逐步尝试推进村社分设、政经分离，实现职能分开、账务分设、财务公开，完善集体经济的民主管理监督机制。在有条件的地区，逐步推进村社分设，理顺农村基层民主制度与经济制度的相互关系，使两者协调发展，互相促进。分开后村委会集体股分红主要作为集体公益性资金，上级财政扶持资金不足部分可向新型集体经济组织申请补助，但规定上限不得超过上年集体股分红所得。要在坚持农村基层党组织核心地位的前提下，积极探索建立集体经济组织规范的现代企业组织制度，使股份合作社的权力机构、监督机构、决策和执行机构之间形成既相互独立、又相互制约的关系。对于仍实行

村社合一、政经未分的村委和集体经济组织，建议重点健全监事会的职能，加强对农村集体经济组织重大项目投资、大额度资金使用、资产变动、收益分配方案、财务审计和重要人事安排等重大事项的审核。

（三）创新股权设计，探索建立开放型股权结构

在改革过程中，要对居民区群众的分布、年龄、居住年限、户口迁移、工作情况等逐户进行核实，分类登记造册，对非原集体经济组织成员，要根据集体资产的形成与积累过程，充分考虑各类资产要素在集体经济发展中的作用（如设置干部股、风险责任股、岗位股等），本着合法、合情、合理的原则，确定享有资产量化权利人员范围，调动各方面的发展积极性。在农村集体经济达到一定规模后，则应采取相应方式改变社区股份合作企业内部的股权结构，应按自己所需吸收其他地区股东，以此来保证股权分配的开放性和公平性。首先，形成组织内的"股权流转机制"，拉开持股比例，促使内部股权流转，在条件允许的前提下，也可改变股权平均化的状态，从而扩大经营管理层收益权———一般可借助于增资配股、转让等方式完成。其次，形成"股权流转市场"，以此一方面吸引外部的资金及其他要素，优化资源配置，促进不同企业彼此参股或合并，另一方面促进改善经营管理，降低投资者风险。当然这些股份的权能可能还需要做些限制，可以不享有选举权，对组织的重大经营决策无投票权，也可从根本上解决各级干部干预合作社发展等情况。

（四）分类引导、适度扶持，创新集体发展新途径

要奠定集体经济发展在乡镇经济发展中的战略性地位，本着因地制宜、实事求是的原则，根据农村社区的不同区位、不同自然资源要素禀赋，确定不同的主导产业和发展方式，必要的时候根据实际情况对农村集体经济的发展给予适度的扶持。对于地处近郊、城镇化水平较高、经济发展情况较好的农村集体经济组织，要把集体经济发展与区县功能定位结合起来，发展既适合当地又有潜力的产业；在管理方式上，积极探索农村集

体资产委托经营、信托管理的新方式，有效管理资产和处置风险；积极探索引进经济管理人才，聘任职业经理人管理股份经济合作社，拓展经营管理。对于地处远郊、农业生产占据主要地位、经济和社会发展还相对滞后保守的农村集体经济组织，要打破各自为政、单打独斗造成的产业规模小、资源利用率低的现状，通过土地、资源、资产、资金的重组联合，组建新型的集体经济联合组织，抱团发展，条件不成熟的地区可以先成立乡镇集体资产管理委员会。

（五）加快完善产权交易体系，搞活集体股权

让市场在资源配置中起决定性作用是农村集体资产股份流转权得以顺畅实现的保障，也是成员股权实现价值的最终表现方式。目前，南京市虽然积极构建农村产权交易体系，但集体资源资产开发利用的市场化水平仍然不高，需着重建立健全乡村三级流转交易市场体系，使农村集体资产股权借助互联互通的交易平台顺畅交易，充分发挥股权的市场价值。另外，要加强中介服务组织培育。加快培育一批农村资产评估中介服务组织，为农村集体资产股权的流转交易提供社会公允的评估价格、着力防范和化解流转交易价格风险，同步跟进流转交易纠纷调解仲裁体系建设。最后，要强化流转交易监管。农村集体资产股权的流转交易，在起步阶段，各级各相关部门要加强监管，防止集体与农民财产权益受损。

（六）健全公共产品供给体制，完善税收及配套政策

要加快建立城乡一体化的公共产品供给体系，向城市和农村平等地提供公共产品，将农村中原来由村集体和农户负担的公益性费用逐步转由财政负担，原来村委承担的公共事业管理职能改由基层政府行使，所需资金、费用纳入规范的财政预算体系，建立起农村公共产品的财政供给格局；要加快改革试点配套政策的落地实施，消除改革疑虑，增强改革动力；要加快税收方面的调整，对集体经济组织承担的公益责任给予一定的减免优惠或税收返还，确保集体经济组织可持续发展。对于从集体经济组织征得的税收，建议

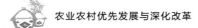
设立新型集体经济组织发展基金，对集体经济组织未来产业发展上给予项目扶持。

参考文献

陈华彬：《"三变"视域下农村集体产权制度改革研究——内在机理、运行机制和实证分析》，《重庆理工大学学报》（社会科学）2017年第11期。

方志权编著《"三农"政策法规知识普及读本》，上海财经大学出版社，2014。

郭光磊：《北京市农村集体产权制度改革研究》，中国言实出版社，2016。

郭晓鸣、虞洪、周小娟：《农村集体产权制度改革：主要问题与对策选择》，《中国乡村发现》2017年第4期。

张利强、董舒、陈蓉、张亚平：《农村集体经营性资产股份合作制改革透视》，《江苏农村经济》2017年第7期。

张占耕：《农村集体产权制度的重点、路径与方向》，《区域经济评论》2016年第3期。

我国农村宅基地制度面临的
挑战与改革研究

蔡承彬[*]

摘　要：宅基地制度保障农民"居者有其屋"，对于农村社会稳定起到了重要作用。加快推进农村宅基地改革，提高农村土地集约化程度，是活化乡村、强村富民、遏制乡村衰败的重要基础。随着城市扩张与农村人口大量向外转移，起到社会保障作用与具有农村集体成员福利性质的宅基地制度的运行开始出现一系列不协调、低效率利用的问题。本文在梳理国家农村宅基地制度特征与法律框架的基础上，探索深化农村宅基地改革的可行途径。

关键词：宅基地制度　"三权分置"　土地产权　乡村振兴

引　言

据粗略统计，全国现有宅基地总面积约为 1.7 亿亩，占集体建设用地的54%，其中94%在农村，城市和建制镇内部的农村宅基地面积约 0.1 亿亩。

---

[*] 蔡承彬，经济学博士，福建社会科学院经济研究所研究员，主要研究方向为产业经济和宏观经济政策。

随着工业化、城镇化进程的不断深入，宅基地制度也暴露出一系列问题，宅基地身份性和福利性的性质，逐渐表现出难以适应新时代农村经济社会发展的症状。如在城乡两栖的进城农民，由于市民化的成本过高，难以彻底融入城市，虽长年在城市或城郊居住，但农村里的宅基地和住房仍不能放弃，农村出现大量闲置宅基地和住房。据《福建省第三次全国农业普查主要数据公报》，对福建省 569.74 万农户住房条件调查的数据显示，2016 年末，99.7% 的农户拥有自己的住房。其中，拥有 1 处住房的有 487.34 万户，占 85.5%；拥有 2 处住房的有 75.64 万户，占 13.3%；拥有 3 处及以上住房的有 4.89 万户，占 0.9%；拥有商品房的有 62.68 万户，占 11.0%。农村居民拥有商品房或 2 处及以上住房的，其剩余的住房往往处于闲置或半闲置状态，按此推算，福建农村闲置或半闲置宅基地约占宅基地总数的 1/4。农村宅基地的大量闲置，造成农村土地资产的极大浪费。同时，宅基地产权制度在政策、法律与现实之间的冲突逐步加剧，现有的宅基地管理模式也越来越难以为继，宅基地制度改革呼声日益高涨。从 2015 年开始，中央加紧部署宅基地制度改革，先后经历了试点确立、联动探索、期限延长、范围拓展等过程。2018 年中央一号文件《中共中央国务院关于实施乡村振兴战略的意见》明确提出："完善农民闲置宅基地和闲置农房政策，探索宅基地所有权、资格权、使用权'三权分置'，落实宅基地集体所有权，保障宅基地农户资格权和农民房屋财产权，适度放活宅基地和农民房屋使用权。""三权分置"是夯实宅基地居住保障功能并实现宅基地财产收益功能的有效途径，是对当前宅基地制度试点改革内容"两完善、两探索"的进一步深化融合。但如何厘清宅基地产权的权利内涵和权能关系，有效构建"产权清晰、公平合理、流转有序、保障有力、利用高效"的农村宅基地"三权分置"制度体系，亟待理论支撑、法律保障和实践深化。

一　现行农村宅基地的制度特征与法律框架

现行《宪法》《土地管理法》《物权法》《担保法》分别对宅基地的所

有权、用益物权、担保物权等做出了明确规定。我国宅基地制度的基本特点主要有以下几个方面。

（一）集体拥有宅基地所有权

《宪法》第 10 条、《土地管理法》第 8 条规定宅基地所有权归农民集体所有。集体对宅基地的所有权特征主要表现为：农户宅基地使用权的获得，必须经过村委会批准；当农户不再使用宅基地时，集体可以将其收回；宅基地在整理或指标交易时，主体也是村委会。因此，在宅基地所有权与使用权的实现上，农村集体经济组织绝不仅仅是法律意义上的概念，而是拥有实实在在的支配和控制权力。

（二）农户拥有宅基地使用权和住房所有权

《物权法》第 152 条规定，宅基地使用权人依法对集体所有的土地享有占有和使用的权利。长期以来，我国一直坚持农村房屋由农民所有，农民对房屋的买卖、出租、抵押、典权、转让等权利被充分保障，并且通过制度设计，也不断阻止政府或集体组织对农民房屋财产权的侵犯。因此，在我国广大农村地区，农民对于拥有住房所有权的认知相对一致，也逐渐形成了根深蒂固的观念。

（三）宅基地具有成员身份性和无偿性

根据现行宅基地管理制度，只有农村集体经济组织成员，才有资格申请和使用该村集体经济组织所有的宅基地，而非集体经济组织成员无法获得宅基地。如《物权法》第 152 条规定，宅基地使用权权限仅限于本集体经济组织成员，享有身份性、福利性和社会保障功能。这充分说明了宅基地的成员身份性特征。只要是集体组织成员，就可以无偿取得宅基地。由于宅基地只赋予了占有权和使用权，非集体经济组织成员也就无法通过宅基地的交易和转让获得宅基地，并且即便有这种交易，也不会受到法律保护。同时，福利分配的宅基地属性，也是实行"一户一宅"的主要依据。农民将房屋转让以后，就不能再申请和获得宅基地。

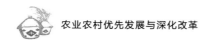

（四）面积法定，严格管理

"面积法定"是指农村村民一户拥有的宅基地面积不超过省、自治区、直辖市规定的面积标准。依据《土地管理法》第44条和第62条的规定，村民住宅用地使用存量建设用地的，由县级人民政府审批；使用新增建设用地的，一般由设区的市、自治州人民政府审批。同时，《土地管理法》第77条规定，对未经批准或采取欺骗手段骗取批准非法占用土地建设住宅的，由县级以上土地行政主管部门责令退还并限期拆除房屋。这是我国现行农村宅基地使用及管理制度的核心。

（五）限制转让，禁止抵押

依据《土地管理法》第62条的相关规定，农村村民出卖、出租住房后，再申请宅基地的，不予批准。同时，《物权法》第184条和《担保法》第37条明确规定，宅基地使用权不得抵押。基于宅基地特定的身份属性和福利属性，《国务院关于深化改革严格土地管理的决定》（国发〔2004〕28号）明确规定，禁止城镇居民在农村购置宅基地。《国务院办公厅关于严格执行有关农村集体建设用地法律和政策的通知》（国办发〔2007〕71号）也明确提出，农村住宅用地只能分配给本村村民，城镇居民不得到农村购买宅基地、农民住宅或"小产权房"。

二 现行农村宅基地制度面临的问题与挑战

随着城乡加速融合与农村劳动力大量进城落户，宅基地管理中出现了取得困难、利用粗放、退出不畅、权能不足等问题。这些问题主要根源于现有产权框架下不同利益主体的博弈，核心是产权和收益分配问题。

（一）宅基地流转现象普遍，限制政策流于形式

尽管在法律上没有赋予宅基地出租、转让和市场交易权利，但事实上，

大量的农民宅基地已经进入隐性市场并且呈普遍化、多样化趋势。尤其是在城中村、经济发达村和城郊村，宅基地上的农房一般以租赁、买卖、合作建房等多种流转形式存在，限制宅基地流转的政策往往流于形式。从经济合理性来看，宅基地自发流转有着十分广泛的市场基础。宅基地以及闲置农房的隐性入市，不仅解决了农村集体经济组织成员的财产性收入问题，也缓解了进城人口的居住问题，还降低了城镇化的成本，但是，这种宅基地的自发入市行为与现行法律直接冲突。

（二）宅基地的无偿取得和"一户一宅"难以为继

目前在广大的传统农区，有些农村还在实行"一户一宅"的无偿分配制度。但是，近些年来随着返乡人员的逐步增多，不仅对流转承包地规模经营有着旺盛的需求，也对农村居住条件有着更高要求。这些人员往往有实力、有能力，还对宅基地有着大量需求。受现有农村集体建设用地使用范围的限制，一些农户发展农家乐、生态庄园等新产业新业态只能在自己的宅基地或附近修建房屋。有的农机大户、农民合作社理事长等农村能人也往往利用自己的房屋和宅基地做办公室、农机库房等，从而导致耕地在农区大量被占用。在沿海地区和广大城乡接合部地区，随着城镇化进程中土地级差收益的大幅提高，城镇建设用地也越来越紧张，无偿分配宅基地难度越来越大。同时，"一户一宅"在城镇化地区的管理更为复杂。随着宅基地在这些地区的价值显化，农民往往在宅基地上大量"种房子"，有的突破了原来审批的宅基地面积，有的突破了各省、自治区、直辖市规定的宅基地上建造的住房面积。

（三）宅基地用益物权不完整，分享宅基地增值收益难

按照《物权法》规定，农民的宅基地使用权被明确界定为用益物权。中央政策文件一再强调保障农民宅基地用益物权。但是，一般意义上的用益物权包括"占有权、使用权和收益权"，而对于宅基地用益物权，只在法律上予以"占有权和使用权"的赋权，少了"收益权"一项。可见，宅基地

用益物权在法律表达上存在矛盾，以至于农民的宅基地用益物权往往受到忽视和侵害。尤其是在一些实施村庄整理、农民集中居住和宅基地换房等政策的地区，农民一般仅仅获得房屋的补偿，而很难分享整理节约出的建设用地的出让收益及增值收益，有的甚至难以弥补农民"上楼"的成本。

（四）宅基地的无序扩张不利于村庄建设与城市发展

现行宅基地审批制度环节过多、周期长，不适应农民建房灵活性的需求，导致建房户边报边建、乱占滥建等现象时有发生。由于宅基地使用现状与法律之间的冲突，政府对宅基地使用的管理基本处于缺位状态，规划和用途管制无法实施。在政府管理缺位的情况下，农民宅基地的扩张和新房建设更是处于无序状态，甚至有蔓延之势。在农村，宅基地无序扩张严重危害村庄统一规划和建设。在城市，宅基地管理混乱造成城中村的私搭乱建、毫无规划、基础设施和公共服务短缺、治理无组织、治安问题严重，加大了城市管理成本和未来更新的难度。

（五）大量超标准和闲置的宅基地缺乏有效退出机制

我国现行法律对宅基地的取得原则、标准、审批权限和程序做了规定，但宅基地收回政策原则性过强，收回程序和补偿标准缺乏具体规定，导致可操作性不强，更缺乏引导村民主动退出宅基地的有效机制。有关调查显示，"少批多占""未批先建"等历史遗留问题较多，目前尚无有效的解决方案，导致宅基地资源不能有效配置。农村宅基地闲置率高，是由于原来的农村宅基地制度设计是基于人口流动相对少的背景，已经不适合城镇化背景下大规模人口迁移流动的实际，必须加以改革。制度设计不合理导致的低成本获得、低效率使用状况，可从（法律）产权角度、经济角度、政策角度阐释。在土地改革和农业合作社时期，我国农村宅基地属于私有，集体化时期改为宅基地集体所有、房屋农民所有。改革开放后，形成宅基地集体所有、农户拥有宅基地使用权和住房所有权的基本特征，并大体稳定为宅基地无偿取得、"一户一宅"、面积法定、不得转让等一套基本制度。40多年前，以安徽凤阳小岗村、肥西小井庄村为代表的农村改革发源地，实行了分田到户，由此引发全国性土地政策调整，拉开了中国改革开放的序幕。

三　我国农村宅基地地方试点改革进程及其内容

（一）我国农村宅基地制度改革进程

改革开放以后，国家开始加强宅基地管理工作，相继出台了一系列加强农村宅基地管理的法律和指导文件，形成了比较明晰的管理办法，基本形成"一户一宅、福利分配、无偿回收、限制流转、禁止抵押、严禁开发"的宅基地管理制度。农村宅基地的集体所有制以宪法的形式确认所有权与使用权相分离。[①] 1982 年《宪法》和 1986 年、1988 年、1998 年《土地管理法》皆规定，"宅基地属于集体所有""出卖、出租住房后，再申请宅基地的，不予批准"。1995 年 6 月 30 日通过、自 1995 年 10 月 1 日起施行的《担保法》第 37 条规定："宅基地使用权不得抵押。"1998 年修订后的《土地管理法》，明确规定了农村村民一户只能拥有一处宅基地，"一户一宅"的宅基地使用制度完全确立。1999 年 5 月 6 日，国务院办公厅发布的《关于加强土地转让管理严禁炒卖土地的通知》（国办发〔1999〕39 号）中指出："农民的住宅不得向城市居民出售，也不得批准城市居民占用农民集体土地建住宅，有关部门不得为违法建造和购买的住宅发放土地使用证和房产证。"2004 年 11 月 2 日，国土资源部印发《关于加强农村宅基地管理的意见》（国土资发〔2004〕234 号），规定"严禁城镇居民在农村购置宅基地，严禁为城镇居民在农村购买和违法建造的住宅发放土地使用证。"2007 年《物权法》颁布后，宅基地权利的制度安排形成体系。此后，国家在继续严格宅基地管理的同时，开始不断完善宅基地的权利结构。例如，2007 年 12

---

① 1982 年《中华人民共和国宪法》第 10 条规定："城市的土地属于国家所有。农村和城市郊区的土地，除由法律规定属于国家所有的以外，属于集体所有；宅基地和自留地、自留山，也属于集体所有。"

月 30 日《国务院办公厅关于严格执行有关农村集体建设用地法律和政策的通知》（国办发〔2007〕71 号）又强调："农村住宅用地只能分配给本村村民，城镇居民不得到农村购买宅基地、农民住宅或小产权房。"2008 年 7 月 8 日《国土资源部关于进一步加快宅基地使用权登记发证工作的通知》（国土资发〔2008〕146 号）提出："在当前宅基地使用权登记发证工作的基础上，进一步加大工作力度，力争在 2009 年底前，基本完成全国宅基地使用权登记发证工作，做到权属纠纷基本解决，农民合法使用的宅基地全部发证到户。"2008 年《中共中央关于推进农村改革发展若干重大问题的决定》明确提出，完善农村宅基地制度，严格宅基地管理，依法保障农户宅基地用益物权。2013 年《中共中央关于全面深化改革若干重大问题的决定》明确提出，保障农户宅基地用益物权，改革完善农村宅基地制度，选择若干试点，慎重稳妥推进农民住房财产权抵押、担保、转让，探索农民增加财产性收入渠道。2014 年的中央一号文件在保障农户宅基地用益物权的基础上进一步对农村宅基地分配政策进行了说明。2014 年 12 月，中共中央办公厅和国务院办公厅联合印发了《关于农村土地征收、集体经营性建设用地入市、宅基地制度改革试点工作的意见》（以下简称《意见》），标志着农村宅基地正式进入试点阶段。该《意见》也对宅基地权益保障和取得方式的完善、农民户有所居的多元化实现方式、进城落户农民自愿有偿退出或转让宅基地做出了具体说明。2015 年中央一号文件提出对宅基地制度改革试点采取分类实施的措施，强调对农民住房保障的新机制进行深入探索。2015 年 2 月 25 日，第十二届全国人民代表大会常务委员会第十三次会议审议了《关于授权国务院在北京市大兴区等 33 个试点县（市、区）行政区域暂时调整实施有关法律规定的决定（草案）》，决定于 2017 年 12 月 31 日前，在北京市大兴区、天津市蓟州区等 33 个试点县级行政区域，暂时调整实施《土地管理法》《城市房地产管理法》关于农村土地征收、集体经营性建设用地入市、宅基地管理制度的有关规定，允许农村集体经营性建设用地入市，同时提高被征地农民分享土地增值收益的比例，对宅基地实行自愿有偿的退出、转让机制。2017 年 11 月 4 日，第十二届全国人民代表大会常务委员会第三十次会议通过《全国人大常委会关于延长授权国务院在北京市大兴区等三十三个试点县（市、区）行政区域暂时调整实施有关法律规定期限的决定》，将试点期限延长一年至 2018 年 12 月 31 日。2017 年底召开的中央农村工作会议指出，要"破除一切束缚农民手脚的不合理限制和歧视"，将完善农民闲置宅基地和闲置农房政策，以及承包地"三权分置"、农村集体产权等制度。2018 年中央一号文件明确提出："扎实推进房地一体的农村集体建设用地和宅基地使用权确权登记颁证。完善农民闲置宅基地和闲置农房政策，探索宅基地所有权、资格权、使用权'三权分置'，落实宅基地集体所有权，保障宅基地农户资格权和农民房屋财产权，适度放活宅基地和农民房屋使用权，不得违规违法买卖宅基地，严格实行土地用途管制，严格禁止下乡利用农村宅基地建设别墅大院和私人会馆。"

（二）农村宅基地试点改革的主要内容

根据中央统一部署，宅基地制度改革主要围绕宅基地权益保障和取得、有偿使用、有偿退出和宅基地审批制度等四个方面展开。改革的目标是健全依法公平取得、节约集约使用、自愿有偿退出的农村宅基地制度。经过近三年的基层探索，试点地区围绕保障农户住有所居、建立宅基地有偿使用和有偿退出机制、下放宅基地审批权、发挥农村基层自治作用等进行了多元化探索，取得了一定成效。开展改革试点四年来，晋江共腾退宅基地 3748 亩，发放农民住房和宅基地抵押贷款 10.43 亿元；四川泸县等试点地区已有约 7.6 万户退出宅基地，退出面积约 6 万亩。

1. 完善宅基地取得方式

试点地区坚持因地制宜、分类施策，采取多种方式，确保农户"住有所居"。对宅基地资源比较丰富的传统农区继续实行"一户一宅"制度；对人均耕地少以及二、三产业比较发达的"城中村""城郊村"，在农民自愿的基础上，探索实行"统规统建""集中统建""多户联建"等方式；在土地利用总体规划确定的城镇建设用地规模范围内，探索集中建设农民公寓和农民住宅小区。从试点地区看，无论是占用新增建设用地还是利用存量建设用地，宅基地无偿取得的分配方式都难以为继，从而开始探索有偿取得方式。具体来看，宁夏平罗探索本集体经济组织成员按成本有偿取得宅基地；浙江义乌等对宅基地取得实行择位竞价，共实现节地 7208 亩，村级组织共获益 75.06 亿元，农民每年获得的财产性租金收益超过 40 亿元。可以说，这项改革对长期以来"福利"分配的宅基地取得方式来说是一个积极探索。但通过对试点地区改革方案的分析，按成本有偿取得宅基地的农户所缴纳的费用，实际上是土地整理费、开垦费；而择位竞价费仅限于交通条件良好、地理位置优越的地段，而并没有收取资源使用费，说明宅基地有偿取得方式还没有破题。

2. 建立宅基地有偿使用制度

宅基地使用混乱、未批先建、"一户多宅"、超标准盖房等问题是宅基地制度改革的最直接诱因。试点地区针对超标准占用宅基地、"一户多宅"以及非集体经济组织成员通过继承等方式实际占有和使用宅基地等情形，探索建立有偿使用制度。例如，湖北宜城、江西余江等试点地区收取有偿使用费。新疆伊宁对非集体经济组织成员以继承之外的方式占有和使用宅基地的，按照高标准收取有偿使用费，对非本集体经济组织成员但是法定继承人的，酌情收取或暂不收取。浙江义乌则将违法侵占使用宅基地的问题，区分为严重违法和轻微违法等不同情形，严重违法的结合"三改一拆"专项行动予以拆除，轻微违法的则纳入有偿使用范围，收取一定费用。在目前宅基地的各项改革中，针对违法违规占地收取有偿使用费，是改革的突破点和切入口，实践中有理有据、易于操作，但也容易造成一系列问题。比如，长期以来大量违法占地的既成事实，是否可以通过缴纳罚款而合法化？如果没有合法化，那么罚款的征收就不容易得到农民群众的认可。对于这些做法，如果后续再推行相关改革予以纠正，反而会面临更大的阻力。

3. 建立农户宅基地自愿有偿退出和流转机制

从目前来看，试点地区开展农户宅基地有偿退出和流转机制方面的探索比较活跃，改革方式也比较灵活。如天津蓟州探索由村集体经济组织有偿回购农户宅基地，每亩补偿标准不低于 17.6 万元；陕西高陵探索有偿使用、有偿退出制度，以收取的有偿使用费支付有偿退出费，达到收支平衡；浙江义乌开展宅基地所有权、分配资格权和使用权"三权分置"试点，对已完成乡村建设及更新改造的村庄，允许宅基地使用权在本市集体经济组织成员间跨村转让，并对转让后的宅基地颁证。与其他试点内容相比，试点地区在探索建立农户宅基地自愿有偿退出和流转机制方面的积极性较高，但问题的症结是"钱从哪里来"，也就是收储资金的来源如何保障。从试点地区的探索来看，以有偿使用的资金支付有偿退出的费用，是一项很好的改革理念与制度设计，但这种操作蕴含的设计构想是，将有偿使用作为前提，先针对有偿使用的对象收取费用，再向有偿退出的对象支付费用，并且从整体上看，两者要达到资金平衡。显然，这样的改革设计出发点是好的，但现实条件不容易满足。

4. 完善宅基地管理制度

宅基地产权制度是基础，管理制度是准则。产权不完善与权能不充分直接导致了宅基地管理制度跟不上形势变化的需要。从 2008 年党的十七届三中全会开始，中央就提出要严格宅基地管理，完善宅基地制度。目前，试点地区正通过简化审批流程、优化审批程序，下放宅基地审批权。比如，对使用存量建设用地的，审批权由县级政府下放至乡镇政府；对使用新增建设用地的，由县级政府审批。有些试点地区还探索乡村治理重心下沉，成立农民自治组织，协助开展宅基地管理工作。如江西余江探索在村民小组建立村民理事会，由村民理事会确定分配标准与分配办法，在宅基地管理和改革中发挥重要作用。还有些试点地区，加快产权制度建设，做好基础工作，为宅基地管理制度改革提供依据。例如，湖北宜城严格执行宅基地确权登记颁证政策，解决了 5500 多件历史遗留问题。对于这项改革，社会各界的观点看法并不一致。总体上看，大量宅基地隐性流转的事实，正是宅基地管理制度、农民需求与法律三者之间严重冲突的体现，更是政府对宅基地使用及分配管理缺位的反映。再加上，乡村规划严重滞后，农民新建农房往往存在相互攀比的心理，不仅造成了资源浪费，也影响了村容村貌。因此，面对宅基地无序扩张的局面，审批权限下放并不是痛点，强化乡村规划和用途管制才是正题。

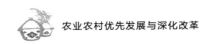

四 加快推进农村宅基地综合改革的建议

当前，我国农村承包土地已经实现了所有权、承包权和经营权的"三权分置"，在宅基地和限制农房的管理上，也应积极探索和完善宅基地所有权、资格权、使用权"三权分置"制度，在坚持宅基地所有权属于农民集体、资格权属于集体经济组织成员的基础上，适度放活宅基地的使用权，积极探索完善闲置宅基地和闲置农房使用政策，更好地服务乡村振兴。

（一）保障农户宅基地用益物权

农户宅基地用益物权的主要表现形式为宅基地使用权人依法对集体所有的土地享有占有和使用的权利。保障农户宅基地用益物权是宅基地制度改革的目标和底线。实践中，由于"房地一体"的不可分性，宅基地用益物权在政策层面被分解为宅基地农户资格权和农房所有权。在"两权分离"的制度框架下，宅基地所有权属于集体经济组织，使用权属于农户。长期以来，农村集体经济组织往往对宅基地所有权有着更实际、更直接的支配权。在现实中，村民委员会往往代替村集体经济组织行使宅基地管理等相关权利。在民主决策与监督缺位的情况下，容易造成村干部个人说了算，从而产生委托代理问题。这也是宅基地管理制度混乱的直接原因之一。深化宅基地制度改革，应该按照宅基地用益物权的原则，在巩固集体所有权的基础上，进一步明确和强化农户宅基地使用权。同时，加快推进"房地一体"的农村宅基地使用权确权登记颁证工作。在此基础上，完善宅基地用益物权，在现有宅基地占有权和使用权基础上，赋予农户宅基地资格权，适度放活宅基地和农民房屋使用权。同时，加快建立健全集体建设用地资源资产产权制度，逐步实现各类市场主体按照市场规则和市场价格依法平等使用土地等自然资源。

（二）有效盘活闲置宅基地和闲置农房

闲置宅基地和闲置农房是农村最大的"隐性资产"。随着农村大量人口进城落户，农村"空心化"现象越来越突出。同时，一些村集体经济组织"空壳化"严重，几乎没有多少村集体经济收入。因此，无论是发展壮大农村集体经济，还是增加农民财产性收入，都要鼓励农村集体经济组织在盘活闲置宅基地和闲置农房上做文章，探索闲置宅基地和闲置农房多种利用方式。在这方面，一些试点地区已经进行了很多探索，但总体上看，改革步伐比较缓慢，闲置农房流转仍受到诸多限制。深化农村宅基地制度改革，就要在法律法规框架下，有意识地放宽市场化用地主体的限制，扩大农村集体经济组织的经营自主权。特别是允许农村集体经济组织以出租、合作等方式盘活利用闲置农房及宅基地，优先发展农村新产业新业态，增加农民财产性收入。同时，要注意利用开发不是违规买卖，不能违反土地用途管制原则，更不能让工商资本侵占村集体利益，建设私人会馆或开发别墅。

（三）与其他改革协同部署

要坚持"房子是用来住的，不是用来炒的"定位，缩小政府征地权使用范围，支持引导农民集体经济组织利用集体建设用地建设租赁住房，集约开发出租屋建设。特别是注意将宅基地制度改革试点与利用集体建设用地建设租赁住房试点一体部署、协同推进，助力租购并举的住房体系。稳妥推进农民住房财产权抵押、担保、转让，促进集体土地优化配置，探索多元化市场化实现形式。同时，要坚持试点探索与修法同步的原则，及时总结改革实践的经验启示，吸收到法律法规，并以此为起点和支点做好《土地管理法》的修改工作。

（四）建立配套政策体系

稳步推进农村集体产权制度改革，在清产核资和股份合作的基础上，组建集体经济组织，探索集体经济的有效实现形式。完善农村土地利用管理政策体系，在村集体作为宅基地所有权主体和农户自愿的前提下，探索宅基地有偿退出机制，促进宅基地市场多样化发展。鼓励中国农业发展银行、国家开发银行等政策性银行开发金融产品，为农村集体经济组织提供中长期贷

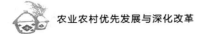

款，用于闲置宅基地收储、土地整治、配套设施建设等支出。建立宅基地流转利益分配机制，统筹国家、集体和农户三方权益，适当提取收益调节金用于乡村建设，保障宅基地所有权主体的合理收益，最大限度地保护农户的合法利益。

参考文献

龚宏龄：《农户宅基地退出意愿研究——基于宅基地不同持有情况的实证研究》，《农业经济问题》2017 年第 11 期。

韩文龙、谢璐：《宅基地"三权分置"的权能困境与实现》，《农业经济问题》2018 年第 5 期。

魏后凯、刘同山：《农村宅基地退出的政策演变、模式比较及制度安排》，《东岳论丛》2016 年第 9 期。

张克俊、付宗平：《基于功能变迁的宅基地制度改革探索》，《社会科学研究》2017 年第 6 期。

农地"三权分置"政策风险及防范研究
——基于利益相关者理论的视角

wwwwwwwwwwwwwwwwwwwwwwwwwwwwwwwww

程进凯　方令权[*]

摘　要： 农地"三权分置"是我国农村土地制度的重大变革。落实集体所有权、稳定农户承包权、放活经营者经营权的指导性原则客观上刻画出政策变革所面临的三大核心利益主体，同时，政策的保障和执行也涉及政府、社会等外围抽象利益相关者。本文以利益相关者理论为视角，综合分析集体、农户、经营者、政府及社会在农地"三权分置"政策执行中产生的利益博弈。研究发现，农地"三权分置"政策执行中存在集体功能虚化、农户权利保障缺位、农地经营环境限制、政府角色定位模糊、农地安全形势严峻等风险，提出了激发参与活力、畅通救济渠道、健全经营环境、明确政府职能、推动社会共治的建议，为完善我国土地政策提供参考。

关键词： 土地制度　"三权分置"　利益相关者理论　政策风险

引　言

随着我国农村地区社会环境的变化，改革开放后确立的联产承包责任制

---

* 程进凯，中国人民大学劳动人事学院，主要研究方向为领导力、管理激励；方令权，中央财经大学政府管理学院，主要研究方向为公共政策。

的土地制度已不能完全适应经济社会发展需要。在实现社会主义现代化目标的总体要求下，农业农村现代化也是其题中应有之义。2018 年 12 月 29 日，全国人大表决通过《农村土地承包法》修正案，标志着"三权分置"制度正式确立。构建农村承包地"三权分置"制度，使新型生产格局突破传统模式掣肘，以深化农业供给侧结构性改革，推进农地产权制度改革，提高农业创新力、竞争力和全要素生产率，加快实现由农业大国向农业强国转变。

农地"三权分置"的提出是在以前双层经营的制度基础上进一步丰富其内涵，由以往的家庭经营转向农户承包多元化经营，经营模式更具创新性。农地"三权分置"涉及集体、农户和经营者三方核心主体，如何更好地回应关切，激发农村地区发展活力，离不开顶层设计。农村土地制度立足于时代实践，顺应制度变革要求，由"两权分离"发展到"三权分置"，以更有效地保障农村集体经济组织和承包农户的合法权益，同时也更有利于促进现代农业发展。本文旨在探讨农地改革进程中面临的政策风险，把握政策实施效度，分析困境并进行防范，促进农地改革顺利进行。

农地"三权分置"制度是我国土地制度的重大变革，逐渐引起学者们的关注，然而大多数研究仅着眼于法律层面的合法性及可能性，而对"三权分置"政策的影响和潜在风险方面的研究较少。因而本文基于乡村振兴战略的时代背景，以农村土地制度改革为研究主题，聚焦"三权分置"政策的风险及对策研究，分析新时代土地制度潜在的问题及原因，旨在为我国土地制度政策的制定和实施提供创新性和可行性并存的意见和建议。

一　文献综述

农地"三权分置"制度提出以来，学者们对此进行了大量研究。学者们从宏观背景、政策解读、理论争鸣及体系构建等阐述"三权分置"制度的必要性及合理性，以多元化视角对"三权分置"制度进行探析。韩文龙等关注"三权分置"改革中农地产权的界定，探讨权利分离之后的内在关系。① 朱继胜从土地承包经营权嬗变的视角，分析"三权分置"改革的背景及完善措施。②

农地经营权、承包权的关联性使得农地使用权的流动具有人身依附性，而这一点与当前市场要求的单一财产属性明显冲突。土地的自由流动具有边际产出拉平效应，可以增进土地流转双方的经济福利。现阶段学界从宏观政策效应的角度出发，研究农地"三权分置"政策对农业发展内涵提升的作用，论证改革的正当性及合理性。李方方和许佳君认为实行"三权分置"可以突破农地市场主体范围界限，凝聚社会力量参与乡村建设，进一步增强农村发展活力。③

农地"三权分置"改革是顺应时代发展之需，然而这一政策也潜在面临着一些风险与困境，学者们基于不同的视角对此进行了研究。在处理经营权流转的"稳"与"活"的关系上，潘小英认为农地改革应重点关注农民权益保护，避免组织属性异化和承包关系失衡导致农民权益虚置。④ 吕军书和贾威认为农地流转过程中失约风险的出现与工商资本逐利、市场价格波动、政府行为失范、法律法规供应不足等存在较大关联，提出要加强土地市场监管，完善土地流转法律制度等措施。⑤ 吴一恒等从产权的角度，分析了产权结构差异性配置的制度风险，认为农地流转市场与抵押市场在利益匹配错位格局中会受到制约。⑥

综合现有文献发现，大多数研究仅着眼于法律层面的合法性及可能

① 韩文龙、李强、杨继瑞：《习近平新时代农地"三权"分置的实践探索》，《财经科学》2018 年第 11 期。
② 朱继胜：《农地"三权分置"的意旨和路径——以土地承包经营权嬗变为视角》，《广西社会科学》2018 年第 5 期。
③ 李方方、许佳君：《农村土地"三权分置"政策的法理规则逻辑》，《山东社会科学》2017 年第 7 期。
④ 潘小英：《"三权分置"后的农民权益保护》，《中共郑州市委党校学报》2015 年第 2 期。
⑤ 吕军书、贾威：《"三权分置"制度下农村土地流转失约风险的防范机制研究》，《理论与改革》2017 年第 6 期。
⑥ 吴一恒、徐砺、马贤磊：《农地"三权分置"制度实施潜在风险与完善措施——基于产权配置与产权公共域视角》，《中国农村经济》2018 年第 8 期。

性，着重制度层面的分析和设计，论述"三权分置"制度功能和积极效应，而在政策的影响和潜在风险方面研究较少，并且研究关注点分散，系统性不强。而本文以利益相关者理论为视角，综合考虑各种利益主体在政策实施中可能遭遇的风险，并提出防范措施，试图为土地政策的完善提供参考。

二 我国农地"三权分置"政策历程与现状

（一）产权及农地"三权分置"概念

1. 产权

产权是指财产的权利，它是一个社会所实施的选择一种经济品的使用的权利，法律层面将其分解为占有、使用、收益、处分四种权利功能。一般来说，产权具有三个基本特征：可分解性、排他性和可交易性。产权通过界定排他性权利，明确划定权利主体的权利与责任，厘清谁有权、谁受益、谁负责等问题，控制权利模糊导致的负外部性。另外，权利自由转让影响产权结构安排，推动资源配置朝着帕累托最优方向改进。

产权是所有制的法律形态，作为财产形式的法权关系，产权不但是反映经济关系的意志关系，而且是历史的产物和历史的范畴，具有历史的形式。经济层面上的"所有制"和法律层面上的"产权"的概念内涵深度差异，以致使用"产权"的理论表达更契合我国土地制度随着经济社会发展而历史地变革的实际规律。土地产权是行为主体对地产客体的一组行为性权利，反映了人与人之间的经济利益关系。土地制度创新不仅关乎土地生产力可持续，也涉及法律合规的内在保障。

2. 农地"三权分置"

农地"三权分置"政策出台前后，学者们分别从经济学、法学、政治学等角度对此进行解读提炼，论证土地产权制度改革的正当性与合理性。有学者认为，"三权分置"是在土地所有权和土地承包经营权"两权分离"的基础上，将土地承包经营权进一步分离成土地承包权和土地经营权，形成所有权、承包权、经营权"三权分置"。① 但是也有学者出于制度稳定性的考虑，认为"三权分置"更为准确的表述应当是集体土地所有权、土地承包经营权和土地经营权的分置，土地经营权是在土地承包经营权之外创设的具有物权效力的权利。②

虽然学界对农地"三权分置"的概念界定仍未达成共识，但仍具有一些研究共性：其一，均认为农地制度改革需坚持"落实所有权、稳定承包权、放活经营权"这一政策原则，以保持制度创新功效稳定。其二，均认为创设土地经营权不改变土地所有权归属，仅是土地经营市场主体范围的变更。其三，均认为利用经营权获取的利益应受法律保护。

（二）农地"三权分置"政策历程

1. 党的十八大前：新型农村土地制度确立与巩固

改革开放后，以家庭承包经营为基础的统分结合的双层经营制度形式逐渐确立，土地权利中的所有权和承包经营权分离，实现了上层建筑适应经济发展基础的现实需要，契合经济社会形态演变和利益格局调整。但是，随着社会经济的发展，劳动力流动性增强，分散经营方式效率低下。同时，各类合作社、农业产业化龙头企业等新型经营主体大量涌现，土地流转面积不断扩大，规模化、集约化经营要求日益迫切，社会变迁呼唤土地制度创新和改革。

2002 年 8 月，第九届全国人大常委会第二十九次会议表决通过了《农村土地承包法》，这是我国第一次用法律的形式对农村基本经营制度做出规定，对于保障亿万农民的权益、促进农业发展、保持农村稳定具有深远意义。《农村土地承包法》规定农民承包土地的期限为 30 年，转为非农户口后需将承包地归还发包方，另外，农户流转土地的对象和程序也有诸多限

---

① 叶兴庆：《从"两权分离"到"三权分离"——我国农地产权制度的过去与未来》，《中国党政干部论坛》2014 年第 6 期；张红宇：《农地改革：从"两权分离"到"三权分置"》，《中国经济报告》2018 年第 12 期。

② 孙宪忠：《推进农地三权分置经营模式的立法研究》，《中国社会科学》2016 年第 7 期。

制。2008年党的十七届三中全会通过的《中共中央关于推进农村改革发展若干重大问题的决定》明确规定现有土地承包关系要保持稳定并长久不变，对农业经营方式也做了方向性部署，提出了更高层次的要求。后来数年的中央一号文件对"三农"问题的重视越来越突出，但更多涉及"三农"发展的方向原则、目标任务、手段措施等，并未真正触及农地产权制度改革。

2. 党的十八大后：农村土地制度的改革与突破

党的十八大以来，国家陆续出台了一系列推动农村全面深化改革的方针政策，巩固和完善农村基本经营制度。2014年1月《关于全面深化农村改革加快推进农业现代化的若干意见》中明确提出："在落实农村土地集体所有权的基础上，稳定农户承包权，放活土地经营权，允许承包土地的经营权向金融机构抵押融资。"这彰显着农地改革既重视整体效用、又发挥各自功能的政策目标，一定程度上突破物权限制，赋予经营权更切实的法律地位。2014年11月《关于引导农村土地经营权有序流转发展农业适度规模经营的意见》中提出："坚持农村土地集体所有，实现所有权、承包权、经营权三权分置，引导土地经营权有序流转。"农地产权制度改革在国家政策层面正式确立"三权分置"。

农村土地"三权分置"是农业经营模式的变革，也是土地权利配置方式的创新。"三权分置"入法，对于保护农民土地承包经营权、促进农业农村现代化都将产生重大影响。2018年12月新修订的《农村土地承包法》使农地"三权分置"制度得以法制化，这一制度创新赋予农民更加充分而有保障的土地承包经营权，让其真正享有占有、使用、收益和流转的权利，同时，也对进城农民的土地权益保障进行了规定。我国农村土地制度进入新的历史发展时期。

（三）农地"三权分置"制度现状

新时代，农地产权制度改革是解决农村不平衡不充分发展和事关"三农"问题的关键性制度安排，通过制度变迁来调整农村的生产关系，解放农村生产力、发展农村生产力是解决主要矛盾的必然选择。现代农业的发展需要规模经济的支撑，中国农地的细碎化是农业规模化经营和农业现代化发展的主要因素之一。如何在坚持农村土地集体所有制的基础上，既能稳定农民的承包权，保障进城务工农民最后的生存依赖，又能放活经营权，通过经营权流转来解决现代农业生产的规模问题，这就涉及农地产权制度的创新。

2018 年新修订的《农村土地承包法》应运而生，规定了承包方可依法对土地承包经营权进行互换、转包、入股，农民利用土地的形式更有法律保障。另外，进城农户的土地承包经营权的保护也有明文规定。关于农地"三权分置"后各项权利的保障，新修订的《农村土地承包法》也做了具体规定，"落实所有权、稳定承包权、放活经营权"原则得到坚持。土地权能衍生出的土地经营权概念在法律制度设计中体现出来：承包方既享有对农地占有、使用、收益的权利，也可基于意思自治流转土地经营权以增加财产性收入。同时，法规释放出市场配置资源的政策空间，经营主体向金融机构融资担保的市场化行为有法可依。但社会资本通过流转方式从承包方取得土地经营权的配套措施仍未健全，资格审查、风险防范制度尚未完全建立，资本逐利带来的非理性行为潜在冲击着土地安全。

三 农地"三权分置"利益相关者分析

（一）一般利益相关者理论

利益相关者理论源于现代企业管理理论，主要应用于企业组织效率与绩效相关的参与者利益协调分析，用于表示与组织发展有密切关系的利益群体或个人。1984 年，弗里曼对该理论进行系统阐述。20 世纪 90 年代后国内学者对利益相关者的界定和分类的认识逐渐深入。万建华等、李心合从合作性和威胁性将其分成支持型、边缘型、不支持型、混合型四种。[①] 陈宏辉从主

---

① 万健华、戴志望、陈建编著《利益相关者管理》，海天出版社，1998；李心合：《面向可持续发展的利益相关者管理》，《当代财经》2001 年第 1 期。

动性、重要性和紧急性三个维度将其细分为核心型、蛰伏型和边缘型三类。[①] 学者们对利益相关者的分类虽有不同，但究其本质依然基于各主体影响过程及结果的深浅程度来划定，利益相关者因作用范围差异而呈现多元局面。

许多学者在企业层面对于利益相关者理论的理解是，利益相关者理论只是实现股东价值最大化的一个手段。在公共政策领域，政策的制定和实施必然涉及不同利益主体，利益触及状况也纷繁多样，诉求差异化使得效率构建面临困境。利益相关者理论作为一个分析工具，提供了影响政策效能的主体分析框架和思路，能有效界定利益主体范围，将利益诉求纳入考量。因而，以利益相关者理论的视角来分析公共政策实施的全要素过程，将会对政策效应的最大化提供全新的认识和解释，从而完善政策规制效果，实现效益优化。

（二）农地"三权分置"中的利益相关者

土地权能分置背景下，落实集体所有权、稳定农户承包权、放活经营者经营权的指导性原则客观上已刻画出政策变革所面临的三大核心利益主体，同时，政策的保障和执行过程也涉及政府、社会等外围的抽象利益相关者。

就集体而言，集体是土地所有权的权利主体，享有宪法赋予的不可动摇的绝对权利地位。农村土地所有权由集体享有，对维持农村稳定、保障农民合法权益具有重大作用，从根本上体现着社会主义原则，为国本所在。经济社会的发展变化推动着农地经营制度的创新，土地所有权的归属问题在法律上虽明确具体，但作为权利的承担者，集体是农村经济组织成员形成的聚合，在权能分置中必然涉及集体的整体利益，从而关乎集体组织稳定发展。

就农民而言，对于土地的多种功能诉求呈现经济性倾向，土地经营性收入降低，而农民以其土地权利潜在具有变现资本的意愿。土地承包权与土地经营权分离，释放了原本固守于土地的农村劳动力，在比较利益的驱动下，

---

① 陈宏辉：《企业的利益相关者理论与实证研究》，博士学位论文，浙江大学，2003。

劳动力流动更加常态化，农民经济性追求日益强烈。土地经营权流转，农民关注点不是怎样流转、流转给谁，而是收益如何、是否有保障。在利益博弈格局中，农民的权利失语很可能导致收益分配不确定，使其面临弱势风险。

就农地经营者而言，农民将土地流转后，经营者成为土地经营权的直接承担者，农民仅在其承包权的基础上享有一定收益。经营者利用土地进行农业生产，生产经营方式的创新影响着土地产出效率。市场准入主体良好的资质状况、较高的诚信水平及较强的守法意识是保持生产秩序稳定、保障农民合法权益的重要基础。同时，经营者的合法权益也需要法律来保护，使其作为独立的经济主体在自由生产和利益完整方面获得制度保障。

就政府而言，在农村土地制度改革过程中，政府是政策的制定者，也是政策的执行者，从源头上影响着农地"三权分置"实施效果。农地"三权分置"需要政府担当利益平衡的"中介"，其角色定位和职能履行彰显政府服务与政策效益的相关性。中央决策部门进行宏观制度设计，把控改革整体方向，深层次指导改革进程。而基层政府直接面向实践主体，参与度高且方式多元，是落实农地改革政策的"排头兵"，如果以行政力量推动政策实施，可能会造成利益冲突与纠葛。

从社会视角看，城镇化的快速推进，使得基本农田保护形势严峻。与此同时，若农地经营者在利益的驱使下发展非农产业以追求更高净利润，国家粮食安全也将面临风险。农地"三权分置"的初衷是发展现代农业，推进社会可持续发展，而错综复杂的利益格局影响发展稳定。面对不同的利益诉求，如何找到社会平衡的支点，健全发展机制，将是农地改革背景下社会治理的重大课题。

四 农地"三权分置"中利益相关者的政策风险

（一）集体层面：集体功能虚化

由"两权分置"发展至如今的"三权分置"，"落实所有权"目标始终贯穿其中，土地所有权归属问题不容忽视。而土地权能的剥离导致权利分属于不同主体，法律层面的确切规定在实践层面可能会造成政策目标偏离。

一是集体享有土地所有权的认同虚化。新型农业主体在市场的支配下自由开展经营，利益导向的经营行为重心放在高效利用土地以最大化效益，对经济利益的亲和可能引起漠视权利归属问题。同时，集体成员劳动及其所得具有独立性，而集体服务功能未实际加诸脱离耕作的农民，其覆盖范围和影响程度的限缩或将淡化农民对集体组织的心理认同。

二是集体"统一经营"功能弱化。承包经营者为获取更多财产性利益，自由安排种植物品种、规模进行市场逐利，而较少考虑区域性整体经营。农地"三权分置"带来的土地权能分散将会阻碍集体统一调配、整合资源功能的发挥，各利益主体之间利益协调难度加大，并且集体话语权的衰落也将可能引起经营者对集体作用的挑战。

三是集体组织成员土地承包资格的识别和认定模糊。随着城市化进程的发展，进城落户与固守乡土现象同时存在，集体组织成员流动性增强，"离乡不离土"现象愈发普遍。进城不从事农业耕作的农民依然占有集体土地份额，承包期内权利属性未更替，即使土地撂荒，集体收回发包地的阻力依然巨大。如何重新识别和认定成员身份，重塑集体机能，需要更加细化、可操作的政策规定予以明确。

（二）农户层面：权利保障缺位

农户在涉及土地利益博弈中，话语权的淡化使其大多处于弱势地位，无法抗衡侵犯权益的行为，在农地"三权分置"政策中面临权利保障缺位的风险。一方面，基层政府包括集体组织在实施农地政策时，若片面追进度、赶时效，忽略政策执行的手段和方法，强势推动农地"三权分置"，管理者的权力和行为未能有效监督和约束，农户的土地权益往往被虚化。农民群体在政策制定和执行过程中民主参与渠道不完善，自身不完全具备参与政策设计的意识和能力，同时，政策执行中与各方主体的"议价"地位不对等，利益争取难度大，这些都会间接导致农户权益无法得到较好保护。另一方面，农户为获取更多的经济利益将土地承包权与土地经营权分离，经营者依据市场自主开展生产活动，支付农户相关流转费用。若生产者因经营不善而亏损，逃避经营责任，拖欠土地租金，甚至丧失企业信用，违背合同约定不履行给付义务，出现"跑路"情况，或者给土地造成损害，无法继续耕种，同时又缺乏相应的风险防范机制，这都将增加农户生产生活负担，产生较大恢复成本，严重挫伤农户流转土地的积极性。

（三）经营者层面：经营环境限制

农地"三权分置"的重点在于放活经营权，优化土地资源配置，而经营权放活的一个重要衡量标准是土地经营权能否进行抵押，进行市场交易。新修订的《农村土地承包法》在法律层面明确这一规定，土地经营权抵押有法可依，但相关配套制度的不完善使经营者开展经营权抵押活动时面临诸多风险。

经营主体抵押土地经营权进行市场融资，原有土地所有权和承包权关系不发生变更，土地依然由经营者占有使用，只是经营权作为债务担保被抵押出去。土地经营权抵押是对原有土地制度的突破和创新，作为一种新型生产经营方式，在制度适用方面依然存在缺陷，经营者抵押土地经营权的政策和市场环境未充分发展，接受度有待考验。首先，经营权抵押需要以土地确权登记为基础以明确土地权利归属。农地"三权分置"带来的权利归属复杂多元局面在土地经营权抵押实践中造成干扰，若权利归属变动不透明，未有法律确权，经营权抵押后发生经济纠纷处理难度大。其次，经营权抵押需要得到农户的认可与支持。传统情境下，农民一定程度上将土地视为保障生活的财产，这种功能认知惯性可能会引起农民对土地经营权抵押后利益无法保证的担忧，从而限制抵押经营权的活力。最后，经营权抵押需要完善的配套制度保障。经营权抵押涉及的顶层设计包括土地经营权价格评估、交易流程、损失补偿、风险防范等制度，配套制度构成的有机整体共同保障经营权抵押环境良性发展，而目前的制度建设仍任重道远。

（四）政府层面：角色定位模糊

政府是农地"三权分置"政策的制定者和推动者，在农村土地资源配置中往往起着主导作用，其政策执行行为很大程度上影响着农地改革能否顺利发展。受政府执行规范、服务理念、监督约束等因素的影响，政府执行政策所呈现的效果具有差异性，政府角色定位偏差将会使政策效果适得其反。

在农地改革中政府承担的责任缺位、越位的或然发生，不仅会丧失民众对改革的支持，也威胁着政府公信力建设。一方面，政府在政绩利益的驱动下，强力推动农地制度改革，不充分考虑社情民意，运用行政权力干预而不是引导土地流转市场化，这将打破市场平衡，造成市场秩序混乱，也将引起民众对政府工作的不满。另一方面，政府是农村公共产品和公共服务的提供者，在农田水利、道路建设方面的作用举足轻重。若政府公共服务理念薄弱、市场监管职能弱化、政策宣传责任旁置，无法提供满足市场主体需求的公共服务资源，农地制度改革将无所依靠。政府承担的责任缺位、越位现象的出现，究其根本，在于政府未合理界定职权范围，角色定位模糊，或大包大揽，或置若罔闻，没有很好地厘清政府与农民、市场的关系。

（五）社会层面：农地安全形势严峻

经营权的放活需要不同农业经营主体利用市场进行资源配置，而农业政策的现状划定了其经营方式和范围。流转后土地的经营者对土地的使用来源于法律授权，也挑战着法律空白。政策方面，新修订的《农村土地承包法》中规定"未经依法批准不得将承包地用于非农建设"，土地经营性质依赖于政府管理，而其管理强度具有弹性而非绝对限制，承包的土地潜在具有非农化的风险。

农地承包权和经营权分离，农民自愿自主流转土地，承租承包地进行生产经营一方不再局限于集体经济组织成员，农地流转呈现开放性和流动性的特点，新型农业主体涌入农地市场。工商资本进入农村土地市场进行逐利，经营者开展生产经营活动挑战着农产品市场安全。传统农作物生产成本高、利润低，经营者为获取更多的经济利益，违反法律规定及流转合同，在土地上进行非农建设，蚕食耕地开展其他非农活动，或者发展其他非粮作物的高效特色农业，追求更大的经济回报，这将威胁我国的粮食供给安全。

五　农地"三权分置"政策风险防范措施

（一）激发参与活力，强化集体功能

我国目前的农村土地制度实行以家庭承包经营为基础的统分结合的双层经营体制，国家法律保障农村土地承包关系稳定且长久不变，因而集体在实施"三权分置"政策过程中的地位依然不可动摇。落实集体所有权的要求需体现在目标设定的基础内容之中以防范集体功能虚化问题。

积极宣传国家土地法律法规，使各方主体明确权利与责任。法律层面的顶层设计规定了主体行为界限，也规划了利益纠葛时的解决方案，对农地市场秩序的维护具有指导意义。农户和经营者在追求利益的同时应尊重集体的地位，严格依照法律规定的内容主张权利，切实维护集体土地所有权，不得超出行为边界，做出处置土地所有权的行为。另外，集体也应积极利用权力地位优势，参与农地"三权分置"政策的实际行动，在制度变革中争取集体经济利益，避免被边缘化。

建构集体组织对农户及经营者的服务、协调、监督等机制。农村集体经济组织在民法上的特别法人地位赋予其独立分享权利、承担义务的可能，因而可调动集体发展活力，激活土地市场参与者角色，让集体服务于其他市场主体，发挥组织人员、维护基础设施等方面的作用，强化对集体功能的实际认同。另外，集体也可调和农户与经营者之间的矛盾冲突，理顺承包权和经营权关系，维护土地市场发展秩序。针对土地抛荒、非农建设、过度开发等问题，要明确集体的监督责任，及时有效防范非承包合同约定行为，制止对土地的浪费或破坏现象，必要时可根据法律授权收回承包地。

合理识别和确定集体组织成员构成标准及范围。新修订的《农村土地承包法》特别规定了进城落户农民和出嫁女在一定条件下依然享有土地承包经营权，但随着集体组织成员流动性增强，人员变动频繁，这就需要确定的普适性标准精确识别集体组织成员构成。这不仅有益于固定人员范围，防止他人钻漏洞而窃取集体利益，也有益于保持集体行为的正当性，维护集体的合法地位。

（二）完善保障机制，畅通救济渠道

农户将经营权流转出去后其权益保障存在风险，对于农户利益的保护需要提升其自身权利意识，畅通救济渠道，完善利益保障机制。一方面，要在施行农地政策过程中落实农户的知情权、参与权、表达权、监督权。行政机关推动政策执行的基础是农户的配合，以强力手段违背正当程序只会适得其反，所以土地流转事项要贯彻民主决策原则，群众积极表达相关意见，政府汇聚民众心声。政策执行中，农户有权自主决定是否流转土地、流转给谁等问题，充分保障农户流转土地的自由，防止出现"一言堂"情况。同时，要健全农户的意见表达渠道，让其能够对乱作为、不作为等现象进行监督检举。另一方面，要畅通经营者违约后对农户的救济途径，牢筑保护屏障。新型农业主体在获得流转土地经营权之前可借鉴债权相关理论，预先以一定资金或者具有财产性利益的物品作为抵押，以此作为市场准入资格的条件之一，从而确保经营者违约"跑路"时依然留有资产给付农户租金。另外，也可建立收益保险机制，利用现代保险制度分散不确定风险，降低农户损失程度。对经营者严重危害农民利益的违法犯罪行为，要加大打击惩治力度，必要时可采取惩罚性赔偿措施以规避违约风险，维护农户的合法权益。

（三）加快制度建设，健全经营环境

规范性法律建设是纠偏经营乱象、塑造市场信心的基础性工程，宏观上规制着市场活动，并且商业资本利用土地生产进行资本再积累的利益保障依赖于法律赋权和稳定，放活经营权目标的实现需要健全的经营环境，以支撑多种创新性经营方式的顺利开展。

经营者经营的土地来源于农户或集体流转，而农户有权流转承包地需要合法享有土地承包经营权，而目前这一法律范畴内的权利定义并未完全达成，土地确权工作尚存完善空间，影响到土地流转后的法制保障。因而，要加快土地确权登记工作，明确各项权利归属，确保流转手续以合同固定、经营权以登记确认，夯实前提性法律基础，让农户和经营者放心开展活动。

经营手段创新表征放活经营权的改革导向，同时催生建立与经营权抵押相配套的制度需求，使得监管与服务贯穿经营全过程。首先，要有专业的评估机构根据规范科学的评估指标，提供土地经营权抵押评估服务。经营权市场化交易要求公平守信，而信息不对称往往会导致合作冲突，这就需要第三方评估机构基于中性立场理性衡量经营权价值，让交易双方支付合理对价。其次，要建立经营权抵押风险预防及解决机制，构建完善的农业保险体系。土地经营权金融化趋势一方面有助于经营者拓宽融资渠道，培育市场竞争力；另一方面也会增加流动性风险，造成市场非正常波动。因而需要将经营权抵押纳入监管范围，强化市场准入及退出机制作用效力，做好事前把关、事中监督、事后处理反应流程全要素工作，正确化解风险。另外，为降低经营者遭遇灾害时的损失，综合构建农业保险政策"篮子"，根据农业生产领域特点适当倾斜政策，简化投保、评估、赔付等流程，健全宽领域、深层次、立体化的保险体系。

（四）明确政府职能，突出服务导向

农地"三权分置"改革中，政策执行的艺术性深刻影响着政策产出，政府角色错位势必会给正常生产秩序带来紊乱。如何塑造政府政策实践规范，使其角色轨道得以正确调试，是农地改革进程中不可或缺的关注点之一。目前来看，政府的任务已不仅集中于宏观上的市场调控，现代农业发展模式越来越要求政府提供能够满足需求的公共产品，为农业服务奠基，保持实然角色与应然角色的一致性。

一是政府要理顺管理者与服务者的角色关系，在管理的基础上更好地发

挥服务功能。由于存在市场失灵缺陷，政府不可避免地要履行调控职能来促进农地市场稳定，这既包含制度上的顶层设计，也有基层实践上的监督管理。而在农村土地市场公共服务体系建设方面，就需要强调政府的服务职能来供给公共产品，发挥政府提供基础设施建设、法律普及、技术推广等方面的地位优势，提升公共服务水平，满足农地市场经营需求。

二是政府要构建乡村可持续发展格局。尽管农民进城趋势日益增强，但固守于农村的农户将土地流转后如未有新的收入渠道，仅靠租金收入往往很难满足追求更高生活质量的目标，同时狭窄的农村产业发展路径也会影响乡村振兴目标的实现。这就需要政府因地制宜、因地施策，积极培育农村产业发展模式，促进农民再就业、推进产业发展可持续。

三是政府要发挥农业产业布局的引导作用。我国土地生产碎片化、产业竞争力低的现状严重制约了农业产业现代化，而政府的政策扶持能引导产业合理布局，增强产业区位竞争力，这对农地经营现代化的实现至关重要。政府可利用产业补贴、税收优惠、政府购买等工具，引导经营理念转变，促进土地资源的合理开发，发展具有高价值的新型农业产品。

（五）推动社会共治，构建监控体系

虽然国家制定了规范农地"三权分置"改革的意见及相关法规，但在实践中依然会发生经营者为追求更大的利益而改变土地用途或过度开发土地的现象，严重影响耕地和粮食供给安全。这就需要社会形成合力，增强责任意识，共同加强对农地开发利用的监管，维护农业发展可持续。

一是强化对新型经营主体的农业生产经营资质审核，提升源头监管效度。细化新进入农地市场主体资格要求，评估经营性质状况，严格按照细则落实主体市场准入机制，确保经营者依法使用土地。二是多渠道、不定时监管流转土地经营情况。充分动员社会力量参与农地安全保护的监督治理，建立政府与群众相结合的常态化、多元化监督体系，形成政府领导、社会协同、公众参与的农地市场治理格局。构建动态随机检查机制，重点提升破坏环境、违法利用土地等违规行为的管控力度。三是在法律保障的基础上加大处罚力度，提高经营者违规行为成本，同时加紧复耕被破坏的土地，恢复土地生产功能。

参考文献

段禄峰：《"三权分置"背景下农民分化与城镇化耦合发展机制研究》，《城市发展研究》2018 年第 11 期。

付俊文、赵红：《利益相关者理论综述》，《首都经济贸易大学学报》2006 年第 2 期。

黄祖辉、王朋：《农村土地流转：现状、问题及对策——兼论土地流转对现代农业发展的影响》，《浙江大学学报》（人文社会科学版）2008 年第 2 期。

贾生华、陈宏辉：《利益相关者的界定方法述评》，《外国经济与管理》2002 年第 5 期。

蒋满元：《农村土地流转的障碍因素及其解决途径探析》，《农村经济》2007 年第 3 期。

李光德：《农地"三权分置"制度演进与变迁优化》，《江汉论坛》2018 年第 11 期。

李国强：《论农地流转中"三权分置"的法律关系》，《法律科学》（西北政法大学学报）2015 年第 6 期。

李伟伟：《"三权分置"中土地经营权的性质及权能》，《中国党政干部论坛》2016 年第 5 期。

李瑛、康德颜、齐二石：《政策评估的利益相关者模式及其应用研究》，《科研管理》2006 年第 2 期。

林曦：《弗里曼利益相关者理论评述》，《商业研究》2010 年第 8 期。

吕军书、贾威：《"三权分置"制度下农村土地流转失约风险的防范机制研究》，《理论与改革》2017 年第 6 期。

潘俊：《农村土地"三权分置"：权利内容与风险防范》，《中州学刊》2014 年第 11 期。

潘小英：《"三权分置"后的农民权益保护》，《中共郑州市委党校学报》2015 年第 2 期。

钱忠好：《中国农村土地承包经营权的产权残缺与重建研究》，《江苏社会科学》2002 年第 2 期。

王利明、周友军：《论我国农村土地权利制度的完善》，《中国法学》2012 年第 1 期。

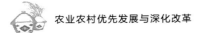

肖鹏：《农村土地"三权分置"下的土地承包权初探》，《中国农业大学学报》（社会科学版）2017 年第 1 期。

杨青贵：《农村土地"三权分置"对集体所有权制度的冲击与调适》，《求实》2017 年第 4 期。

杨瑞龙、周业安：《企业利益相关者理论及其应用》，经济科学出版社，2000。

杨玉珍：《农村三权分置政策执行偏差的成因及其矫正》，《农业经济问题》2017 年第 6 期。

姚洋：《土地、制度和农业发展》，北京大学出版社，2004。

姚洋：《中国农地制度：一个分析框架》，《中国社会科学》2000 年第 2 期。

张广辉、方达：《农村土地"三权分置"与新型农业经营主体培育》，《经济学家》2018 年第 2 期。

张红宇：《农地改革：从"两权分离"到"三权分置"》，《中国经济报告》2018 年第 12 期。

周其仁：《产权与制度变迁：中国改革的经验研究》，北京大学出版社，2004。

周天勇：《土地制度的供求冲突与其改革的框架性安排》，《管理世界》2003 年第 10 期。

祝天智：《农地三权分置改革的政治学分析》，《学术界》2017 年第 8 期。

Besley, Timothy, "Property Rights and Investment Incentives and Evidence from China," *The Journal of Political Economy* 5 （1995）.

Carter, M., D. F. Letchner, and P. O. Linto, "Does Land Titling Activate a Productivity Promoting Land Market? Econometric Evidence from Rural Paraguay," Mimeo, Department of Agricultural and Applied Economics, University of Wisconsin-Madison, 1995.

Frooman, Jeff, "Stakeholder Influence Strategies," *Academy of Management Review* 2 （1999）.

三 农村区域发展

"十四五"时期黑龙江省现代农业产业体系建设路径与对策

董伟俊[*]

摘　要： 黑龙江省现代农业产业体系建设存在农业结构性矛盾突出、产业技术创新不足、社会化服务能力不强、产业融合发展水平较低、农业生态环境约束趋紧等问题。"十四五"时期，黑龙江省应采取结构优化、链条延伸、功能拓展、产业融合等多维立体建设路径，通过加强顶层设计与制度创新、培育多元化主体、推进要素质量变革、全面深化农村改革、夯实资源生态基础，加快建立与农业大省相适应的现代农业产业体系。

关键词： 现代农业　产业体系　黑龙江省

2016年5月，习近平总书记在黑龙江考察调研时指出，要统筹抓好现代农业产业体系、生产体系、经营体系建设。2017年10月，党的十九大报告提出乡村振兴战略，并再次强调"构建现代农业产业体系、生产体系、经营体系"。在"三大体系"中，现代农业产业体系是核心。现代农业产业体系是以现代农业经营理念为指导，基于现代生产要素投入、科学

---

　* 董伟俊，黑龙江省社会科学院（黑龙江省人民政府发展研究中心）院长、党委副书记，主要研究方向为宏观经济、区域经济、公共政策。

组织方式和高效市场运作，以纵向产业链延伸和横向多部门拓展为支撑架构的有机整体。①"十四五"时期，为实现农业大省向农业强省跨越，黑龙江省应着眼于"要素协同、结构合理、链条完整"的内在要求，在改革中着力加快推进现代农业产业体系建设，不断提高农业产业综合效益和整体竞争力，让农民更多分享产业增值收益，为农业可持续发展、乡村振兴注入新的动能。

一 黑龙江省现代农业产业体系建设存在的主要问题

近年来，黑龙江省现代农业产业体系建设取得明显进展，农产品供给能力不断增强，现代农业支撑体系不断提升，农业社会化服务体系不断完善，新型农业经营主体不断发展，农业成为推动全省经济发展的重要力量。但总体来看，黑龙江省现代农业产业体系建设仍存在着一些突出问题。

（一）农业结构性矛盾依然突出

从实际情况看，黑龙江省农业发展存在着比较明显的结构性失衡问题。一是生产结构矛盾突出。长期以来，黑龙江省农业生产结构一直是大路农产品、中低端农产品数量居多，专用、高端农产品比重过小，畜禽水产品占比长期偏低，不仅低于全国平均水平，与山东、江苏相比存在较大差距，养殖资源优势尚未发挥充分，农业生产结构不适应消费需求的变化。在第一产业内部，种植业比重一直过大。在种植业内部，玉米、水稻、大豆三大作物面积超过农作物总播种面积的90%，虽然近年来加大非优势产区籽粒玉米调减力度，但玉米种植面积仍有8000多万亩，玉米和大豆的轮作互补优势尚未形成，"米强豆弱"的格局还没有改变，蔬菜、食用菌、北药等高效特色作物的经济性没有充分显现，大宗蔬菜供应过剩与地产鲜菜季节性供应不足

---

① 曹慧、郭永田、刘景景、谭智心：《现代农业产业体系建设路径研究》，《华中农业大学学报》（社会科学版）2017 年第 2 期。

等矛盾并存。二是产业结构矛盾突出。黑龙江省农产品量大链短，种强销弱，农产品加工业发展不足，农产品流通效率不高，营销仍存在短板，特别是缺乏强势品牌。"原字号"比例偏大，初级加工能力过剩，精深加工能力及副产品深度利用能力不足，目前黑龙江省农产品加工产值与农业总产值之比为0.92：1，远低于全国2.2：1的水平，排在全国第24位。[①] 2018年，全省新建亿元以上项目中，稻米加工、养殖屠宰、食用菌包装等初加工项目仍占46%以上，中药材就地加工转化率不足10%，高科技含量、高附加值的高端项目不多，资源综合效益低。三是品质结构矛盾突出。农产品同质化现象比较严重，缺乏区域性、特色化、品牌化、专用化农产品。玉米种植以籽粒玉米为主，专用化高淀粉类加工玉米、青贮玉米少；高端大米品牌比重小，产业整体竞争力不强；肉类优质、安全的特点与优势不突出；乳制品中高附加值的婴幼儿配方奶粉、酸奶、巴氏奶、高端液态奶的比例不足50%。

（二）农业产业技术创新不足

发展现代农业的核心是构建具有竞争力的产业体系，而科技创新是现代农业产业持续发展的动力。近些年，黑龙江省农业发展较快，但农业科技自主创新能力、协同创新水平偏低，成果转化应用速度不高，产业链条短、精深加工能力弱、科技含量偏低，高附加值产品相对较少的问题依然突出。一是科技创新体系不完善。"产、学、研、用"对接不紧密，相关科技供给与现实需求存在结构性矛盾，科技成果缺少针对性；科研机构条块分割、力量分散，缺少联合协作与科研攻关。二是关键性技术研究应用不足。在农业品种选育、生产、加工、流通等过程中，一些关键领域和技术，如生物农药、生物肥、高抗农产品品种、防腐保鲜技术、环保包装技术、产品快速检验技术等研究和应用不足，制约现代农业发展。三是涉农企业研发人才缺乏。大部分涉农企业技术力量较弱，专业研发人才匮乏，科技创新意识不强，研发

---

① 赵勤、车丽娟：《以品牌农业引领农业高质量发展》，《黑龙江日报》2018年9月19日。

实力居于全国中游水平，且与科研机构缺少合作，一定程度上阻碍农业产业技术创新。

（三）农业社会化服务能力不强

农业社会化服务是提高农业产出效率、推动现代农业发展的重要手段。当前，黑龙江省农业社会化服务领域不宽，服务功能不强，服务内容与需求存在脱节，较大程度上制约了现代农业产业体系的构建。一是服务主体发育不足。公益性服务组织主动适应需求开展服务的导向机制尚不完善，存在服务供给与服务需求相脱节的情况；新型农业经营主体发育不充分，存在发展不平衡、经营规模小、服务层次低、规范化程度不高等问题；专业化服务企业自身发展不成熟，管理方式和运作机制不完善。二是科技推广体系不健全。省内多家国家级、省级科研平台资源较分散，资源共享程度不高、开放程度不够；涉农企业科技自主创新能力不强，产学研衔接不够紧密，存在结构性矛盾；农业科技运行效率不高，农业科技服务模式有待创新，基层农技推广人员严重不足，人才队伍老龄化，服务比较单一，手段相对落后。三是农村金融服务创新不足。2015～2017年，黑龙江省农村涉农贷款利率水平分别为6.68%、6.18%、6.24%，比全国平均水平分别高出1.04个、0.52个和0.5个百分点；农民可用于融资抵押的有效资产少，且抵押物的确权、登记、评估、流转体系不完善；政策性农业保险覆盖面不宽，品种较少，保障水平不高，三大粮食作物承保覆盖率不足一半，森林保险覆盖率20.2%，养殖业奶牛、猪保险覆盖率仅为10%左右；农业特殊金融特征没有显现，期货交易、产权抵押、融资租赁等金融手段运用不够。四是信息化服务能力不强。信息化基础设施建设较落后，农业大数据平台大部分示范应用还处于开发调试阶段，数据采集还需进一步规范和整合；省级物联网应用平台仍以政府投入为主，存在统筹规划不周、设备维护不足、数据深度应用不够等问题；农业信息服务专家和服务人员不足，互联网、物联网等信息技术在农业生产流通中的应用相对缓慢，信息化对现代农业的引领支撑作用尚未充分显现。

（四）产业融合发展水平较低

农业产业融合发展是农业产业化的高级形态，与农业产业化相比，其业态创新更加活跃，产业边界更加模糊，利益联结程度更加紧密。当前，黑龙江省农业与二、三产业融合还处于初级发展阶段。一是产业融合程度较低、层次较浅。从农业产业纵向融合来看，农业产业化经营水平不高，产业链条不长，主要农产品加工综合转化率为53%，加工产品种类比较单一，高科技含量、高附加值的精深加工开发能力仍有待提高。特别是没有真正建立起同生共赢的利益联结机制，产业链中间环节多，且各环节结合不紧密，交易成本大，农业产业集群协同效应不强，易发生机会主义行为。从农业产业横向融合来看，受到体制、资金、技术、人才等方面的制约，农业产业横向融合仍处于初级阶段。二是基础设施和公共服务滞后。农业产业融合发展，需要互联互通的基础设施和便捷高效的公共服务。但黑龙江省大部分农村地区道路、网络通信、仓储物流等基础设施建设仍然比较落后，农业农村公共服务和保障水平不高，相关服务产业发展明显滞后，导致城乡之间、乡村之间互联互通水平偏低，对农业与二、三产业融合发展造成了一定影响。

（五）农业生态环境约束趋紧

随着粮食等农产品供给数量的不断增加，黑龙江省促进农业生产的各生产要素边际效应递减，农业资源和生态环境承载压力不断加大。一是黑土地保护难度加大。多年来，大规模农业开垦与不合理的耕作方式使黑龙江省宝贵的寒地黑土长期处于超负荷利用状态，加上重用轻养，黑土地"量减质退"问题日益突出。尽管通过实施黑土地保护重点工程，土壤有机质下降的速度放缓，黑土退化流失的趋势在局部地区得到延缓，但整体退化局面并未从根本上得到扭转。此外，黑龙江省是全国水土流失比较严重、治理需求较为迫切的省份之一，水土流失面积高达8.19万平方公里,① 列全国第七位。二是农业水资源紧缺日益突出。黑龙江省水资源总量不足全国的3%，农业用水量却占全国的7%，流域性水利控制工程不多，利用地表水灌溉农田的能力不强，一些主产区地下水超采严重，地下水位下降明显。水资源管理基础相对薄弱，农业用水计量率较低、计量精准度较差，地下水监测井密度和专用监测井比例较低，水资源监控能力建设滞后。三是农业面源污染趋于加重。虽然黑龙江省农业生态环境良好，农业"三减"面积逐年增加，但农村农业外源性污染和内源性污染不断叠加，农业面源污染加剧趋势并未得到有效遏制。随着城乡一体化、农业产业化进程的不断推进，工业企业向农村扩散，城市污染向农村转移，导致农产品产地环境质量下降，生态环境污染呈现从城郊蔓延到农村的特点。农民生活垃圾无害化处理滞后，对于畜禽粪污、农药包装、废旧农膜、废弃菌糠、秸秆等农业废弃物无害化处理和资源化利用水平不高，加大了农业面源污染风险。

二 "十四五"时期黑龙江省现代农业产业体系建设的路径选择

在实施乡村振兴战略大背景下，黑龙江省应立足省情，遵循市场经济规律和产业发展规律，采取多维立体式的构建路径，通过结构优化、链条延伸、功能拓展、产业融合等方式，逐步建立起与农业大省相适应的现代农业产业体系。②

（一）横向上优化生产结构和区域布局

构建现代农业产业体系，需要以农业供给侧结构性改革为主线，优化农业生产结构和区域布局。一是优化农业生产结构。针对黑龙江省农业结构性

---

① 黑龙江省水利厅、黑龙江省统计局：《黑龙江省第一次水利普查公报》，《水利天地》2013年第5期。

② 曹慧、郭永田、刘景景、谭智心：《现代农业产业体系建设路径研究》，《华中农业大学学报》（社会科学版）2017年第2期。

失衡问题，应充分考量农业资源、生态环境、生产习惯、市场需求、区位条件等因素，在保证粮食产能前提下，加快调整种植业结构，重点提高水稻、大豆竞争力，扩大高效高值经济作物和饲草作物种植面积；依托黄金奶牛带、玉米带优势，大力发展现代畜牧业。① 调整农产品品种结构，扩大高品质农产品和特色农产品供给，形成更有效率、更有效益、更可持续的供给体系。二是促进区域合理布局。综合考虑各地资源条件、发展基础，因地制宜构建区域化、差异化、规模化的农业区域发展新格局，重点打造水稻、玉米、大豆、马铃薯、杂粮杂豆、畜产品优势产区，在山区、半山区建设林业经济优势产区；扩大适应高寒地区的地产名贵鱼类养殖规模。② 此外，在边境地区重点建设沿边农业开发合作带。

（二）纵向上推动农业产业链条延伸

构建现代农业产业体系，需要从全产业链视角探寻发展路径。重点依托农业产业化组织，以农业生产为中心，通过向前延伸、向后延伸以及增加中间环节等方法拓深延展产业链条。③ 向前延伸一般要使产业链深入基础产业环节和技术研发环节，向后延伸一般要使产业链进入市场拓展环节，将农资供应、农业生产、农产品加工、市场流通有机地连接起来，形成上下游各环节紧密衔接、各主体共同参与现代农业产业运行的完整产业链。④ 产业链的延伸，既要注重实现主链的有序集中，以有实力的行业龙头企业为主进行一体化经营，打通产业链各个环节，实现农工商、产加销的有机结合，疏通信息和价格传导机制，改变产业链各环节分散无序的现状；又要充分发展薄弱的次链，打破小农生产模式，将次级链条中诸如农资采购、生产种植、收割

---

① 赵勤：《新中国成立70年黑龙江省农业发展回顾与思考》，《黑龙江社会科学》2019年第4期。
② 赵勤：《着眼农业提质增效 厚植发展新优势》，《黑龙江日报》2017年6月6日。
③ 赵勤：《新中国成立70年黑龙江省农业发展回顾与思考》，《黑龙江社会科学》2019年第4期。
④ 曹慧、郭永田、刘景景、谭智心：《现代农业产业体系建设路径研究》，《华中农业大学学报》（社会科学版）2017年第2期。

运输等各环节充分细化，将不擅长、不经济的功能分离出来，交由专门的社会化组织来承担，提高全产业链整体效率。

（三）空间上力促农业与二、三产业融合

构建现代农业产业体系，需要充分挖掘拓展农业多功能，在空间上着力推进农业与二、三产业相互渗透、深度融合，打造终端型、智慧型、循环型、体验型、休闲型农业新模式，支持有条件的乡村联手打造农业产业化联合体、农产品加工集群、田园综合体，培育、打造和创建一批省级农业产业融合发展先导区。① 一是加强农业与二产融合。依托丰富的农产品资源，以农副产品特别是绿色食品产业化建设为核心，大力推进农产品产地加工、精深加工和副产品利用协调发展，加快农副产品加工向精细化、高端化延伸。② 二是加强农业与三产融合。推进农业与信息产业深度融合，积极发展智慧型农业、电子商务、农商直供、冷链物流等新业态和新模式；推进农业与文化、教育、旅游、康养等产业深度融合，大力发展生态休闲农业、乡村旅游、森林康养、创意农业等新产业和新业态。

三 "十四五"时期黑龙江省现代农业产业体系建设的对策建议

"十四五"时期，推进黑龙江省现代农业产业体系建设，必须从我国经济由高速增长阶段向高质量发展阶段转变的国情出发，坚持解放和发展生产力，坚持改革和完善生产关系，既要靠自力更生，也要靠国家支持；既要靠改革释放潜能，也要靠扩大工商资本介入；既要靠扩大产业规模，也要靠提高科技贡献率，加快形成支撑有力、保障有效的现代农业产业体系。

---

① 赵勤：《新中国成立 70 年黑龙江省农业发展回顾与思考》，《黑龙江社会科学》2019 年第 4 期。
② 赵勤：《着眼农业提质增效　厚植发展新优势》，《黑龙江日报》2017 年 6 月 6 日。

（一）加强顶层设计与制度创新，完善政策支持体系

一是编制相关建设规划。从全省范围来说，应根据国家相关政策和自身优势，结合农业资源分布、区域布局、产业基础，加强统筹谋划，做好总体设计，结合农业强省等相关规划，研究编制现代农业产业体系建设总体规划及行动计划，明确建设思路、战略目标、发展重点、具体行动方案，合理配置资源，统一指导，协调推进。各地市要结合本地实际和比较优势，明确发展方向，做好对接，加强区域间分工协作，做好相关服务。二是建立协调推进机制。为提高管理效率，建议建立现代农业产业体系建设联席会议制度，由省政府办公厅牵头，省农业农村厅、省发改委、省工信厅、省财政厅、省科技厅、省商务厅、省贸促会、省交通厅、省质监局、省国土资源厅、北大荒集团、哈尔滨铁路局、哈尔滨海关、农发行等相关部门共同参与，吸收相关协会、科研机构参加。要积极整合相关单位资源和力量，努力增强现代农业产业体系建设的协同能力，解决可能出现的多头管理、监管缺位、重复管理现象，从宏观上规范、引导现代农业产业新体系建设。三是完善政策支持体系。建议国家针对黑龙江等粮食主产省现代农业发展情况制定差异化补贴政策，建议减少或取消部分项目的地方配套资金要求，增加对小麦、杂粮杂豆等轮作作物的补贴，对粮食精深加工等重点产业项目给予税费减免优惠政策；在严格保护耕地的前提下，优先安排、审批产后流通、加工配套、产业融合等重点项目用地；搭建现代农业产业公共服务平台，围绕现代农业需求，最大限度地盘活现有资源要素，大力提升全环节、全链条服务水平，降低农业综合成本，提升农业综合效益。

（二）培育多元化主体，创新产业组织体系

现代农业产业体系建设，需要充分发挥建设主体的主动性和创造性。为此，亟须培育多元化主体，创新产业组织体系。一是打造产业链领军企业。鼓励一批在经济规模、科技含量和社会影响力方面具有领先优势的企业突出主业，大力发展农产品精深加工、流通服务、电子商务和社会化服务等，建

设标准化和规模化的原料生产基地，推进产业化经营，增进融合，带动产业链前延后伸，挖掘各环节潜力，创新多种业态，拓展产业链增值空间，增强核心竞争能力和辐射带动能力，带动农户和农民合作社发展适度规模经营，发挥其在现代农业产业体系建设中的领军作用。二是组建产业组织联盟。以大型核心企业、合作联社为龙头，以中小企业、合作社、家庭农场、专业大户为基础，组建集农业生产、加工和服务于一体的新型产业组织联盟，通过资源整合、流程再造、资本运作等方式搭建服务平台，促进要素集聚、服务集约，实现多层次的战略合作与优势互补，扩大农业规模经营，延伸农业产业链条，降低农业产业风险。三是推进产业集群发展。依托现代农业示范区、农业产业化示范基地、农产品加工产业园区、农产品专业市场，按照空间集聚、业态集群的要求，完善相关配套服务，补齐、连通、延伸产业链条，促进产业融合，节约交易成本，培育壮大一批农业生产、加工、流通、科技集群。

（三）推进要素质量变革，激发高级要素活力

除了传统生产要素外，现代农业产业体系建设更加注重对科技、人才等高级生产要素的集约投入和深度开发，形成新的要素组合，促进全要素生产率和农业综合素质的稳步提升。[①] 一是充分发挥农业科技引领作用。破除体制机制障碍，整合省内外农业科技创新和推广服务资源，加强科技协作与联合攻关，不断完善农业科技创新体系、产业技术体系和科技推广服务体系，促进科技成果转化，切实提高现代农业与科技创新的深度融合，切实提高农业产业链与科技创新链的一体化程度。二是充分发挥人才支撑作用。要创造更多条件、更好环境，让各类人才有用武之地，不断激发其潜能和创造力，释放现代农业产业发展的人才红利。重点加强对新型经营主体带头人、农业科技人才等现有人才的培训，利用高等职业教育资源，开展省级"三农"人才定向培养计划，实施新型职业农民、乡村科技人才、乡土人才培育示范

---

① 张红宇：《农业强起来需要体系支撑》，《人民日报》2017年12月26日。

工程，激发"存量"人才潜能；优化人才发展环境，建立有效激励机制和制定人才柔性引进管理办法，实施高层次农业人才引进计划，开展返乡创业就业推进行动，实施高校毕业生乡村成长计划，引导各类人才向农业农村集聚，发挥"增量"人才作用。[①]

（四）全面深化农村改革，有效释放发展潜力

建设现代农业产业体系，需要通过全面深化农村改革来理顺农业生产关系，释放农业发展潜力。一是深化承包地"三权分置"改革。落实第二轮土地承包到期后再延长 30 年政策，完善农村承包地"三权分置"制度，创新农地流转模式，健全农地流转制度，强化规模经营管理服务，鼓励规范经营权入股从事农业产业化经营、担保融资；健全农地风险防范机制，加强对工商资本租赁农地上限控制。[②] 二是推进农村集体产权制度改革。加快农村宅基地"三权分置"改革，适度放活宅基地和农民房屋使用权，探索农村集体组织以出租、合作等方式盘活利用闲置农房及宅基地，[③] 发展农村新产业和新业态，开展农村集体经营性建设用地入市试点。三是加快农村金融改革。积极开展农村金融综合性改革试点，健全金融网点，完善相关配套制度，"加快构建多层次、广覆盖、可持续的农村金融服务体系"；将新型农业经营主体厂房、设施等固定资产列入农村金融抵押物名录，提升农村金融服务的可及性；充分发挥财政资金撬动作用，鼓励引导工商资本、社会资本参与现代农业产业体系建设；探索适合黑龙江农业特点的政策性险种，开发多元化农业保险产品，扩大保险覆盖面，提高保险保障水平；完善农业保险制度，建立多层次的农业大灾风险防范与分散机制，推进大灾保险试点。

---

① 赵勤：《新中国成立 70 年黑龙江省农业发展回顾与思考》，《黑龙江社会科学》2019 年第 4 期。
② 赵勤：《着眼农业提质增效　厚植发展新优势》，《黑龙江日报》2017 年 6 月 6 日。
③ 赵勤：《新中国成立 70 年黑龙江省农业发展回顾与思考》，《黑龙江社会科学》2019 年第 4 期。

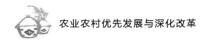
（五）夯实资源生态基础，增强持续发展能力

坚持绿色发展理念，围绕山水林田湖草等资源，推动用养结合，抓好资源监管，健全补偿机制，实现农业资源的科学合理开发利用。[①] 一是加强水土资源保护与修复。严格保护黑土地，建立数量、质量、生态"三位一体"的耕地保护机制，探索适合寒地黑土区的轮作休耕模式、秸秆还田技术模式，提升土壤有机质，加强水土流失防治；大力推广应用高效节水技术，严格控制农业用水总量，大力治理地下水超采，通过合理实施区域调水工程、地表水供水工程减少地下水超采量。二是全面推进农业清洁生产。继续深入落实"农业三减"工作，大力推广测土配方施肥、水肥一体化、有机肥替代、绿色防控等技术应用，确定适宜的耕作强度和农业投入品施用标准；结合"南猪北移"等畜禽养殖格局改变，扩大规模化畜禽养殖，构建生态循环农业体系，探索推广粪污资源化利用模式；加强废旧农膜、农药化肥包装物等农业废弃物回收和病死畜禽无害化集中处理。三是完善农业生态补偿机制。选择部分粮食主产县开展生态补偿试点，启动绿色生产补偿，对采用环境友好型生产方式的农业生产者给予生态补贴，对粮食轮作等给予耕地转型补贴；积极争取国家加大对粮食主产区的生态环境保护利益补偿，加强对主产区内农业生态环境治理。

参考文献

吴海宝：《坚持双轮驱动：农业供给侧结构性改革应再发力》，《黑龙江社会科学》2018年1期。

李腾飞、周鹏飞、汪超：《美国现代农业产业体系的发展趋势及其政策启示》，《世界农业》2018年第7期。

曹慧、郭永田、刘景景、谭智心：《现代农业产业体系建设路径研究》，《华中农业

---

① 赵勤：《着眼农业提质增效　厚植发展新优势》，《黑龙江日报》2017年6月6日。

大学学报》（社会科学版）2017 年第 2 期。

万俊毅、曾丽军、周文良：《乡村振兴与现代农业产业发展的理论与实践探索——"乡村振兴与现代农业产业体系构建"学术研讨会综述》，《中国农村经济》2018 年第 3 期。

张克俊、张娜敏、伍红玮：《现代农业产业技术体系建设的制度创新特征、问题及对策建议》，《农村经济》2014 年第 11 期。

赵勤：《新中国成立 70 年黑龙江省农业发展回顾与思考》，《黑龙江社会科学》2019 年第 4 期。

新时代推进江西省农业农村现代化的思考[*]

龚建文[**]

摘　要： 在新时代迈向现代化的征途中，江西省有基础、有条件率进在农业农村现代化道路上进行探索，展现新担当、新作为。为补齐农业农村现代化的短板，建议把江西省打造成为新一轮农村改革先锋、农业高质量发展高地、乡村治理现代化样板、农民现代化示范，以期为欠发达地区提供可复制、可推广的经验样本。

关键词： 农业农村现代化　"三权分置"　乡村治理　江西省

2016 年 2 月，习近平总书记视察江西时，提出"四个坚持"重要要求，强调要坚持做好农业农村农民工作。2019 年 5 月，习近平总书记再次视察江西，对江西工作提出了"做示范、勇争先"的目标定位和"五个推进"的更高要求，强调要"推进农业农村现代化"。习近平总书记时隔三年两次强调农业农村工作，为新时代江西"三农"工作提供了根本遵循。本文在深入调研基础上，提出江西推进农业农村现代化的几点思考，以期为欠发达地区提供可复制、可推广的经验样本。

---

[*] 本文系国家社科基金一般项目"我国农业农村优先发展的体制机制与政策体系研究"（19BJY128）的阶段性成果。

[**] 龚建文，江西省委宣传部副部长、研究员，主要研究方向为农业农村发展。

一　江西省农业农村发展的基础与优势

作为革命老区，江西省为建立新中国做出了卓越贡献。作为全国粮食主产区，江西省为国家粮食安全和人民生活稳定做出了巨大贡献。在新时代迈向现代化的征途中，江西省有基础、有条件率先在农业农村现代化道路上进行探索，肩负新使命，展现新担当，敢有新作为。

（一）农业综合生产能力稳步提升

一是主要农产品供给能力不断提升。江西省农业在全国具有得天独厚的优势和非常重要的地位，以占全国 2.3% 的耕地和 3.3% 的人口，生产了全国 3.6% 的粮食，是新中国成立以来从未间断输出商品粮的省份之一，粮食产量居全国第 12 位，柑橘产量居全国第 3 位，水产品产量居全国第 9 位，肉类产量居全国第 12 位，供沪生猪居全国第 1 位，供港叶类蔬菜居全国第 2 位，是粤港澳大湾区、长三角、闽三角等沿海发达地区农产品重要供应基地。二是高标准农田加快建设。江西创新性地提出了"三变、三创、八结合"的高标准农田建设经验做法并向全国推介。2018 年新建高标准农田 294.5 万亩，累计建成高标准农田 1961.5 万亩，占全省耕地面积的比重达 44.6%，居全国前列，有效提升了粮食综合产能；建成设施农业面积 94 万亩，设施大棚面积 32 万亩。三是农业科技化水平不断提高。在全国首创基层农技推广体系改革"综合建站"模式，被农业部（现农业农村部）列为向全国推广的六大模式之一。建成现代农业产业技术体系 20 个，实现优势特色产业全覆盖，农业科技贡献率、主要农作物综合机械化率、水稻耕种收机械化率分别是 59.02%、72.8%、77.7%，均超全国平均水平。

（二）农业农村改革不断深入

江西省是全国农业农村改革策源地之一。2015 年以来，整省推进农村集体土地确权登记颁证工作，创造了"江西确权七步工作法"；农村土地"三权分置"稳步推进，建成 11 个市级、102 个县级和 1454 个乡级流转服务中心，基本实现"全覆盖、互联互通"，农地流转率 45.7%，比上年提升 5.2 个百分点；探索形成了农村宅基地改革、土地承包权退出的改革试点"余江模式"。

（三）绿色生态优势不断凸显

赣南"猪沼果"生态农业模式在全国推广，新余市罗坊镇建立 N2N 区域生态循环农业模式等一批试点示范，打造升级版"猪沼果"生态循环农业模式，"全国绿色有机农产品示范基地试点省"金字招牌越擦越亮、越叫越响。产地持续转绿，化肥、农药使用量连续三年保持负增长，畜禽粪污综合利用率 77%，规模场粪污处理利用设施配套率 83.4%，建成 27 个病死畜禽无害化集中处理场。质量持续向优，截至 2018 年底，累计制定颁布农业地方标准 464 项，占全省地方标准总数的 67%；发展"三品一标"农产品 5335 个，新增 623 个，创建"省级绿色有机农产品示范县"25 个，"扫码入市"农产品 1881 个，主要农产品监测合格率 98.5%。品牌持续唱响，婺源绿茶、崇仁麻鸡成功入选"中国特色农产品优势区"，赣南脐橙、庐山云雾茶等区域品牌强势挺进"2018 中国品牌价值百强榜"行列，"生态鄱阳湖、绿色农产品"品牌影响力日益显现。

（四）农村治理能力不断提升

农村人居环境有效改善，全面实施农村人居环境整治三年行动计划，农村生活垃圾"第三方治理"逐步推行，43 个县（市、区）实现农村生活垃圾"全域一体化"第三方治理，农村生活垃圾无害化处理率达到 99%；农村生活污水治理梯次推进，2000 余个村组建设了生活污水处理设施；农村厕所革命深入开展，578.72 万户农户用上水冲式卫生厕所，占农户总数的 73.5%。江西省非常重视乡村治理，探索出了一系列乡村治理模式。上饶好客王家通过"基层党组织＋村规民约"引领乡风文明，赣州大力推进乡风文明行动引领文明新风尚，不推山不砍树不填塘推进乡村自然生态治理，打造"生命共同体"。

（五）农村居民收入不断提高

脱贫攻坚成效显著，农村贫困人口从 2012 年末的 385 万人减少至 2018 年末的 50.9 万人，累计减少 334.1 万人，贫困发生率为 1.38%。井冈山在全国率先脱贫，已有 18 个县脱贫摘帽。2018 年江西省农村居民人均可支配收入为 14460 元，增长 9.2%，与城镇居民收入同步增长。

二 江西省农业农村发展的短板与差距

江西省虽然创新了一批改革经验，但与农业农村现代化相比，仍然存在突出短板与差距。

（一）农村产权制度改革较为滞后

虽然江西省出台了有关农村集体产权制度改革、农村承包地"三权分置"等意见，正在开展农村宅基地"三权分置"改革试点，但由于缺乏市场进入与退出机制，流动性和经营性均较差；全省土地经营权抵押贷款仍然停留在探索中，土地承包权有偿退出尚待破题，农村集体经营性土地入市、宅基地"三权分置"改革的具体操作细则、相关配套政策尚未细化出台，农村"三块地"几乎不具备发挥金融杠杆作用的资产属性，农民居民财产性收入增长缓慢，农村产权制度改革仍然较为滞后。

（二）优质农产品供给不足

在新消费兴起的新时代，不仅要提供优质农产品，更需要提供更多的生态产品、文化产品、康养产品、休闲产品。然而，一是江西省对于市场需求旺盛的特色作物、牛羊等优质农产品有效供给不足。江西省城镇约 70% 的蔬菜需要从外省调入，优质稻种植面积仅占全省的 17.4%，畜牧业总产值仅占全省的 22%，在全国排第 16 位。在全国叫得响的品牌屈指可数，大多数农产品"有品无牌、有牌无名"。二是农产品精深加工不足，以粗加工为主。2018年江西省农产品加工业与农业总产值之比为2.2：1，与周边湖南省、湖北省的近2.5：1相差较大。三是一、二、三产业融合不够。江西省一二三产业融合发展仍然处于初级水平，2018年江西省休闲农业和乡村农业旅游的收入达931亿元，占全国的一成，但大多集中在观光、采摘、垂钓等，休闲农业、乡村旅游、农村电商等新产业、新业态、新模式成长不快。

（三）资源要素向农村配置能力偏弱

一是资金投入机制不健全。当前江西省财政涉农资金规模其实并不小，但分属部门众多，资金多头下达、零敲碎打、平均用力、"撒胡椒面"等问题仍然突出。同时，金融机构硬抵押、强担保的制度规定，与农村缺乏有效抵押物、担保成本太高的现实相背离，加之农村信用体系建设滞后，往往会陷入抵押物困境。农村金融产品创新不足，农业保险覆盖面小且其保险金额不能完全覆盖物化成本，作用有限，贷款难题仍然没有根本解决。二是科技创新水平偏低。2018年，江西省农业科技进步贡献率为59%，与周边的安徽省、山东省、福建省、江苏省等相比仍有一定差距；目前，江西省省级以上龙头企业中，建立研发机构的不足35%，创新能力不强，导致产品单一，缺乏各种衍生产品。三是乡村人才短板明显。江西省村"两委"带头人趋于"老龄化"，"头雁"式的致富带头人、电商人才、经营管理人才稀缺，基层农技人员出现断层，真正从事农技一线服务的不多，缺位现象普遍。

（四）村级集体经济薄弱

全省大多数村"统"的功能比较弱，集体资产资源被分光，缺乏可开发利用的资源和经营性资产，甚至负债，且大部分村缺乏懂经营、会管理的领头人，村级集体经济较为薄弱。截至2018年底，全省行政村（以下简称村）17356个，其中年经营收入5万元以上的村10615个，占61.2%，年经营收入5万元以下的村6741个，占38.8%，其中无经营收入的村2524个，占14.5%。

（五）新型农业市场主体活力不足

江西省农业经营主体梯队结构中龙头型的少、中型的缺、小微型的居多。截至 2018 年 11 月 29 日，江西省农业产业化国家重点龙头企业 36 家，在全国排第 16 位。虽然有正邦、双胞胎等 2 家超 100 亿元的大型企业集团，但是超 1 亿元企业、超 10 亿元企业分别只有 766 家、44 家；而同期湖南省超 1 亿元的 1300 多家、超 10 亿元的 60 多家；安徽省超 1 亿元的 2500 多家，超 10 亿元的近 100 家。

三 江西省农业农村现代化的发展定位和目标

以习近平新时代中国特色社会主义思想为指导，深入贯彻落实习近平总书记视察江西重要讲话精神，牢固树立新发展理念，按照高质量跨越式发展要求，把乡村振兴作为新时代"三农"工作的总抓手，坚持农业农村优先发展，建立健全城乡融合发展体制机制和政策体系，着力把江西省打造成为新一轮农村改革先锋、农业高质量发展高地、乡村治理现代化样板、农民现代化示范。

（一）发展定位

（1）新一轮农村改革先锋。创新性地探索农村承包土地、宅基地、集体经营性建设用地入市"三块地"改革经验，加快农村金融制度改革，统筹城乡资金、技术、人才、管理等要素双向流动机制，实现全方位制度性供给，为新一轮农村改革提供江西经验与模式。

（2）农业高质量发展高地。巩固粮食主产区地位，在保障国家粮食安全和重要农产品供给方面展现新担当、新作为。深化农业供给侧结构性改革，增加优质农产品生产供给，推进农村一、二、三产业融合发展，建立现代农业产业体系，打造全国农业高质量发展高地。

（3）乡村治理现代化样板。加强党对农村工作的全面领导，夯实基层党组织，振兴村集体经济，创新基础治理模式，增强村级组织公共服务功能，建立健全党委领导、政府负责、社会协同、公众参与、法治保障的现代乡村社会治理体系，探索乡村善治之路。

（4）农民现代化示范。持续推进农民增收，加强农民教育培训，提升农民素质，培育新型职业农民，大力支持返乡创新创业，推进农民消费升级，引导农村市场迈向中高端，为全国实现农民生产生活方式现代化创造江西经验。

（二）发展目标

按照乡村振兴战略的 20 字总要求，考虑农业农村现代化内涵，构建农业现代化、乡村治理现代化和农民现代化三个方面指标体系，并据此提出阶段性发展目标。

到 2020 年，全面打赢脱贫攻坚战，与全国同步全面建成小康社会，农业农村现代化迈出坚实步伐。

到 2022 年，农业农村现代化水平不断提升。农村生产、生活、生态空间布局进一步优化，现代农业产业体系、生产体系、经营体系基本建立，农业供给质量有效提升；农村居民人均可支配收入持续较快增长，农村基本公共服务能力不断增强，城乡融合发展体制机制初步建立，自治、法治、德治的乡村治理体系基本建立，农村人居环境得到较大改善。涉及的区域包括大城市郊区、集体经济实力强以及其他具备条件的乡村，率先实现农业农村现代化。

到 2035 年，农业农村现代化基本实现。农业结构得到根本性改善，相对贫困进一步缓解，共同富裕迈出坚实步伐；城乡居民生活水平差距显著缩小，基本公共服务均等化基本实现，城乡融合发展体制机制更加完善；乡村治理体系更加完善，生态宜居的美丽乡村基本建成。涉及的区域包括中小城市和小城镇周边以及广大平原、丘陵地区的大部分乡村，基本实现农业农村现代化。

到 2050 年，全面实现农业农村现代化，活力农业、美丽乡村、幸福农民全面实现。涉及的区域包括革命老区、民族地区、连片贫困地区的乡村，如期实现农业农村现代化。

四 推进江西省农业农村现代化的对策建议

贯彻落实习近平总书记对江西工作"做示范、勇争先"的目标定位和推进农业农村现代化的重要指示精神，江西省要勇于探索，向特色优势要竞争力，推进农业农村现代化。

（一）推进新一轮农村改革

坚持市场化改革方向，破除体制机制性障碍，突出土地制度和金融服务两大关键性领域改革，为全国探索新一轮农村改革提供江西经验与模式。一是推进农村"三块地"改革。开展土地承包权自愿有偿退出试点，通过土地入股、土地托管等流转方式，探索"合作农场"经营新模式；在全国率先出台江西省允许农村集体经营性建设用地入市的细则、办法，探索江西省农村宅基地"三权分置"具体操作细则，盘活农村存量建设用地；建设全国农村集体建设用地产权交易所，给予集体建设用地平等的市场要素地位。二是加快乡村金融改革创新。第一，加快涉农新型金融业态发展。推动各类涉农金融机构创设一批"三农"事业部、绿色支行、直销银行等专营服务机构。第二，构建"互联网＋"农村金融生态圈。以普惠金融改革试验为抓手，搭建集商品交易、金融支持、平台运营于一体的"普惠金融＋数字"互联互通平台，构建涉农经营主体信用体系，设立"普惠金融＋服务站＋村委会"基层服务网点，大力发展乡村数字普惠金融。第三，创新金融产品和服务方式。开展农村土地承包经营权、流转权、集体建设用地使用权的质押贷款；开发农业机具、农业知识产权等动产质押金融产品，创新订单、仓单质押等产业链、供应链金融服务新模式；探索开展农业大灾保险试点和"保险＋期货""订单农业＋保险＋期货（权）"试点，支持江西省特色农产品期货期权品种上市，推动金融产品和服务方式不断创新。第四，培养发展多层次涉农资本市场。推动地方法人金融机构发行"三农"专项金融债券、"绿色"信贷专项金融债券等；通过财政主导发起、金融资本参与、社会资本补充的方式，探索设立农业产业发展基金、创投基金，支持工商资本和社会资本投入"三农"。

（二）推进农业高质量发展

以质量求效益、求竞争力，推进农业高质量发展。一是树立大粮食安全观，构建粮食安全产业链。按照粮食供给侧结构性改革和全产业链建设的要求，大力实施优质粮食工程，推进粮食产业"产购储加销"一体化模式，建设现代粮食产业发展示范园区（基地），推动以大米、米粉和面粉为主原料的主食产业化，加快以稻米为主体的粮食精深加工业发展，实施"科技兴粮工程"和"人才兴粮工程"，建设粮食集散中心，推进"互联网＋粮食"行动，发展粮食产业观光、体验式消费等新业态，完善粮食产后服务体系，打造从田间到餐桌的全产业链条，打造千亿粮食产业经济，推动粮食产业迈上中高端水平，满足居民对粮食产品的多样化需求，让人民"吃得饱"更"吃得好"。二是打造全国重要的粮食生产核心区。坚持数量质量并重，深入实施藏粮于地、藏粮于技战略，建立种质资源平台，大力推进高标准农田建设，增加粮食供给，优化供给结构，提高粮食安全保障能力。三是建设全国优质农产品生产基地。深入推进农业供给侧改革，保障生猪、蔬菜、水果等重要农产品供应，突破核心技术，将5G、互联网、物联网等先进技术融入农业生产，支持5G智慧农业发展，在全国构建有影响有特色的农产品质量安全追溯体系，擦亮"全国绿色有机农产品示范基地试点省"金字招牌，扩大有明显供给优势、市场有旺盛需求、适销对路有竞争力的优质农产品尤其是绿色有机农产品生产。四是推进农村一、二、三产业融合发展试点。实施农产品加工业提升行动，培育农产品加工龙头企业，大力发展农副产品加工业；实施新型服务业开发行动，大力发展现代农业生产性服务业以及休闲旅游、健康养生、乡愁产业等乡村新型服务业，着力培育农村新业态；实施农产品营销"双出"行动，在全国率先建立农产品优化品种结构正面清单和负面清单制度，构建农产品品牌体系，建立健全品牌准入退出机制，推进优质农产品"出山"又"出海"。

（三）推进乡村治理现代化

乡村治理是国家治理的有机组成部分，乡村治理现代化关系到国家治理现代化的目标实现。一是加强党对农村工作的全面领导。加强村党组织对村民委员会及村务监督委员会、村集体经济组织、农民合作组织和其他经济社会组织的全面领导，成为组织群众、动员群众、引领群众的坚强战斗堡垒，巩固执政基础；实施村党组织带头人素质提升行动，健全村级重要事项、重大问题由村党组织研究讨论机制，完善村党组织领导乡村治理的体制机制，发挥党员在乡村治理中的先锋模范作用。二是振兴村集体经济。第一，创新农村集体资源资产增值机制。农田改造、"空心村"整治、旧村改造等土地综合整治的新增土地，确权到村集体；盘活村集体所有的企业场地、闲置房屋和校舍、公共服务设施设备、集体土地和水面等资产、资源，通过改建新建、统一发包、返租倒包、资产租赁、参股共营等形式加以开发利用，确保村集体资源资产增值。第二，探索村级集体经济发展新业态。因地制宜探索"集体+生产服务""集体+电商""集体+旅游""集体+养老""集体+物业"等模式，发展生产服务、电商、旅游、养老、物业等产业与集体经济发展的新型业态。第三，发展新型农村集体经济组织。以合资、入股、联营等方式，发展土地、成员、社会资本联合等股份制集体经济合作社，构建区域跨村集体经济联合体或混合制经济体；有条件的村集体经济组织异地建设产业聚集区或在产业园区与产业聚集区投资，打造一批新型村级集体经济发展示范村；创办农村集体经济投资开发公司，推进"支部+合作社+公司+农户""基地+品牌+市场"发展模式，带领小农户增收致富。三是创新基层治理新模式。发挥农民首创精神，探索在村党组织领导下的村民自治模式，创新乡村法治宣传和法治实践，创新综合运用村规民约、法律政策、道德舆论的治理方式，探索自治、法治、德治相结合的乡村善治新模式。四是强化村级组织公共服务功能。加大农村基础设施建设和公共服务投入，增加农村公共产品供给；建立村级公共产品产权清单制度，规范乡村公共产品和服务管理。

（四）推进农民现代化

生活富裕、农民素质提升、农民生产生活方式现代化，是农民现代化的重要特征。一是实施农村居民收入扩增工程。加快农村产权制度改革，给农民赋予更多农村产权，大力提高农民财产性收入；大力发展特色优势、高附加值、多功能富民产业，稳定扩大农民经营性收入；加快就地就近城镇化，进一步完善分配制度，不断增加农民劳务性收入。二是实施农民素质提升工程。推动教育科普资源下沉、人才及服务下沉，全方位提升农民科学文化素质。加强新型职业农民、小农户群体、乡村科技人才、农村妇女等农村重点人群科学素质培训培育，通过农业职业教育、线上线下相结合方式的专题培训，全面提升农民的科学文化素质、生产经营能力，强化安全健康、耕地保护、绿色殡葬、生态环境保护的理念，养成科学健康文明的生产生活方式，全面提升农民精神风貌，切实提高农民幸福感和获得感。三是实施新型农业市场主体培育工程。大力培育引进一批现代农业龙头企业，全面培养职业农民，大力发展一批新型家庭农场、农庄、合作社等市场主体。营造公平竞争的创新创业环境，整合、创建一批具有区域特色的返乡下乡人员创业创新园区（基地），引导返乡农民工、大中专毕业生、科技人员、退役军人和工商企业家等精英群体返乡创新创业。四是实施公共服务提升和生态宜居建设工程。营造良好舒适的农村生态和生活环境。完善公共文化体育服务设施建设，推动县级图书馆、文化馆、体育馆及乡镇综合文化站、数字农家书屋等项目建设。加大农村环境整治，提升农村人居环境质量，促进农村的美丽嬗变。加快农村道路和互联网等基础设施建设，开发基于农村消费特点的消费新模式，完善农民生活性基础设施，使生活更便利。加快农村生活性消费提质扩容，增加交通通信、文化娱乐等产品消费，增加农村社区农机、农资、物流配送等生产性消费服务供给，开发符合农民需求、具有农村消费特点的生态服务产品，重塑新的供应体系，创造新市场，使农民生活更舒适。

参考文献

陈锡文：《实施乡村振兴战略，推进农业农村现代化》，《中国农业大学学报》（社会科学版）2018 年第 1 期。

蒋和平：《改革开放四十年来我国农业农村现代化发展与未来发展思路》，《农业经济问题》2018 年第 8 期。

蒋永穆、卢洋、张晓磊：《新中国成立 70 年来中国特色农业现代化内涵演进特征探析》，《当代经济研究》2019 年第 8 期。

马晓河：《构建优先发展机制推进农业农村全面现代化》，《经济纵横》2019 年第 2 期。

王兆华：《新时代我国农业农村现代化再认识》，《农业经济问题》2019 年第 8 期。

农产品加工龙头企业培育研究

——以江西省为例[*]

中国社会科学院农村发展研究所课题组[**]

摘　要：龙头企业作为农产品加工业的骨干和核心力量，是上联市场、下联农户的载体，是现代农业发展的关键环节。近年来，江西省农产品加工龙头企业总体实力实现了从追赶全国平均水平到并行发展的跨越，但依然存在整体规模较小、自主创新能力不足、竞争力不强等问题，用地难、融资难、用工成本高等问题尤其突出。为加快培育农产品加工龙头企业，应当强化精深加工，实施科技创新，加强品牌塑造，推进金融创新，深化制度改革，加强人才工作，并为企业发展搭建服务平台，改善营商环境。

关键词：农产品加工业　龙头企业　江西省

20 世纪 90 年代，随着农业产业化的兴起，龙头企业逐步成长为农业产业化的主导力量。龙头企业作为农产品加工业的骨干和核心力量，是上联市场、下联农户的载体，是现代农业发展的关键环节。培育壮大龙头企业，加

---

* 本文系 2019 年中国社会科学院城乡发展一体化智库重点课题"农产品加工龙头企业培育研究——以江西省为例"的研究成果。

** 中国社会科学院农村发展研究所课题组组长为魏后凯，课题组成员有崔红志、张军、杜鑫、年猛、芦千文、孟小暄、史洁琼，执笔人为杜鑫。

快发展农产品加工业，有利于延伸农业产业链条，提高农产品附加值，提高农业的整体效益和市场竞争力，带动农户增收致富，实现乡村产业振兴。2019 年 6 月，国务院印发了《关于促进乡村产业振兴的指导意见》（国发〔2019〕12 号），提出"支持农业产业化龙头企业发展，引导其向粮食主产区和特色农产品优势区集聚"。2019 年 7 月，中国社会科学院农村发展研究所课题组赴江西省南昌市、上饶市、宜春市等地，就培育壮大江西省农产品加工龙头企业问题开展深入调研，获得了关于江西省农产品加工龙头企业实际发展状况的全面认识。在本次调研的基础上，本文首先探讨了龙头企业的概念及特点，其次全面总结了江西省农产品加工龙头企业的发展现状，再次分析了当前江西省农产品加工龙头企业发展存在的问题和困难，最后提出了培育壮大江西省农产品加工龙头企业的政策建议。

一　龙头企业的概念及特点

回顾我国乡村产业的发展历程，龙头企业在保供给、调结构、促增收方面发挥了不可或缺的作用，已成为乡村产业乃至国民经济发展的重要力量。正确理解龙头企业的内涵、特点及其对现代农业发展的重要作用，是开展农产品加工龙头企业培育工作的基础和前提。

（一）龙头企业的概念

一般讲龙头企业都是指农业产业化龙头企业。如果把一条完整的农业产业链比喻为一条"龙"，联结农民、带动农民的农产品加工和流通企业就处于龙头位置，故形象地称之为"龙头企业"。龙头企业的明确定义来自政府部门对龙头企业的认定。2001 年，农业部、国家发展计划委员会、国家经济贸易委员会、财政部、对外贸易经济合作部、中国人民银行、国家税务总局、中国证券监督管理委员会、中华全国供销合作总社等九部门联合出台了《农业产业化国家重点龙头企业认定和运行监测管理暂行办法》，明确提出"农业产业化国家重点龙头企业是指以农产品加工或流通为主业，通过各种利益联结机制与农户相联系，带动农户进入市场，使农产品生产、加工、销售有机结合、相互促进，在规模和经营指标上达到规定标准并经全国农业产业化联席会议认定的企业"。一些学者从不同角度提出了对龙头企业概念的理解，但不同学者对龙头企业的概念认知大致相同，基本上属于对政府部门认定龙头企业所用概念的理解和延伸，只是在从业范围和组织类型方面存在认识分歧。近年来，龙头企业不断拓展业务，发展新模式、新业态，出现了很多新的变化。为适应这些最新变化，许多省份在认定龙头企业时已经把从事农产品电子商务、乡村旅游以及农业生产性服务业的企业纳入认定范围。因此，本文认为，龙头企业是指在农业产业链中，处于关键环节，居于核心地位，扮演价值链的驱动者、供应链的主导者和产业链的引领者"角色"，与农户及其他农业经营主体建立利益联结机制，带动后者参与产业链、获得产业增值收益的企业。

（二）龙头企业的特点

龙头企业来自一般企业，又高于一般企业，具有有别于一般企业的"一大四强"特点。

一是具有较大的经济规模。在区域内，要发挥"龙头"作用，首先要具有很大的资产规模、销售收入规模或交易规模，且效益好，管理规范，负债率低，无不良信用记录。

二是具有很强的产品竞争力。龙头企业需要核心竞争力支撑其在产业链中的引领地位。这需要企业建设标准化、示范性的农产品基地，注重品牌建设，拥有注册商标，并获得相关质量管理标准体系认证，能够确保技术水平、产品质量处于同行业领先水平。

三是具有很强的市场开拓能力。衔接小农户与大市场，打开农产品销路，需要企业具有很强的营销能力，表现在渠道拓展、市场升级等方面，能使主营产品市场占有率较高、市场认可度和品牌美誉度都较好。

四是具有很强的创新驱动能力。作为产业链升级的引领者、价值链增值的驱动者，企业应当具备很强的科技创新能力和创新驱动意识，需要建立专业研发团队，与高校、科研机构保持紧密合作，拥有自主知识产权的核心产品，保证产品能够及时升级换代，适应甚至引领市场需求。

五是具有很强的带动农户能力。龙头企业自觉履行更多的社会责任，与农户建立多种形式的利益联结机制，形成稳定的合作共赢关系。

上述"一大四强"特点使得龙头企业拥有较强的产业链组织协调能力和新业态、新模式运营能力，成为产业链升级的推动者和引领者，成为促进农村产业融合发展、推进农业供给侧结构性改革的重要抓手。

二 江西省农产品加工龙头企业发展现状

近年来，在中央与江西省关于促进农产品加工业快速发展的一系列政策措施的大力支持和积极引导下，伴随着全省经济社会的全面发展和"三农"事业的快速进步，江西省农产品加工龙头企业总体实力不断增强，集群化发展态势显著，基地规模逐步扩大，产业链条不断延长，加工能力和技术水平显著提高，"赣字号"品牌效应日益显现，实现了从追赶全国平均水平到并行发展的跨越。

（一）产业规模不断扩大

2011~2018 年，全省规模以上农产品加工企业由 1598 家增加到 2999 家，其中，国家级重点龙头企业由 24 家增加到 36 家，省级龙头企业由 472 家增加到 871 家；① 规模以上农产品加工企业总资产规模由 1314.12 亿元增长到 3589.02 亿元，主营业务收入由 3205.09 亿元增长到 5282.50 亿元，利润总额由 221.53 亿元增长到 397.21 亿元，规模以上农产品加工企业总资产、主营业务收入和利润总额年均增长率分别为 15.43%、7.40%

---

① 国家级龙头企业数据来源于农业农村部网站（http://www.moa.gov.cn/nybgb/），省级龙头企业数据来源于江西省农业农村厅网站（http://www.jxagri.gov.cn/Column.shtml? p5 = 1008）。由于无法获取农产品加工龙头企业数据，本文关于江西省农产品加工龙头企业发展成效及存在问题的分析使用了规模以上企业数据。

和 8.70%。① 如图 1 所示，经过多年的发展，江西省农产品加工业产值与农业总产值之比与全国平均水平的差距呈缩小趋势，近年已逐渐与后者持平。在产业规模不断扩大、总体经济实力不断增强的同时，江西省涌现出一批大型加工企业，如正邦集团、双胞胎集团在 2018 年分别实现营业收入 663.53亿元、502.36亿元，位列中国企业 500 强、中国制造业 500 强、中国民营企业 500 强和农业产业化龙头企业 500 强企业榜单。

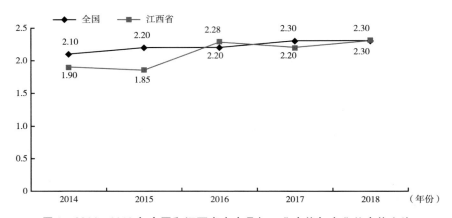

图 1　2014～2018 年全国和江西省农产品加工业产值与农业总产值之比

（二）产业集群逐渐形成

全省各级政府充分利用资源和区位优势，积极引导龙头企业向优势产区集中，推进龙头企业集群集聚，发展相关配套产业，形成了一批企业分工协作良好、组织化程度较高、辐射带动效果显著的农产品加工业集聚区。目前，全省已建有 11 个国家级、66 个省级现代农业示范区，创建国家级现代农业产业园 2 个、省级现代农业示范园 233 个。例如，景德镇市在农业产业化经营中逐渐形成了独具地方特色的农产品加工五大产业，即以福乐欣、中节能、绿乐食品为龙头的蔬菜种植加工业，以昌南茶叶、浮瑶仙芝、瑶里茶

---

① 江西省规模以上农产品加工企业总资产、主营业务收入、利润总额及其年增长率根据江西省统计厅所提供的内部资料计算而得。

叶、西湖珍芝、浮梁贡为龙头的茶产业，以赣森绿色食品、瑶园食品、彩云食品为龙头的特色农产品加工业，以康源农业、格林米特、金园牧业为龙头的生猪养殖业，以景德中药、美琳康大为龙头的中药材加工业；丰城市打造了粮油产业集群发展核心区，建设生物食品产业园，形成了以恒顶食品有限公司和天玉油脂有限公司为龙头的从米糠榨油加工延伸到植物油加工的农产品加工业。

（三）加工能力显著提升

经过多年的发展，农产品加工龙头企业遍布全省十大农业主导产业，初步形成了粮食、畜禽、水果、水产、蔬菜五大加工主导产业和茶叶、油料两大加工特色产业，产业链不断延长，生产能力持续提升。培育了一批由传统稻谷初加工转型为大米精深加工的企业集团，水稻产业实现了由稻谷输出到以品牌大米和大米深加工产品输出为主的转变；全省生猪加工企业已建成了近十条百万头屠宰加工线，加工能力在千万头以上；形成了一批地方特色蔬菜、水果加工企业，蔬菜、果品采后商品处理化率都有了大幅提升，基本实现了加工、冷藏、包装"一条龙"。目前，全省农产品加工转化率为61%，农产品加工业产值与农业总产值之比为2.3∶1，与全国平均水平持平，实现了从追赶到并行的重大跨越。

（四）品牌效应初步显现

依托生态环境优越、农业资源丰富的优势，江西省大力实施"生态鄱阳湖、绿色农产品"品牌战略，鼓励各地聘请和引进专业公司、专业团队、专业人才进行品牌策划和推广，全面推行"区域品牌＋企业品牌"模式，努力创响一批"土字号""乡字号"的特色农产品品牌，重点打造江西稻米、鄱阳湖水产、"四绿一红"茶叶、江西地方鸡、江西富硒农产品等优势特色区域品牌。目前，婺源绿茶、崇仁麻鸡成功入选"中国特色农产品优势区"，赣南脐橙、庐山云雾茶等区域品牌强势挺进"2018中国品牌价值百强榜"行列，宁红茶成为第18届亚运会官方唯一指定用茶。随着龙头企业品牌建设推广的不断推进，以及对品质和绿色有机标准的严格要求，江西省农产品品牌效益与影响力日渐彰显。

（五）利益联结有所增强

江西省大力推行"龙头企业＋农民合作社＋农户"等利益联结经营模式，积极探索培育"龙头企业＋合作社＋家庭农场"的农业产业化联合体，龙头企业在实践中不断完善和规范合同内容，提高订单履约率，通过最低保护价、利润返还等多种形式，使企业与农户构建更加密切的利益联合体，努力把松散型基地建设成为紧密型、可控型基地，既保障了农产品加工龙头企业的原料稳定供应和质量安全，同时也稳定了农民销路、增加了农民收入。截至目前，全省已有一半以上农户参与农业产业化经营，1/3 以上的纯收入来自农业产业化经营。

三　江西省农产品加工龙头企业发展存在的问题与困难

尽管近年来江西省农产品加工龙头企业取得了显著的发展成就，但出于整体发展基础薄弱、市场化改革尚不充分、企业发展环境有待改善等原因，其进一步发展壮大依然面临着较多的问题与困难。

（一）企业整体实力不强

经过多年的发展，江西省农产品加工业虽然在产业规模上不断扩大，并且也涌现出了正邦集团、双胞胎集团、煌上煌集团等大型农产品加工企业集团，但从整体来看，全省农产品加工龙头企业依然存在规模不大、实力不强的问题。决定龙头企业整体综合实力的超 1 亿元、超 10 亿元企业的数量不多，没有形成集团军效应。目前，江西省超 1 亿元省级龙头企业数量有 766家、超 10 亿元的有 44 家，远远少于周边省份，如湖南省超 1 亿元的有 1300多家、超 10 亿元的有 60 多家，安徽省超 1 亿元的有 2500 多家、超 10 亿元的有近 100 家。图 2 列出了 2018 年 1095 家农业产业化国家重点龙头企业在中国大陆地区 31 个省（自治区、直辖市）的数量分布情况。如图 2 所示，在 2018 年 12 月发布的全国 1095 家监测合格农业产业化国家重点龙头企业中，江西省仅有 36 家，在全国各省（区、市）中排名第 16 位，在数量上相当于全国各省（区、市）平均水平（35 家）；但从区域比较来看，江西省则低于除 4 个直辖市之外的东部地区和中部地区绝大多数省份。

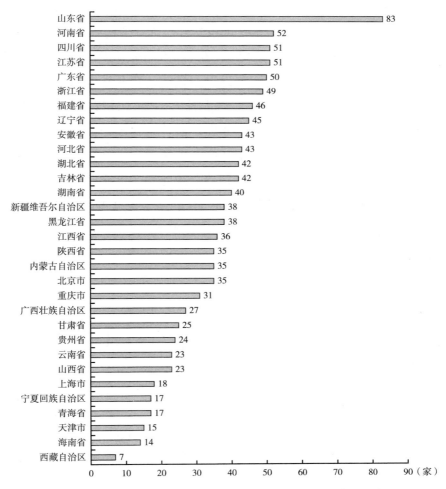

图 2　2018 年全国农业产业化国家重点龙头企业数量省际分布

资料来源：《农业农村部关于公布第八次监测合格农业产业化国家重点龙头企业名单的通知》，农业农村部网站，2018 年 12 月 5 日。

（二）科技创新能力较弱

科技创新是龙头企业发展壮大的内在动力，但从整体上看，江西省农产品加工龙头企业存在研发投入少、科技创新能力较弱的问题，不利于开展农产品精深加工和提高产品附加值，制约了农产品加工龙头企业的发展。如图3所示，2016年江西省规模以上农产品加工企业研发投入仅为21.99亿元，2017年上升到28.56亿元。而在2016年，山东省省级以上重点龙头企业研发投入已达到69亿元，大约为同期江西省全部规模以上龙头企业研发投入总和的3倍以上。目前，江西省省级以上龙头企业中，建立研发机构的不足35%。研发投入不足，科技创新能力不强，导致产品单一，产业链条短，大部分农产品仍是初级产品，加工也是以传统粗加工为主。例如，谷物衍生产品开发不够，米乳、米蛋白等附加值高的农产品加工企业极少，米糠饲料、米糠油、大米蛋白、淀粉糖等精深加工产品加工总量不到稻米总量的1%；南丰蜜橘年均产量26亿斤，但深加工率仅约2%，正常年份的烂果率在7.7%左右，在天气不好或市场滞销时烂果率甚至高达20%。

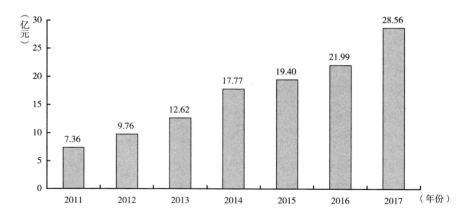

图3　2011~2017年江西省规模以上农产品加工企业研发投入

资料来源：江西省统计厅内部资料。

（三）品牌价值有待提升

近年来，江西省农产品加工企业通过大力推行"区域品牌＋企业品牌"的品牌发展模式，取得了显著的发展成效。但从市场反应来看，江西省农产品加工业区域品牌价值尚未充分体现，企业品牌竞争力依然不强，区域品牌和企业品牌价值均有待进一步深入挖掘和提升。就区域品牌来看，由于无偿共享和缺乏行业统一标准，区域品牌使用并无任何门槛限制，一些产品质量不佳的农产品加工企业也使用区域品牌，在市场上会产生"劣币驱逐良币"的现象，造成消费者忠诚度下降，最终损害全行业利益。就企业品牌来看，江西省还存在"多、散、小、弱"等问题，缺乏一批在全国都具有较强竞争力的企业品牌。此外，一些农产品加工企业长期缺乏品牌管理和推广意识，造成品牌"有名无价"，从而陷入发展困境。例如，"石钟山"牌湖口豆豉是中国驰名商标、中华老字号，具有一定的知名度，但企业缺乏创新意识，长期忽视品牌建设，导致该品牌在消费者中的群体认知度逐渐下降，制约该品牌进一步做大做强。

（四）融资渠道依然狭窄

由于传统金融体制和产权制度的制约，涉农企业长期以来存在融资渠道狭窄的困难。大部分农产品加工企业投资建设的农业设施及流转的土地没有产权证明文件，缺乏可抵押资产，无法获得金融机构贷款。2015年开始试点实施的农民承包土地经营权和农民住房财产权抵押贷款（"两权"抵押贷款）曾被视为解决新型农业经营主体缺乏抵押担保物困难的重要改革举措，但这一政策仅处于试点阶段，且试点地区范围很小，江西省只有婺源市属于试点地区；而且从该项改革试点的情况看，存在"两权"价值评估难、变现难等突出问题，其效果并不乐观。同时，农产品加工龙头企业大多属于个体私营企业，相对其他企业来说，在现有的投融资体制下其融资渠道更为狭窄。此外，此前曾被寄予厚望的新三板上市融资额不大，挫伤了企业的积极性，一批龙头企业已停止了新三板上市融资步伐。尽管近年来江西省政府实施了"财政惠农信贷通"一系列金融支农政策,但农产品加工企业融资难、融资贵问题依然存在。以井冈山惊石农业科技有限公司为例,其向金融机构的借款利率最低上浮30%,有时甚至高达68%;在每年3~5月的原材料收购期内,由于缺乏短期流动资金的信贷支持,其收购规模和经营业绩大受影响。

(五)用地困难急需解决

农产品加工龙头企业生产经营除涉及农用地之外,还需要配套建设加工厂房、仓储物流设施、检验检疫设备等,从而需要使用一定数量的建设用地。在当前城市建设用地指标还较为紧缺的情况下,农产品加工企业所能获得的建设用地指标极少,建设用地需求极难保障。目前,江西省每个县的建设用地指标大约为300~400亩,而大多数龙头企业享受免税政策,在当地没有税收贡献,地方政府从内心不愿将有限的建设用地指标用于龙头企业,龙头企业获得建设用地十分困难。即便农产品加工项目符合土地利用整体规划,在有建设用地指标的情况下,将农用地通过征、挂、拍等程序转为建设用地,用地成本也大幅度增长,对于盈利水平较低的一般农产品加工企业来说也难以承受。在农产品加工企业用地难、用地贵的背景下,不少经营者开始碰触农地红线,打"擦边球"违规用地,地方政府经常默许经营者"未批先建、小批大建"。在2018年9月开始实施的全国"大棚房"问题专项整治行动中,许多农产品加工企业在基本农田上违规建设的厂房设施遭到拆除,给经营者造成了重大经济损失,对其长期投资预期和经营信心产生了较为严重的不利影响。

(六)用工困难不断凸显

江西省整体经济发展较为滞后,与广大中西部地区省份一样面临"孔雀东南飞"的人力资源流动局面,本地中青年基本涌向经济发达地区务工就业,导致农产品加工企业招工用人困难。同时,农产品加工企业尤其是种养基地距离城市较远,生产、生活条件较差,更增加了招收、引进和留住人才的难度。近年来,由于工资成本上涨幅度较大,企业利润减少,农产品加工企业越来越难以满足人才提出的报酬待遇，企业用工困难不断凸显，各层次人力资源供应日益缺乏，尤其是高级人才匮乏，有些企业甚至连具备基本素养的文秘人员都没有，长期保持着家族企业的员工特征。

综上所述，江西省农产品加工业及其龙头企业的发展在全国依然处于中游水平，作为农产品加工业核心和骨干力量的龙头企业还存在整体规模较小、自主创新能力不足、竞争力不强等问题，尤其是目前用地难、融资难、用工成本高等问题比较突出，从而制约了龙头企业的进一步发展壮大，亟待加以解决。

四 培育壮大江西省农产品加工龙头企业的政策建议

针对江西省农产品加工龙头企业发展中所存在的上述问题和困难，应当深入推进市场化改革，大力实施科技创新，加大资源要素投入，改善企业营商环境，以此来加快培育壮大农产品加工龙头企业，促进江西省现代农业发展和乡村产业振兴。

（一）强化精深加工，打造完整产业链条

提升企业精深加工水平。重点引导具有一定规模的农产品加工企业和各级龙头企业向精深加工环节发展，并依靠其带动作用实现全行业加工水平的提升。提升江西省农产品加工企业精深加工水平，可以从以下两方面着手：一是以稻米、茶油等行业为重点，支持和引导该领域企业通过引进现代加工设备、先进应用技术和工艺流程等，向精深加工环节方向发展；二是鼓励一些实力雄厚的大型龙头企业通过共同投资等方式，联合开展对现代精深加工装备的研发与制造，抢占农产品精深加工制高点。

鼓励企业打造全产业链。一是引导和鼓励企业直接投资或与农户、家庭农场、农民合作社等经营主体进行合作，建设一批高质量原料基地。二是鼓励企业建立物流体系和市场营销网络，重点针对一些中等规模以上的农产品加工企业，鼓励和引导其采取联合或自建等方式，向下游商品流通和市场营

销环节进行布局。三是鼓励农产品加工企业与上下游相关市场主体通过组建产业联盟等方式，建立长期稳定的合作关系和利益联结机制，提升行业整体竞争力和影响力。

（二）实施科技创新，推进企业转型升级

鼓励企业增加研发投入。一是鼓励企业建立研发实验室。采取财政资金支持、税收优惠甚至是约束性产业政策等措施，引导省级及以上龙头企业全部建立自有研发机构，鼓励市级及以下龙头企业和具有一定规模的企业采取自主联合的方式，共建研发机构。二是鼓励企业加大研发投入强度。采取资金配套、财政奖励等方式鼓励企业加大研发投入强度，并设立一定研发投入强度门槛，对达到设定门槛的企业在相关项目申报等方面给予绿色通道。

促进政产学研相结合。一是以企业重大科技需求为导向，设立科研项目。二是加强企业与科研院所合作。在加快科研院所科研成果转化的同时，科研院所也可以根据企业市场需求联合开展科研项目合作，开展关键技术及产品共同研发。三是强化协同创新。鼓励企业之间以及企业与各类创新主体之间通过建立产业技术创新联盟等方式，共建研发技术平台，共担创新风险，共享研发成果。

积极采用新技术。鼓励企业积极跟踪和采用5G、大数据、物联网、人工智能、区块链等新技术，对生产、加工、流通等全产业链条进行重塑和改造，以新技术革命为契机实现跨越式发展。

加强知识产权保护。严格按照法律规定，切实保护企业所有的发明专利、商标、服务标志、厂商名称等知识产权，保护和鼓励科技创新。

（三）加强品牌塑造，显著提升企业影响力

提高区域品牌价值。一是制订行业标准，提高区域品牌使用门槛，有效促进行业产品质量的提升，增强消费者对区域品牌的信任度。二是在行业标准制定、企业行为约束以及产品质量日常监测等方面，充分发挥行业协会的

自我管理、自我监督作用。

整合提升企业品牌。一是引导企业整合自有品牌。一些企业规模不大但自有品牌过多，或者是品牌过多已经超过了企业发展需要，造成企业精力分散、无法形成合力，最终导致核心品牌竞争力不强等现象。对于这些企业，应加强政府引导，鼓励其开展自有品牌整合，重点打造核心品牌。二是鼓励企业加强品牌建设。重点针对当前发展面临困境的"老字号"品牌企业，通过财政扶持等方式，鼓励企业加强品牌宣传和推广，促使其实现品牌复兴。

（四）推进金融创新，有效扩大金融供给

建立健全金融支农政策体系。第一，积极发挥政策性金融的骨干作用。积极联系、协调国家开发银行、中国农业发展银行及中国农业银行"三农金融事业部"为农业和农村基础设施建设提供长期限、低利率的资金，发挥其金融支农的骨干作用。第二，设立农村金融产业发展基金。通过财政主导发起、金融资本参与、社会资本补充的方式设立农村金融产业发展基金，整合优势资源，撬动社会资本，分散运营风险，扩大农村金融供给。

积极设立新型农村金融机构。第一，继续放宽农村金融市场对民间资本的准入限制，推动农村信用社深化改革，提高民间资本注资农村商业银行、农村信用社、村镇银行等中小金融机构的比重，同时要明晰产权和完善治理结构，发挥其在县域经济中的金融服务主力军作用。第二，积极推动由农产品加工企业、新型农业经营主体、其他合格投资者出资设立不吸收公众存款的农村合作金融公司，在"三农"领域开展贷款、投资、资本管理等业务。第三，在现代农业发展较为迅速、农产品加工企业较多的现代农业产业园、农产品加工产业园等区域，鼓励企业、金融机构等主体创设农业租赁金融公司，为各类涉农经营主体提供融资租赁等服务。

健全多层次农村金融市场。鼓励农产品加工企业积极开展直接融资，扶持有条件的企业发行债券或境内外上市，降低融资成本；继续推进农业保险发展，扩大银行与保险公司合作，发展保证保险贷款产品；开发适合农产品

加工企业的覆盖产业链的满足融资、风险管理、资本化经营等多种需求的金融产品和服务。

（五）深化制度改革，强化产业用地保障

完善设施农业用地管理。对发展过程中所需各类生产设施、附属设施及必备配套设施用地（包括看护类管理房用地，临时性农产品晾晒、临时存储、分拣包装等初加工设施用地），在不占用永久基本农田的前提下，纳入设施农用地管理。

建设用地指标向农产品加工龙头企业倾斜。将农产品加工龙头项目建设用地纳入土地利用总体规划和年度计划进行合理安排，为农产品加工龙头企业预留部分规划建设用地指标。

加快农村集体经营性建设用地入市改革。首先，在保证数量占补平衡、质量对等的前提下，探索支持农村分散零星的集体经营性建设用地调整后集中入市。其次，探索宅基地所有权、资格权、使用权"三权分置"的具体形式，允许腾退宅基地转变为经营性建设用地，直接入市或以"地票"形式间接入市。最后，鼓励地方政府在村庄整治等项目中，预留一定比例的建设用地用于龙头企业培育和发展农村新产业、新业态和新模式。通过实行上述改革措施，增加农村集体经营性建设用地供给，并使其优先满足农产品加工项目用地需求。

（六）加强人才工作，确保人力资源供给

大力引进培养农业科技人才。一是加大农业科技人才的引进力度。政府对引进关键性科技人才的企业给予一定资金支持，同时对引进人才在个人所得税、购房等方面予以减免或补贴。二是加大对本土科技人才的培养力度。三是改革农业职业教育。免除农业职业学校学生学费，并对困难学生给予助学补助；支持职业农民和合格的普通农村劳动力接受中、高等农业职业教育，采用弹性学制，放宽年龄限制；打通中职进入高职的教育通道。

统筹城乡人力资源。建立高等院校、科研院所等事业单位专业技术人员到乡村和涉农企业挂职、兼职和离岗创新创业制度，保障其在职称评定、工资福利、社会保障等方面的权益。

吸引农业科技人才和劳动力到农产品加工企业就业。对在农产品加工企业工作达到一定年限的农业职业院校和高校毕业生，在人才待遇、子女落户、项目申报和职称晋级等方面，比照在城市工作的较高一级普通高校毕业生执行；在农产品加工企业密集的产业园区等地建设保障性住房，为企业科技人才和职工提供住房保障，对于企业自建职工宿舍给予补助；加强劳动监察，维护职工合法权益，督促中小型农产品加工企业依法为职工提供劳动保护、缴纳社会保险。

（七）搭建服务平台，改善企业发展环境

搭建政企交流平台。建立健全常态化、制度化的政企交流机制，及时掌握行业发展和企业运行情况，倾听企业意见，协调解决具体问题。

搭建科企交流平台。推动科研机构深度参与龙头企业技术研发、工艺改造、管理创新全过程，促进科企合作，加速成果转化。

搭建企企交流平台。推动企业之间深度交流与合作，促进信息、资源共享，实现协同发展。在尊重企业自主意愿的前提下，引导涉农企业通过兼并重组、股份合作、建立产业联盟等方式，实现快速壮大。

搭建园区发展平台。第一，以突出发展特色为导向，强化加工园区发展定位，同时设定入园门槛，争取规模以上农产品加工企业都要入园。第二，严格控制园区数量，避免园区空心化，造成资源浪费，尤其是要控制区县一级的园区数量，做到一个县只有一个农产品加工产业园区。第三，为迅速提高江西省农产品加工产业园区的运营管理水平和招商引资能力，可以加强与国内重点园区的合作，并灵活采取税收分成等模式开展园区共建。

搭建招商推介平台。通过搭建招商推介平台，推动农产品加工企业"引进来""走出去"，促进龙头企业快速成长。重点针对当前江西省农产品加工业整体存在的主要薄弱环节，如精深加工层次低、管理水平落后、创新

能力不强等，引进一批国内外大型农产品加工企业，以此带动全行业总体发展。同时，通过树立本地一批行业标杆和样板，进一步提高本地企业与产品在全国的知名度与影响力。

参考文献

杜鑫：《我国农村金融改革与创新研究》，《中国高校社会科学》2019 年第 5 期。

冯兴元、孙同全、韦鸿：《乡村振兴战略背景下农村金融改革与发展的理论和实践逻辑》，《社会科学战线》2019 年第 2 期。

冯兴元、孙同全：《金融支持乡村振兴战略与多层次农村金融体系探讨》，《农村金融研究》2018 年第 12 期。

姜长云：《龙头企业与农民合作社、家庭农场发展关系研究》，《社会科学战线》2018 年第 2 期。

李成勋：《龙头企业在"三农"工程中的战略地位》，《经济经纬》2001 年第 6 期。

刘振伟：《人才支撑文化铸魂为乡村振兴提供坚实保障》，《农村工作通讯》2019 年第 14 期。

牛若峰：《中国农业产业化经营的发展特点与方向》，《中国农村经济》2002 年第 5 期。

吴润：《论中国农业产业化龙头企业》，《理论导刊》1999 年第 10 期。

中国农产品加工业年鉴编辑委员会编《中国农产品加工业年鉴（2017）》，中国农业出版社，2017。

乡村振兴战略下加快推进农业农村现代化的路径和举措

——以湖北省为例

邹进泰　王薇薇　肖艳丽[*]

摘　要："十三五"期间，湖北农业围绕全面建成小康社会的目标，加快推进发展动力转换、发展方式转变、发展目标多元，着力破解难题，补齐短板，"三农"工作成效显著、亮点纷呈，农业农村发展再上新台阶。"十四五"时期，外部、内部环境均发生了重大变化，湖北省农业农村现代化的发展方向是农业高质量发展和农村现代化，着力实施"六谷"和"十大千（百）亿产业链"建设，推进乡村治理体系和治理能力现代化，建立健全城乡融合发展体制机制和政策体系，统筹推进乡村产业振兴、人才振兴、文化振兴、生态振兴、组织振兴，到2025年，乡村振兴取得重要进展，农业农村现代化初显成效。

关键词：乡村振兴　农业高质量发展　农村现代化　湖北省

党的十九大提出实施乡村振兴战略，必须始终把解决好"三农"问题作

邹进泰，管理学硕士，湖北省社会科学院农村经济研究所所长、研究员，主要研究方向为产业经济；王薇薇，管理学博士，湖北省社会科学院农村经济研究所副研究员，主要研究方向为农业经济理论与政策；肖艳丽，管理学博士，湖北省社会科学院农村经济研究所副研究员，主要研究方向为区域经济。

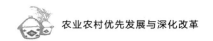

为全党工作重中之重，坚持农业农村优先发展、实现农业农村现代化是实施乡村振兴战略的总目标。党的十八大以来，湖北省农业农村发展成就辉煌，但仍存在一系列深层次的矛盾与问题，实施乡村振兴战略正逢其时。2018年，习近平总书记到湖北视察时指出，实施乡村振兴战略是新时代做好"三农"工作的总抓手，也是湖北省"十四五"农业农村现代化发展规划的核心内容。

一 湖北省农业农村发展取得的阶段性成效

"十三五"期间，湖北省农业围绕全面建成小康社会的目标，加快推进发展动力转换、发展方式转变、发展目标多元，着力破解难题，补齐短板，"三农"工作成效显著、亮点纷呈，农业连年丰产、农民持续增收、农村和谐稳定，农业农村发展再上新台阶。

（一）农业生产质效双升，农业强省的底盘更加坚实

农田水利建设取得显著成效，江河防洪体系、排水除涝体系、灌溉供水体系不断完善，农业物质技术装备条件明显改善，农业机械化呈现稳步提升、持续优化、突破发展的良好态势，农村发展基础更加坚实。大力开展高标准农田建设，全力实施耕地质量保护与提升行动，启动粮食生产功能区和重要农产品生产保护区划定，推进绿色高产高效创建，推广新品种新技术新模式，农业综合生产能力显著增强。全省坚持实施藏粮于地、藏粮于技战略，粮食产能不断提升，连续5年产量稳定在500亿斤以上。蔬菜、水果、茶叶产量稳、效益增。食用菌、蜂蜜、鸡蛋、小龙虾、河蟹等特色农产品出口全国领先。优质绿色农产品比重持续增加，农产品质量安全水平稳步提高。加强品牌建设，农产品地理标志拥有量全国第三、中部地区第一。农产品质量安全监测总体合格率位居全国前列。

（二）农村经济活力渐强，新产业新业态不断涌现

农村一、二、三产业加快融合，"四个一批"工程和农业产业化示范园

区建设取得新的成效，农村产业融合发展"百县千乡万村"试点示范工程持续推进。农产品加工业成为全省规模最大、发展最快、就业最多、效益最好和农民获利最多的"五最"产业。休闲农业、乡村旅游发展势头迅猛，年综合收入达到1920亿元。美丽乡村、绿色幸福村、旅游名村等建设稳步推进。农村电商快速发展，农业众筹、线上线下营销配送、信息化平台服务等新业态不断涌现。新型农业经营主体发展壮大，截至2018年底，全省在工商部门注册的农民合作社、家庭农场分别达到9.6万家和3.5万个。

（三）农村生态环境显著改善，农民生活质量大幅提升

农村基础设施建设城乡连通，水电路气房和信息化建设全面提速。农村生活污水处理、农村生活垃圾定点存放清运和无害化处理、农村畜禽粪便综合利用、农村饮用水水源地环境保护等有序推进，农村安全饮水基本实现全覆盖，农村生态环境显著改善。"一控两减三基本"行动加快推进，全面控制农业用水，减少化肥、农药使用量，促进畜禽粪便、秸秆、农膜基本实现资源化利用。"群众为本、产业为要、生态为基、文化为魂"的"四位一体"美丽乡村建设模式全面铺开，乡村生态环境和人居环境得到极大改善，农民生活质量大幅提升。

（四）城乡统筹发展步伐加快，农民福祉显著提升

教育、医疗卫生、文化等社会事业快速发展，城乡基本医疗和养老制度开始整合并轨，城乡基本公共服务水平和均等化程度明显提高。农村基层文化体育设施建设全面推进，综合性文化服务中心建设步伐加快，农村文化生活日益丰富。农民工技能培训、就业指导等服务得到加强，工资性收入占农民收入的比重、对农民增收的贡献率显著提高。农民人均可支配收入达到13812元，城乡居民收入比缩小为2.31∶1。农村消费能力持续增强，农民衣食住行用全面改善，恩格尔系数明显下降，幸福指数显著提升。紧扣"六个精准"，扎实推进"五个一批"工程，脱贫攻坚成效明显。

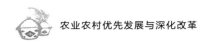

（五）农村改革创新深入推进，发展动能持续增强

承包地确权登记颁证基本完成，"三权分置"改革顺利推进。宅基地"三权分置"改革启动试点，农村集体产权制度改革有序推进。全省各地已建立县级以上农村产权流转交易市场70个，乡镇土地流转服务平台1078个，农村承包地流转面积已达到2239.5万亩，武汉农交所与9个市州实现联网运行。农村资源要素初步激活，社会资本、技术、人才等返乡下乡积极性提高，"三乡"工程向纵深推进，农村创新创业和投资兴业蔚然成风。

（六）乡村治理水平显著提升，农村稳定和谐局面更加巩固

全省农村基层党组织建设扎实推进，党建引领基层社会治理模式不断创新，"红色头雁"工程进一步落实。村"两委"联席会议、村民代表会议、村民代表联系户、民主评议村干部等制度普遍推行。全省全面快速推进农村网格化建设，构建起了县（市、区）、乡（镇）、村三级联动互补的基本公共服务网络和网格化服务管理平台，打通农村公共服务"最后一公里"。村民自治章程、村规民约普遍依法制定。村务公开实现全覆盖。村务监督委员会全面建立，村级民主管理、民主监督得到加强。村级重大事务"四议两公开"制度得到较好落实。村级"三资"监管、财务收支审批程序逐步规范。民主法制建设不断加强，党群干群关系更加融洽，社会保持和谐稳定。

二 湖北省农业农村现代化发展面临的困境与制约

（一）湖北省农业现代化发展面临的困境与制约

1. 农业综合生产能力提升滞后于实际生产需要

全省农业规模化经营的比例快速提升，市场对农业标准化生产水平的要求越来越高，农业综合生产能力的提升依然滞后于实际生产的需要。首先，耕地质量保护有待进一步加强、覆盖面有待进一步扩大。根据全省各地对土

壤重金属普查的监测数据，湖北省部分区域耕地土壤存在重金属污染突出问题，在少数地方 Cd 污染达到管控值，个别地方 Hg 污染严重。全省高标准农田建设的重点是道路和排灌沟渠建设，土地整治和有机质提升的项目内容较少。其次，农田水利设施建设有待完善，农业节水行动推进缓慢。通过近二十年的补短板，全省大中型水利设施改造成效显著，目前的问题主要集中在农村小型水利配套工程不完善、渠系水利用系数不高、湖泊湿地生态调蓄能力减退、工程管理体制不健全、水资源浪费严重。最后，农业机械化服务能力严重不足。主要存在三大不平衡：①粮食作物机械化水平提升较快，经济作物机械化发展较慢；②平原地区机械化水平推进较快，丘陵山区机械化进程缓慢；③农业生产产中机械化水平发展较快，产前、产后机械化水平发展缓慢。

2. 农业品牌"多而不强、优而无势、有名不响"

一是区域公用品牌体系尚未建立，但品牌乱象却已出现。即使是小龙虾、蕲艾、秭归脐橙等这些口碑极佳区域公用品牌之下，子品牌体系也尚处于探索建立阶段。二是高品质农产品品牌培育难度大，品牌创建力度不够。优质品牌如有机农产品品牌，存在认证周期长、认证难度大、认证费用高、宣传培养周期长的特点。高品质农产品对产地水源、土壤、大气等环境条件以及对企业生产管理、产品质量、生产记录等要求较高，生产本身就存在较大难度。三是品牌集群效应不突出，市场影响力十分有限。全省多数农产品品牌呈现小、多、杂的显著特点，加工企业市场拓展能力不够，抱团发展意识不强，导致本地的好产品只能在本地叫得响，出市、出省之后，品牌市场影响力就快速消失，难以走向全国一、二线城市。

3. 农村一、二、三产业融合发展受到制约

首先，农产品精深加工能力严重不足，产业价值实现不充分。全省各类农产品基地在标准化、规模化水平不断提升的同时，农产品精深加工水平发展增速明显不足，两者之间的矛盾加剧了农产品价值实现的难度。其次，农村产业的新经济新业态培育有待加快和进一步突破。近年来湖北省休闲农业、乡村旅游、农村电商等产业有了明显的进步，亮点较多，但没有形成规

模，没有形成品牌。农耕体验、生态康养、创意农业、乡村手工业等产业布局不够、发展不快，"一村一品"、宜居宜业的特色村镇发展没有形成集群。最后是产业融合发展载体缺位，产业融合发展动力不足。龙头企业、合作社与农户建立的"风险共担、利益共享"利益联结机制受规模、资金、市场以及法律意识、诚信意识的影响和制约，利益联结关系不紧密，不能"同甘苦、共命运"，与此同时，资金、土地、人才等产业融合发展的三大制约因素难以破除。

4. 湖北省农业社会化服务体系严重滞后，亟待改革

一是基层农技推广队伍老化严重，人才补充难。随着城乡生产生活条件差距的进一步扩大，农业院校大学生扎根农村、扎根基层、奉献农业的主观意愿越来越弱，基层农技推广队伍人才补充乏力，后备力量严重不足。长期的只出不进导致基层农技推广队伍后继无人。二是现有的改革措施不能从根本上解决基层农技推广队伍成长问题。近年来，各级政府也逐步认识到湖北省在基层农技推广队伍人才培养中存在的问题，采取了一些措施。但是，因为没有根本性的改革举措，改进的手段也仅仅停留在增加农技推广人员收入上，制约人才流入、留下和队伍壮大的编制问题、技能职称问题、上升通道问题无法得到解决。三是市场化的农业社会化服务力量成长缓慢，远远跟不上农业产业化的快速发展。市场上出现的专职植保服务公司，在农技推广上起到了积极作用，但是其服务对象主要面向农业企业、大型农业专业合作社，受费用、覆盖面的影响，面向广大小农户的业务非常少。

5. 农业科技与信息化建设支撑力不足

一是农业生产中缺乏科技创新力量，或创新力量不足。整体来看，湖北省集育、繁、推于一体的企业偏少，缺乏有力的科技创新企业带动，农业科技投入不足。二是新技术、新品种的供需脱节，农业科技成果转化数量不足。高校科研院所中相当数量的专利技术、品种在被研发出来之后，因为没有试验基地、缺少试种经费，而被束之高阁。此外，湖北省对农业科技成果转化的收益没有明确的分配制度，或者各单位制定的分配制度没有相关文件的支撑，导致科研人员的积极性受到影响，也在一定程度上阻碍了新成果的

产生、转化。三是农业生产中的信息化利用水平偏低。近年来，农村的互联网普及率快速提升为信息技术在农业中的应用创造了条件，相当数量的基地、企业采用了信息技术，包括基地的物联网管理、农产品互联网销售，公安县、宜城市等个别地方开始试水农业互联网金融。但是总体来看，利用水平偏低，如湖北省现代农业展示中心这样深度利用信息化技术的基地、企业少之又少。

6. 现代农业发展主体实力偏弱，示范带动能力不足

首先，农业产业化龙头企业数量少、块头小，本土企业机制创新能力弱。湖北省规模以上龙头企业和各类合作经济组织的整体实力偏弱，除少数引入的知名龙头企业外，绝大部分本土农业企业机制创新动力不足，没有建立适应现代企业制度要求的经营机制，内部法人结构不健全或运行不规范，甚至相当一部分沿袭家族式经营，企业发展受到极大制约。其次，新型职业农民队伍成长缓慢。"十三五"以来，部分青壮年劳动力回乡创业、就近就业的比例有所提升，但是新型职业农民队伍学历偏低、年龄老化、经营型和技术服务型人才相对缺乏的现状在短期内仍无法得到根本性的转变。农村生产生活条件较为艰苦、待遇低，高素质经营管理人才引不进、留不住。此外，新型职业农民培训制度、方式及实用技术的选择有待进一步改进、完善，要更加符合农业农村实际。

（二）湖北省农村现代化发展面临的困境与制约

1. 环境保护与治理难度大

一是农业生产面源污染负荷较大。农业生产仍存在高度依赖农药化肥、农膜回收利用率低、规模以下畜禽养殖粪污排放不达标等问题。很多地方的水质监测结果显示，农村氨和磷含量严重超标，大大高于城市，污染相当严重，已经使相当多的地区特别是江汉平原地区出现水质性缺水。二是垃圾和污水处理能力严重不足。随着农村生活、消费方式与城市的趋同，分散式污染向冲击式污染的转变，农村生活用水量大幅度增长，生活垃圾、生活污水污染逐渐成为农村环境的首要污染源。三是工业污染向农村转移带来环境问

题。当前，城镇化的进程伴随着城市发展理念的转变，越来越多的工业企业被迫从城市迁出，入驻农村，工业园区也开始在农村规模化建立，导致农村面临城市工业污染转移带来的新的环境污染威胁。四是农村环境保护与治理保障不力。现阶段，湖北省农村人居环境整治资金的投入主要依靠政府，投入机制较为单一，村民力量尚未完全发动，社会资本参与建设的程度较低，多元化投入机制不成熟，未形成以政府为核心的企业与社会多元化投资机制，由此导致管理标准低、质量差，短期内很难提高。五是农民群众环境保护意识还不强。

2. 基础设施建设亟待加强

一是农田水利设施建设滞后，管护乏力。由于水利工程在统筹上"重项目轻规划"，在建设上"重骨干轻小型"，在管护上"重建设轻管理"，在资金投入上"重争取轻配套"，导致农田水利现代化建设滞后、运行效率效益不高、抗灾减灾能力不足，不能有效满足现代化农业发展需求。二是农村公路建设等级偏低，通行条件差。主要表现为：前期建成的公路标准低、宽度不够，双车道四级公路建设不足；道路养护和管理不到位；贫困地区道路通达、通畅任务重，难度大；道路网化任务重；机耕道、产业发展路、旅游发展路等道路建设滞后。三是农村安全饮水问题没有得到彻底解决。特别是在山区贫困村，由于地貌特殊，沟壑纵横，新建工程面临过桥、穿洞等施工难题。此外，各地在农村安全饮水工程建设上不同程度存在建设标准偏低、小型或分散供水工程偏多、水质保障程度不高、长效运行机制不完善、饮水安全成果还不牢靠、水源缺乏等多方面的问题。四是农村互联网普及率低，自然村通信能力不足。尤其是面向自然村的通信供给依然存在不足的问题，特别是在集中连片特困地区和偏远的农村地区，自然村信号不强，通信质量参差不齐等现象普遍存在。

3. 农村社会事业发展滞后

农村教育仍然是发展薄弱环节。主要表现为农村缺乏优质教师、教师队伍结构不合理，无法满足当前农村家庭子女接受优质教育的需求。农村基层缺乏优质医疗卫生资源。大约80%的医疗卫生资源集中在大城市，尤其是先进的医疗技术、设备和优秀人才高度集中在城市大医院，农村医疗卫生资源总体不足，突出表现在乡镇卫生院大型医疗设备缺乏、专业技术骨干严重不足，农民的基本医疗需求得不到很好保障。农村社会保障水平明显低于城市。农村社会保障体系还处于不断完善的过程之中，农村居民享受到的基本社会保障待遇水平不仅明显低于城镇职工，也低于城镇居民。湖北省农村居民最低生活保障平均标准仅相当于城镇居民最低生活保障平均标准的一半多一点。基层公共就业服务平台建设仍存在短板。突出表现在：基层服务机构特别是在村一级尚未实现全覆盖；有的地方特别是深度贫困地区，服务机构设施设备不完善、工作人员和经费不足、信息化水平滞后，难以发挥应有的服务功能。

4. "人、地、钱"三要素供给难

基层反映的共性问题就是"人、地、钱"要素供给不足，主要有"三难"：一是各类人才引、留难；二是项目建设用地协调难；三是产业发展融资难。①人的问题突出表现在农村发展长期缺人才。包括乡村治理人才、专业型技术人才、新业态发展人才。②地的问题突出表现在农业项目建设用地协调难。国家基本生态控制线保护、基本农田保护以及《土地管理法》等政策法规，对农用地和农村建设用地有着严格的控制，不允许变更土地功能性质用作其他用途。加之各地建设用地指标实行总量控制，没有多的用地指标调剂至涉农项目，在一定程度上影响了项目落地和建设规模。③钱的问题突出表现在新型经营主体发展农业贷款难。

5. 传统文化纽带逐渐削弱

伴随着市场经济的发展，乡村社会日趋个体化，农民的个体意识不断觉醒，而其公共意识却未得到同步发展，导致农村公共文化不断衰落。而在这个时期，由于文化市场化驱动，农村文化建设严重削弱，农村文化阵地失守。"孝悌忠信礼义廉耻"等传统美德和传统规范越来越难以约束村民行为，农民精神文化生活变得十分单调，文化生活极度贫乏，精神生活十分贫瘠。

6. 基层治理能力日趋弱化

受历史原因、经济发展滞后等综合因素的影响，湖北省的集体经济空壳村非常多。当前，村里要搞各种建设，修路、环卫、亮化等各项工作都需要用钱，空壳村想要为老百姓办点实事却"巧妇难为无米之炊"。时间一长，村民对村庄和集体的认同感逐步减弱，村委会处理村集体内部事务的治理能力和影响力也日趋弱化，村干部的话对老百姓根本不管用。整个农村社会因缺少凝聚力，从而呈现明显的碎片化特征。此外，随着新型经营主体和社会组织进入农村，农村传统熟人社会格局逐步被打破，农村管理服务体系迫切需要重构。

三　加快推进湖北省农业农村现代化的路径探索和举措

（一）加快推进湖北省农业高质量发展的现实路径

1. 以绿色发展为导向，夯实农业高质量发展基础

以生态环境友好和资源永续利用为方向，重点促进养殖业绿色发展，推动形成农业绿色生产方式，实现投入品减量化、生产清洁化、废弃物资源化、产业模式生态化，夯实农业高质量发展基础，提高农业可持续发展能力。一是严格农业资源保护与管控。以县为单位，建立耕地台账、水资源台账、农业废弃物资源台账、农业产业准入负面清单制度，明确种植业、养殖业发展方向和开发强度。全面增强和扩大耕地质量保护与提升行动的力度和覆盖面。对农用地实行严格的分类管理制度。二是加强农产品质量安全监管。加强农业投入品规范化管理，大力推进农业标准化生产，全面推行产地安全证明制度，建立健全农产品质量安全追溯管理平台和质量安全追溯体系。三是积极发展生态循环农业，实现农业绿色生产。加快推广生态高效种养模式，加快区域生态循环农业项目建设。继续实施化肥农药减量增效和有机肥替代化肥、测土配方施肥行动，扩大病虫害绿色防控和统防统治覆盖面。四是全面推进农业面源污染治理和农业废弃物资源化利用。建设农业面

源污染综合防治示范区，探索区域农业面源污染综合治理新模式，探索构建农业废弃物资源化利用的有效模式。

2. 以结构调整为主线，优化农业高质量产品供给

湖北省农业产业结构大调整主要是在"十三五"期间，"十四五"期间主要是产业内部的结构调整。一是全面提高粮食综合生产能力。建成集中连片、设施完善、旱涝保收、高产稳产的高标准农田4181万亩以上，支持"中国好粮油"和"荆楚好粮油"重点企业建设，打造优势粮食产业集群。二是突出地方特色，推进"六谷"建设，即"中国有机谷""中国农谷""硒谷""虾谷""橘谷""药谷"建设。三是壮大农产品"十大千（百）亿产业链"。重点培育发展壮大油料、蔬菜、小龙虾、大宗淡水鱼、茶叶等五大超千亿农业产业链和柑橘、食用菌、中药材、猕猴桃、鸭等五大超百亿农业全产业链。

3. 以三次产业融合为路径，提升农业高质量发展效益

一是聚焦优质农产品基地建设。重点围绕优质稻、双低油菜、生猪、家禽、淡水产品、食用菌、蔬果茶、中药材、蜂产品等优势特色产品，构建技术标准体系，建设一批农业标准化生产示范园、畜禽标准化养殖场、水产健康养殖示范场。二是开展农产品加工提升行动。在蔬菜、干鲜果、食用菌、中药材、茶叶和粮油等主产县实施产地初加工补助政策。补齐农产品精深加工短板，继续实施农产品加工业"四个一批"工程。三是构建高效农产品物流电商系统。四是大力培育农业新业态。重点发展以"农业＋旅游"为主的农业观光休闲产业，以"农业＋文化"为主的农业文化创意产业，以"农业＋健康"为主的康养农业，以"农业＋互联网"为主的智慧农业。五是突出做好三次产业融合先导示范。

4. 以科技创新为引领，强化农业高质量发展动能

以科技创新为引领，大力推进农业机械化、信息化、科技化进程，积极发展智慧农业，全面提升农业物质技术装备水平，从根本上提振农业高质量发展动能。一是补齐现代农业科技创新体系短板。围绕"六谷""十大千（百）亿产业链"，超前布局，建设一批国家级、省级质检技术中心。实施创新驱动战略，鼓励各类农业科研院所、农技推广部门、新型农业经营主体

开展适用技术研究和应用。二是强化农业科技成果转化和推广应用。全面实施农技人员"特聘计划",加强基层农技部门和农技人才队伍建设,支持基层农技推广机构条件能力建设,健全农业科技领域分配政策,支持科技中介服务体系建设。三是加快农业信息化进程。组织实施"互联网＋"现代农业行动,建设农业大数据中心,提高农业精准化水平。

5. 以品牌创建为手段,提升农业高质量发展价值

按照"区域公用品牌＋企业产品品牌"的母子品牌模式开展全省农产品品牌培育工作,实施农产品品牌培育"222"行动,① 快速提高湖北农产品品牌知名度和市场竞争力,逐步实现由农业大省向品牌农业强省转变。一是大力支持特色农产品品牌、企业品牌发展。各县(市、区)统筹制定本区域品牌发展规划,引导支持企业培育、创建和整合品牌,坚决防止品牌杂乱和无序竞争。二是构建"区域公用品牌＋企业产品品牌"的母子品牌模式。按照"品牌引领、抱团发展"的思路,用质量夯实基础、用标准强化规范、用文化提升内涵,逐步形成"政府推动、部门联动、企业主动、社会互动"的区域公用品牌创建格局。引导构建"区域公用品牌＋企业产品品牌(子品牌)"品牌体系。三是完善品牌建设服务体系。加强和推动"三品一标"证后监管和标识正确使用,建立品牌建设公共服务平台,省财政每年安排1亿元资金专项用于品牌宣传。

6. 以主体培育为抓手,增强农业高质量发展活力

大力开展家庭农场培育工程、农民专业合作社示范工程、农产品加工龙头企业培育工程、互助性和经营性服务组织壮大工程、新型职业农民培育工程等,重点解决湖北省新型农业经营主体功能定位不明确、内部管理不规范、区域分布不平衡、自身实力不强、带动农户不够、发展质量不高等突出问题。在每个行政村重点培育1~2个"有合法登记注册、有适度经营规模、有规范内部管理、有先进生产技术、有稳定主导产业、有良好经营效

---

① 农产品品牌培育"222"行动指重点培育2个省级核心大品牌、20个区域公用品牌和200个企业产品品牌。

益"的"六有"家庭农场。在每个县（市、区）重点培育 1~2 家区域性、行业性农民合作社联合社。建立健全农业社会化服务体系，在每个乡镇重点培育提升 1~2 家专业化服务组织。

（二）加快推进湖北省农村现代化的路径选择

1. 强化生态环境保护与修复，全方位加强环境治理实施力度

一是加强环境保护与治理顶层设计，把农村环境保护规划放在与城市环境保护规划同等重要的位置上，配套制定与农村生态环境保护实际情况相适应的具体实施举措、办法。二是牢固树立和践行"绿水青山就是金山银山"的理念，统筹实施重要生态系统保护和修复重点工程，加强耕地、水、森林等资源的保护和合理利用。三是建立针对农业和农村污染的检测、管控和环境保护体系，并将其纳入法律法规的层面。将农村环境保护和治理同村庄自治相结合，引导和组织村民参与村庄内部的环境管理。四是将农村环境保护和治理纳入各级政府财政年度预算，逐年加大对农村环境保护和治理的投入力度。五是进一步健全完善农村环保管护长效机制。六是统筹农业生产、农民生活、农村生态，构建城乡良性互动的生态保护与建设格局。

2. 加强公共基础设施建设，全面补齐农村基础设施发展短板

一方面推进城乡公共基础设施互联互通、共建共享，高标准规划建设农村交通道路、村庄整治、农田水利、供水改造、电网改造、广播电视、网络通信、医疗卫生、文化教育、环境保护等项目，不断提升农村综合发展水平。另一方面创新农村基础设施和公共服务设施决策、投入、建设、运行管护机制，重点在完善农村公路建设养护长效机制、加快农村供水设施产权制度改革、探索建立农村污水垃圾处理统一管理体制等方面发力，让广大农民能够享受到现代文明生活，从而为逐步实现城乡经济社会全面对接、融合发展奠定坚实基础。

3. 改进农村公共服务机制，推进城乡公共资源均衡配置

在义务教育方面，要积极调整农村中小学校布局，统筹优化配置城乡教育资源，提高农村教师待遇，提高义务教育阶段的办学教学质量。在医疗保

障方面，不断健全农村医疗保障体系，完善县、镇、村三级医疗卫生服务网络，把医疗卫生工作的重点放在农村。提高县域卫生系统对疾病的防治技术水平，进一步提高农村居民基本医疗保险水平。在养老保障方面，在农村办好普惠性的公办养老机构，加强农村养老服务工作，确保农村老年人幸福、有尊严地过完下半生。积极探索多种形式的农村养老服务发展模式。在就业管理方面，加快形成城乡一体、普惠共享、功能完善、服务高效、管理规范的就业创业服务体系。重点在于完善积极的就业政策体系，构建城乡一体的就业创业制度，建立城乡统一的就业创业服务体系。在公共文化建设与服务方面，加快农村公共文化服务体系的构建，发展现代文化传播体系，完善公共文化基础设施建设。

4. 传承弘扬传统优秀文化，促进传统文明与现代文明有机融合

一是政府充分利用广播、电视、报刊、网络等现代传媒进行广泛宣传，形成全民参与、自觉传承、共建共创的文化氛围。二是聚焦农村文化发展短板，支持基层"四馆三场"和镇村两级综合文化服务站（中心）建设，培育挖掘乡土文化能人，加强基层文化队伍培训，培养一支懂文艺爱农村爱农民、专兼职相结合的农村文化工作队伍。三是充分利用基层文化阵地，经常性开展读书看报、文艺培训、戏曲会演、全民健身、全民科普等群众文体活动和具有荆楚特色的群众性节日民俗活动和文体活动。四是建立文化再生产创新机制，有条件地将保护与培育文化产业结合起来，推动文化与农业、旅游业等深度融合、创新发展；推动乡村文化产业与科技深度融合。五是做好特色地域文化、农耕文化的保护、传承和弘扬工作。

5. 深入推进"三治融合"，切实推升基层社会治理能力

坚持走以党建为引领，自治、法治和德治相结合的乡村善治之路。①在发挥党建引领作用方面，进一步加强村级党组织建设。建立后备干部选拔任用新机制，提升党组织创造力和战斗力。加大对村党组织书记的教育培训，将其培养成为能够带领村民脱贫致富的能人。②在提高自治水平方面，进一步完善村民自治制度，以自治激发乡村发展活力。③在提高法治水平方面，树立依法治理理念，加强法治保障，靠法治定纷止争，确保农村社会和谐有

序。④在提高德治水平方面，强化道德约束，从提高人的道德素质、强化道德自律方面入手，将道德作为非强制性的社会规范来约束和规范各种不良社会行为，充分发挥内心信念、道德、良心等非正式制度因素在乡村社会治理中的基础作用。⑤在提升服务能力方面，借助现代信息和管理技术，以网格化和社会化服务为方向，建立健全村民自我服务与政府公共服务、社会公益服务有效衔接的农村基层综合服务管理平台，不断完善服务功能，着力提升服务能力和水平。

6. 抓好农村各项改革任务，进一步增强农村发展活力

为进一步实现乡村振兴战略，确保"十四五"期间农业农村各项工作顺利开展，要深入细致谋划好各项改革任务，运用改革的手段，破除体制机制弊端，突破利益固化藩篱，激活农村资源要素，激发广大农民的积极性和创造性，汇聚全社会支农助农兴农力量。①进一步深化农村土地制度改革。在农村土地"三权分置"等方面取得突破，创新放活农房使用权，推动实现农房使用权资本化。建立农民土地股份合作、规模化经营新模式，完善土地经营权抵押担保、入市转让、有偿使用等机制。积极引导土地经营权向家庭农场、农民专业合作社等新型农业经营主体流转，增加农民财产性收入。②进一步深化农村集体产权制度改革。建立健全农村集体经济组织成员利益与集体经济发展壮大等协同发展机制。探索农村集体经济的有效实现形式。探索将政府拨款、减免税费等形成的资产确权为集体经济组织所有，并量化为集体成员股份的办法。鼓励集体经济组织依法以集体经营性资产入股、联营等形式参与乡村产业开发。③建立有效的土地市场制度。重点在建立城乡统一的建设用地市场，以畅通城乡之间土地要素的双向流动渠道。在符合用地规划和用途管制的前提下，允许农村集体经营性建设用地出让、租赁、入股，实行与国有土地同等入市、同权同价。同时，建立符合城乡统一的建设用地市场要求，产权明晰、市场定价、信息集聚、交易安全的土地二级市场。④创新乡村振兴投融资机制。在财政支农上，构建财政支农资金统筹平台，赋予县级政府统筹整合涉农资金的自主权，构建财政项目竞争性分配机制，强化支农资金监督管理。财政资金的投入要逐步由无偿向有偿转变。在

金融助农上，创新农村金融产品与服务，用好"助保贷""政银集合贷""小额保证保险贷"等系列政府增信平台，推广"行业协会＋联保基金＋银行信贷"融资担保模式；探索开发"信贷＋保险"融资模式，推进农保保单质押贷款；加快大额农贷业务发展；扩大大农户联保贷款、农户小额信用贷款、土地承包经营权抵押贷款等业务。在农业保险上，积极拓展政策性农业保险业务，扩大农业保险覆盖面；支持各地探索地方特色保险品种。在融资渠道上，支持各地建立乡村振兴投融资平台，依法推广政府和社会资本合作方式。拓展股权、债券、基金、信托等多形式投融资渠道，探索通过设立乡村振兴基金、先建后补、以奖代补等方式提高投资效益。

"十四五"时期福建省推进城乡融合发展的基本思路和主要任务

吴肇光　张　丹　邹晓洁[*]

摘　要：推动城乡融合发展既是破解新时代社会主要矛盾的关键抓手，又是国家现代化的重要标志，还是实现乡村振兴和农业农村现代化的重要制度保障。本文在回顾和总结改革开放以来福建新型城镇化和乡村振兴建设取得成就和存在问题的基础上，提出"十四五"时期福建要坚持以习近平新时代中国特色社会主义思想为指导，坚持以人民为中心的发展思想，围绕中小城市和特色小（城）镇的探索实践，善于整合已有的有关"三农"的战略部署和政策举措，进一步建立健全城乡融合发展体制机制和政策体系，重塑新型城乡关系，加快推动城乡居民收入均衡化、基本公共服务均等化、基础设施联通化、产业发展融合化、要素配置合理化，加快推进福建城乡融合发展，促进乡村振兴和农业农村现代化。

关键词：城乡融合发展　新型城乡关系　农业农村现代化

---

* 吴肇光，福建社会科学院科研组织处副处长兼创新办主任、研究员，主要研究方向为区域经济与城乡发展；张丹，福建社会科学院人事处职员、研究实习员，主要研究方向为交通管理与经济管理；邹晓洁，福建省福州市农业农村局种子服务站高级经济师，主要研究方向为农村经济管理。

"十四五"规划是我国开启社会主义现代化强国建设新征程的第一个五年规划。"十四五"时期是福建在新的起点上推进高质量发展、开启社会主义现代化建设新征程的关键时期。推动城乡融合发展既是破解新时代社会主要矛盾的关键抓手，又是国家现代化的重要标志，还是实现乡村振兴和农业农村现代化的重要制度保障。党的十九大提出了"实施区域协调发展战略"和"实施乡村振兴战略"，标志着中国特色社会主义城乡区域发展进入新的历史时期。回顾和总结改革开放以来，特别是党的十八大以来福建新型城镇化和乡村振兴建设取得的成效和存在的问题，对于编制"十四五"时期福建推进城乡融合发展规划具有十分重要的意义。

一　福建省城乡融合发展基础

改革开放 40 多年来，福建充分运用国家赋予的各项特殊政策和灵活措施，积极探索振兴福建城乡区域发展之路。在经济社会迅速发展的大背景下，福建城镇规模不断扩大，城镇集聚和辐射功能日益增强，城镇体系逐步完善，城镇人口急剧增加，城乡区域结构趋向协调，基本实现了由沿海地区率先发展向沿海内陆地区统筹协调发展的转变。福建地区生产总值占全国比重由 1952 年的 1.9%、1978 年的 1.82% 提高到 2018 年的 3.98%，由 1978 年的全国第 22 位上升到 2018 年的第 10 位；人均地区生产总值由 1978 年的全国第 23 位上升到 2018 年的第 6 位；城镇化水平从 1952 年的 11.5%、1978 年的 13.7% 提高到 2018 年的 65.8%，高于全国平均水平（59.58%）6.22 个百分点。

（一）城乡区域结构趋向协调

在优惠政策和市场力量的双重作用下，福州、厦门、泉州三大中心城市生产要素迅速集聚，生产力水平迅速提高，经济社会发展均走在全省前列，带动了周边沿海城市和山区城市的快速发展。1979～2018 年，福州、厦门、泉州三市 GDP 年均分别增长 14.1%、15.3%、15.9%，年均增速居全省前三位，示范带动作用突出。2018 年三大中心城市生产总值占全省地区生产总值的比重为 58.98%，比 1978 年提高 37.48 个百分点。在三大中心城市的带动下，福建逐步形成闽东北、闽西南两大协同发展区，各地区之间的发展差异逐步缩小，双轮驱动、南北互动、协调推进、统筹发展的良好格局正在新起点上进一步形成。与此同时，全省各地积极探索市场经济灵活机制，发挥区域资源优势、比较优势，发展地方特色产业、优势产业。2018 年福建县域实现地区生产总值占全省经济总量的比重约为 55%。

（二）小城镇综合改革建设试点深入推进

自 2010 起开展小城镇综合改革建设试点，福建小城镇的发展速度和质量明显提升，涌现出一批经济实力雄厚、人口和产业集聚度较高、公共基础设施相对完善的中心镇，特别是 2015 年 8 月省政府办公厅出台的《关于开展小城市培育试点的指导意见》，对福建小城市培育试点的目标、任务及措施进行了明确。目前，福建共组织开展了 43 个省级小城镇综合改革试点、15 个国家级和省级新型城镇化综合改革试点、15 个镇级"小城市"培育试点，批复创建 55 个省级特色小镇，对中小城市和特色小（城）镇进行多层次、全面深入的改革探索。这些试点镇均具备良好发展基础，具有承接中心城区外溢城市职能及对周边乡镇的辐射带动作用，可尽快总结推广创新经验，发挥引领示范作用。

（三）城镇化水平稳步提升

伴随着产业和就业结构的调整，福建城镇化进程也迎来重大转折点。改革开放初期，福建城镇化率仅为 13.7%。随着农村经济的快速发展和乡镇企业的异军突起，加上户籍制度、用工制度和土地使用制度的改革，大量农村剩余劳动力转移到非农产业，到 1990 年，城镇化水平提升到 21.4%。1991~2000 年，福建积极贯彻国家"严格控制大城市规模、合理发展中等城市和小城市"的方针，全省城镇化建设进入一个新的发展时期，到 2000 年底，城镇化水平提升到 42.0%。2001~2018 年，福建积极探索推进城镇化新方式，由传统粗放式城镇化向新型城镇化转型，随着农村劳动力向城镇转移，实现了从落后的乡村型社会向富足的城乡融合型社会转变。2018 年，城镇化水平提高到 65.8%。

（四）城乡人民生活水平显著提高

改革开放激发了经济活力，人民生活从温饱不足迈向全面小康。城镇居民人均可支配收入从 1978 年的 371 元提高到 2018 年的 42121 元，年均增长 12.6%，比全国同期增速快 0.2 个百分点；农村居民人均纯收入从 1978 年的 138 元提高到 2018 年的 17821 元，年均增长 12.9%，比全国同期增速快 0.6 个百分点。城乡居民的财产性收入从无到有，占全部收入的比重不断提高，2017 年城镇居民的财产性收入占比超过 11%，农村居民的财产性收入占比为 1.78%。城乡居民收支结构逐步优化，城乡收入比由 1978 年的 2.70∶1 调整为 2018 年的 2.36∶1。从城乡居民消费结构看，城乡居民家庭的恩格尔系数分别从 1985 年的 54.0% 和 62.4% 下降到 2018 年的 32.6% 和 36.5%，人民生活从满足于吃饱穿暖转变到更加注重个性和享受的多层次消费，实现了从温饱向小康的整体性转变。

（五）城乡公共服务水平日趋均衡

党的十八大以来，随着农业经营方式不断创新和农业多种功能不断拓展，家庭农场、种养大户、农民合作社、产业化龙头企业等新型农业生产经营主体和服务主体快速增长，休闲农业、乡村旅游、农村电商等新产业、新业态、新模式蓬勃发展，已经成为推动现代农业建设、促进农民就业增收不可或缺的新动能。随着交通、教育、医疗、住房、就业创业、文化、社会保障等民生领域的进一步建设，高品质生活开始成为新的追求目标。到 2018 年末，全省市县生活垃圾无害化处理率为 98.87%，市县污水处理率为 92.4%，电视节目综合覆盖率为 99.19%，所有乡镇已全部开通公路，实现村村通电；城乡二元就业结构发生很大变化，城镇从业人员占全社会从业人员的比例由 1978 年的 22.5% 提高到 2018 年的 48.7%，农村劳动力占比由 1978 年的 77.5% 下降到 2018 年的 51.3%；全民医保基本建立，城乡居民养老保险实现了全覆盖，全省参加城镇基本养老保险人数为 1074.26 万人，参加城乡基本医疗保险人数为 3804.72 万人，参加城镇失业保险人数为 570.27 万人。

与此同时，我们也要清醒地认识到，当前福建城乡区域发展差距依然较大，这种差距不仅体现在 GDP 指标的绝对值以及城乡居民人均可支配收入方面，还体现在基本公共服务水平方面，在医疗卫生、社保、教育、养老等领域尤为突出；协调发展体系不够健全、协调发展机制尚未理顺、协调发展动能弱化等发展不平衡不充分问题依然凸显，还存在着行政界限约束尚存、低水平重复建设和同质化无序竞争等现象，存在生产力布局优化不足、生产要素流动不畅、区域发展不平衡以及新动能对经济发展支撑力不足等问题。

二 "十四五"时期福建省城乡融合基本思路

"十四五"时期，福建要坚持以习近平新时代中国特色社会主义思想为指导，善于整合已有的有关"三农"的战略部署和政策举措，坚持以人民为中心的发展思想，牢牢把握城乡融合发展正确方向，树立城乡"一盘棋"理念，以协调推进乡村振兴战略和新型城镇化战略为抓手，进一步建立健全城乡融合发展体制机制和政策体系，使之在新的形势和要求下继续充分发挥作用，重塑新型城乡关系，走城乡融合发展之路，促进乡村振兴和农业农村现代化。

（一）坚持与实施农业供给侧结构性改革相衔接

农业供给侧结构性改革既是解决当前我国农业农村问题的重要举措，也是推进乡村振兴、城乡融合的核心和关键。构建城乡融合发展体制机制，应与这一文件的政策精神相衔接，要以农业供给侧结构性改革为抓手，通过深入推进改革提高农业供给体系质量和效率，加快构建现代农业产业体系、生产体系、经营体系，着力培育农业农村发展新动能，使农产品供给数量充足、品种和质量契合消费者需要，真正形成结构合理、保障有力的农产品有效供给，加快推进农业农村现代化。

1. 以城乡产业融合为重点

推动城乡融合发展必须依靠大力发展农村生产力来解决，始终要抓住"产业兴旺"这个重点。要发挥城镇化引领带动新消费、培育新产业的重要作用，打破城乡二元结构，加速资源双向流动，促进乡村产业振兴与城镇化有机融合、互促并进。以农村一、二、三产业融合为导向，发挥一、二、三产业融合的乘数效应，着力打造一产强、二产优、三产活的全链式发展格局，不断提高农业供给体系的质量、效益和效率。以农业产业化与绿色化融合为抓手，加快转变农业发展方式，推动更具可持续性的农业产业化，加快提升乡村产业生态化、绿色化发展能力和水平。

2. 以城乡人才融合为支撑

树立"大人才"理念，强化开放意识，打破地域限制、身份限制等，坚持"不求所有、但求所用"，推动以人才为核心的要素集聚、活力迸发，合力推进乡村振兴。要创新理念，完善机制，将乡村人才振兴与乡村规划、产业振兴等统筹考虑，对乡村实用人才、专业人才、经营人才、管理人才、公共服务人才等实行分类评价、动态管理、精准激励，努力形成人才、土地、资金、产业、信息汇聚的良性循环。

3. 以全方位制度供给为保障

按照产业兴旺、生态宜居、乡风文明、治理有效、生活富裕的总要求，以缩小城乡发展差距和居民生活水平差距为目标，以完善产权制度和要素市场化配置为重点，坚决破除体制机制弊端，激活主体、激活要素、激活市场，着力增强改革的系统性、整体性、协同性，培育农民增收新动能，打好脱贫攻坚战，推动农业全面升级、农村全面进步、农民全面发展。

（二）坚持与推进新型城镇化建设相融合

新型城镇化的基本特征与乡村振兴战略的总体要求有着很高的契合度，其核心是人的振兴和人的现代化。推动城乡融合发展必须协调、融合新型城镇化的相关政策和举措，并在原有基础上提升到新的要求和高度。要坚持以人民为中心的发展思想，强化统筹谋划和顶层设计，实施新型城镇化与乡村振兴协同发展战略，进一步建立健全城乡融合发展体制机制和政策体系，以新型城镇化引领乡村振兴，加快推动城乡融合发展，实现城乡共建共享共荣。

1. 重塑城乡关系

树立城乡融合发展的理念，以新型城镇化引领乡村振兴，推动城乡要素跨界配置和产业有机融合，促进城乡要素自由流动、平等交换和公共资源均衡配置，构建农村一、二、三产业融合发展体系，推动新型工业化、信息化、城镇化、农业现代化同步发展，实现乡村经济多元化和农业全产业链发展，实现城乡共建共享共荣，加快形成工农互促、城乡互补、全面融合、共同繁荣的新型工农城乡关系。

2. 实现生态宜居

生态宜居注重的是建设人与自然和谐共生的农业农村现代化。必须把生态文明建设放在突出地位，将推进乡村绿色发展落实到乡村振兴的全过程，着力解决农村突出环境问题，特别是要走绿色安全高质量的路子，加强源头治理，健全从田间到餐桌的全产业链监管体系，扩大农业生态产品和服务供给，形成节约资源和保护环境的空间格局、产业结构、生产方式和生活方式，满足广大农民群众对美好生活特别是生态美好的向往。

3. 实现治理有效

治理有效强调了要从注重基层民主制度建设过程到追求农村社会稳定结果的更高要求，更是注入了自治、法治、德治相结合的乡村治理体系新内涵。必须发挥基层党组织领导核心作用，加强党对"三农"工作的领导，以自治为基础，以法治为根本，以德治为引领，探索乡村治理新模式，健全自治、法治、德治相结合的乡村治理体系，推动社会治理重心向基层下移，确保乡村社会充满活力、和谐有序。

（三）坚持与推进农业现代化建设相配套

实施乡村振兴战略的重要内容之一就是"加快推进农业农村现代化"

"实现小农户和现代农业发展有机衔接"。要坚持以生产技术科学化为动力源泉，以农业产业化为重要内容，以农业信息化为技术手段，以保障农产品有效供给、促进农民持续较快增收和农业可持续发展为目标，大力发展现代农业，提高农业发展质量效益和竞争力，走产出高效、产品安全、资源节约、环境友好的农业现代化道路。

1. 进一步调整优化农业结构

通过产业联动、产业集聚、技术渗透、体制创新等方式，优化农业产品结构、产业结构和布局结构，将资本、技术以及资源要素进行集约化配置，推动农业生产企业与设施装备、文化创意、生物农药、农产品加工、冷链物流、电子商务等产业组团发展，延伸产业链、打造供应链、形成全产业链，加快构建现代农业产业体系。

2. 加快构建现代农业生产经营服务体系

运用现代科学技术服务农业、现代生产方式改造农业，大力推进农业科技创新和成果应用，增强农业综合生产能力和抗风险能力。培育新型职业农民和新型经营主体，健全农业社会化服务体系，构建以农户家庭经营为基础、以合作与联合为纽带、以社会化服务为支撑的立体式、复合型现代农业经营体系，提高农业经营集约化、组织化、规模化、社会化、产业化水平。

3. 积极发展多种形式适度规模经营

以提高土地产出率、资源利用率、劳动生产率为核心，健全土地流转规范管理制度，强化规模经营管理服务，加快培育家庭农场、专业大户、农民合作社、农业产业化龙头企业等新型农业经营主体。推行土地入股、土地流转、土地托管、联耕联种等多种经营方式，大力发展品牌农业、生态农业和智慧农业，重点打造全产业链产值超千亿元的优势特色产业，促进农业产业链延伸和功能拓展，提高农业质量效益和竞争力。

（四）坚持与推进农村精神文明建设相一致

乡风文明突出的是传统与现代的融合，既要保持乡村文化特色，又要与城市现代文化的融合，这也是农村精神文明建设的根本任务。建设现代乡村文明，不是传统农耕文明的简单回归，而是要对传统乡村文明进行创造性转化、创新性发展。要遵循乡村发展规律，坚持物质文明和精神文明一齐抓，发挥传统文化在农村底蕴深厚、流传久远的优势，弘扬优秀乡土文化、乡贤文化、优良家风，倡导现代文明理念和生活方式，推动移风易俗、文明进步，不断提高乡村社会文明程度。

1. 切实加强农村公共文化建设

逐步建立健全全民覆盖、普惠共享、城乡一体的基本公共服务体系，大力加强公共服务和设施的共建共享，推进城乡公共服务均等化，加大城镇教育、医疗、文化等优质公共资源对乡村辐射力度，特别是要统筹推进城镇和乡村的供水、供电、供气、宽带服务、金融网点、垃圾处理等建设，推进城乡基本公共服务标准统一、制度并轨，努力满足农民群众对优质公共服务和基础设施的需求。

2. 不断健全完善村民自治制度

考虑到城乡的差异性，要实现"和而不同"的城乡融合发展，就要在法治之外发挥乡村的自治功能，实现乡村的自主发展、差异化发展。要围绕建设善治乡村，充分发挥社会各类人才包括新乡贤等在乡村治理中的作用，尤其是突出"德治"的作用，形成规范有序、充满活力的乡村治理机制，实现政府治理和社会调节、居民自治良性互动，全面提高农村基层治理水平。

3. 进一步加强农村法治建设

充分发挥法治在促进、实现和保障乡村振兴方面的重要作用，进一步提高农村广大干部群众的法制观念和法律素质，用法治保障和推动城乡融合发展。要建立健全党委领导、政府负责、社会协同、公众参与、法治保障的现代乡村社会治理体制，深入排查、精准发力、重拳整治，大力开展"扫黑除恶"，创建平安乡镇、平安村庄，搞好突出治安问题专项整治，全面提升农村事务的法治化管理水平。

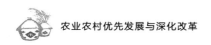

三 "十四五"时期福建省城乡融合发展的主要任务

"十四五"时期,福建要围绕中小城市和特色小(城)镇的探索实践,充分考虑不同地区城乡融合发展阶段和乡村差异性,牢牢把握城乡融合发展正确方向,进一步建立健全城乡融合发展体制机制和政策体系,协同推进新型城镇化和乡村振兴,重塑新型城乡关系,加快推动城乡居民收入均衡化、基本公共服务均等化、基础设施联通化、产业发展融合化、要素配置合理化,加快推动福建城乡融合发展,促进乡村振兴和农业农村现代化。

(一)以不断缩小城乡收入差距为目标,推动城乡居民收入均衡化

"三农"问题的核心是农民问题,农民问题的核心就是收入问题。必须坚持以人民为中心的发展思想,构建长效政策机制,统筹提高农民的工资性、经营性、财产性、转移性四个方面的收入,让广大农民尽快地富裕起来,不断缩小城乡收入差距,促进城乡居民收入均衡化。一是在农民的工资性收入方面,要大力推动农业转移人口在城市落户,减少从事农业的农村劳动力数量;对没有落户城镇的农民工,要从优化就业环境、增加就业岗位、提高劳动者素质等方面入手,提高农民的工资性收入。二是在农民的经营性收入方面,既要完善财政、信贷、保险、用地等政策,降低农业成本、提高农业收入,又要提高职业农民技能,培育发展新型农业经营主体,统筹提高农业效益和农民收入。三是在农民的财产性收入方面,要推动农村集体产权制度改革,加快完成农村集体资产的清产核资,把经营性资产量化到集体成员,提高农民财产性收入,推动农村资源变资产、资金变股金、农民变股东。四是在农民的转移性收入方面,要履行好政府的再分配调节职能,加强对农民生产生活的公共财力保障,实现城乡间收入分配格局不断调整和优化。

(二)以推进城乡基本公共服务普惠共享为重点,推动城乡基本公共服务均等化

现阶段福建发展最大的不平衡是城乡之间的不平衡,城乡之间不平衡最

突出的表现就在于基本公共服务发展水平的不平衡，要加快补齐这个短板，必须逐步建立健全全民覆盖、普惠共享、城乡一体的基本公共服务体系，稳步提高城乡基本公共服务均等化的水平。一是建立城乡教育资源均衡配置的机制。要优先发展农村的教育事业，促进各类教育资源向乡村倾斜，建立以城带乡、整体推进、城乡一体、均衡发展的义务教育发展机制，用教育公平来促进整个社会的公平正义。二是健全乡村医疗卫生服务体系。要统筹加强乡村医疗卫生人才和医疗卫生服务设施的建设，并通过鼓励县医院和乡村的卫生所建立医疗共同体，鼓励城市大医院对口帮扶或者发展远程医疗来缓解农村居民看病难、看病贵的问题。三是健全城乡公共文化服务体系。要统筹城乡公共文化的设施布局、服务提供、队伍建设，推动文化资源重点向农村倾斜，扩大和提高服务的覆盖面和适用性，让城乡居民都能够享有更丰富、更适合各自特点的文化服务。四是完善统一城乡的社保制度。要加快实现各类社会保险标准统一、制度并轨，充分发挥社保对保障人民生活、对调节社会收入分配的重要作用。

（三）以率先推动城乡基础设施互联互通为先导，推动城乡基础设施联通化

从国际经验看，率先推动城乡基础设施的互联互通是发达国家城乡融合发展的一个最直接的措施。必须统一规划、合理布局、协调推进城乡基础设施建设，尽快补齐农业农村基础设施建设短板，促进城乡基础设施联通化。一是要建立城乡基础设施一体化的规划机制。要以县或市这样的一个范围作为整体，推动城乡的道路、供水、供电、信息基础设施、广播电视、防洪、垃圾污水处理等基础设施一体化规划。二是要健全城乡基础设施一体化的建设机制。按照公益性和经营性属性，健全分级分类的投入机制，构建事权清晰、权责一致、中央支持、省级统筹、市县负责的机制。三是要建立城乡基础设施一体化管护机制。要更好地运用市场化的手段来解决乡村分散所导致的运营和养护成本相对比较高的问题，合理确定城乡基础设施统一管护运行模式，比如，将城乡道路等公益性设施的管护和运营纳入一般公

共财政预算，鼓励政府用购买服务的方式来引入专业化企业，提高管护的市场化程度等。

（四）以培育发展城乡产业协同发展先行区为载体，推动城乡产业发展融合化

无论是农村劳动力就地就近就业，乡村的土地、特色资源等生产要素得以有效利用，还是城市的人才入乡、工商资本入乡、科技入乡和金融入乡，都需要搭建城乡产业协同发展平台，促进城乡产业发展融合化，实现乡村经济多元化和农业全产业链发展。建议把福建批复创建的 55 个省级特色小镇作为城乡要素融合重要载体，以现代农业为基础，以农村一、二、三产业融合发展和乡村文化旅游等新产业新业态为重要补充，创建一批城乡融合典型项目，搭建城乡产业协同发展平台，推动城乡要素跨界配置和产业有机融合，形成示范带动效应。与此同时，在搭建各类城乡产业协同发展平台的过程中，要坚持农民主体、共享发展，坚持守住底线、防范风险，特别是守住土地所有制性质不改变、耕地红线不突破、农民利益不受损底线，守住生态保护红线，守住乡村文化根脉；要防止乡村产业发展起来了，但是环境被破坏了、乡愁没有了。

（五）以构建城乡统一建设用地市场为突破，推动城乡要素配置合理化

考虑到城乡二元土地制度是城乡融合发展的重要障碍。要以提高土地产出率、资源利用率、劳动生产率为核心，妥善推进农村土地流转，促进城乡要素配置合理化。一是改革完善承包地制度。抓紧落实第二轮土地承包到期后再延长 30 年政策；平等保护并进一步放活土地经营权，为现代农业发展提供更可靠的制度保障。需要注意的是，农村土地集体所有的性质不能改变，承包地的农业用途不能改变，农民的利益要得到充分的保护。二是建立集体经营性建设用地入市制度。目前，我国农村集体经营性建设用地入市仅局限在 33 个农村土地制度改革三项试点地区探索，福建仅有晋江市。未来

在全国范围内普遍铺开的路径和时间节点，要视《土地管理法》修改情况和国家统一部署而定。三是稳慎改革农村宅基地制度。农村闲置农房放在那里任其破败是个大问题，利用起来却是一笔大资源。需要注意的是，城里人到农村买宅基地这个口子不能开，按规划严格实行土地用途管制这个原则不能突破，必须严格禁止利用农村宅基地建设别墅大院和私人会馆。

参考文献

王喜成：《以乡村振兴战略带动实现城乡融合发展》，《区域经济评论》2018 年第 3 期。

吴肇光：《新中国成立 70 年：福建城乡区域发展的回顾与展望》，载姜辉、刘少坤、李春林主编《新中国 70 年与当代中国马克思主义发展》，中国社会科学出版社，2019。

东北地区乡村产业空心化
及"十四五"应对策略[*]

赵　勤[**]

摘　要： 乡村产业空心化是城镇化、工业化进程中的一种必然现象，是乡村系统的一种不良演化过程，反映的是城乡发展不平衡、乡村发展不充分的问题。城乡二元结构、城乡收入差距、城乡基础设施和公共服务差距、短期化行为、产业同构化以及不合理的财政补贴方式是形成乡村产业空心化的主要原因。乡村产业空心化对乡村振兴的综合影响，主要表现在延缓农业现代化进程、影响乡村人居环境改善、扩大乡村生态环境负向影响、加速乡村文化边缘化、增加乡村有效治理难度、加大农民增收不确定性等方面。"十四五"时期，破解东北地区乡村产业空心化，需要优化乡村产业区域布局和产业结构，促进小农户与新型经营主体有机衔接，以"人兴"为支撑引领产业扩容增量，加快形成产业振兴多元投入格局，以品牌建设引领乡村产业质量变革，不断夯实乡村生态资源基础，积极争取国家相关政策支持。

关键词： 乡村产业　空心化　乡村振兴　东北地区

---

[*]　本文系国家社科基金项目"土地流转背景下粮食主产区农民生计问题研究"（15BSH029）的阶段性成果。

[**]　赵勤，管理学博士，黑龙江省社会科学院农村发展研究所副所长、研究员，主要研究方向为农业经济理论与政策。

我国乡村空心化现象出现在 20 世纪 90 年代,近年随着工业化、城市化及社会转型的加快,对乡村空心化的关注逐渐增多。乡村空心化包括乡村人口空心化、乡村产业空心化、乡村基础设施空心化、乡村教育空心化等,本质上是乡村经济社会功能的整体退化。随着城镇化、工业化进程的加快,东北地区乡村不同程度地出现了产业空心化,乡村产业空心化现象反映出乡村发展不充分、城乡发展不平衡的问题,已成为制约现代农业发展及乡村振兴的主要问题。只有破解乡村产业空心化,把产业合理布局在农村,让各方人才会聚在农村,才能真正实现乡村全面振兴。

一 乡村产业空心化内涵及特征

(一)乡村产业空心化内涵

"产业空心化"现象最早出现在 19 世纪后半期的英国,到 20 世纪六七十年代美日等发达国家在经济发展中均出现制造业萎缩、大规模海外投资、失业率上升等空心化现象。2008 年由美国次贷危机引发的全球金融危机,使得产业空心化问题再次成为多国政府、产业界、学术界关注的焦点。随着对产业空心化重视程度的不断加强,对其内涵的理解也有了进一步的深化,由最初的"离制造化""离本土化"到"产业结构软化",再向"某种要素的空白或缺失"转变。

乡村产业空心化是指在乡村地域范围内,支撑产业发展的生产要素(如资本、劳动力、技术、信息等)难以在乡村聚集,特别是多种优质生产要素大量外流或转移,乡村传统产业不振甚至退化,新产业新业态新模式发展缓慢,导致资源配置效率不高、就业机会减少、市场需求下降、经济增长放慢。

(二)乡村产业空心化特征

1.乡村传统产业边缘化

农业是绝大多数乡村的传统产业,在快速工业化和城镇化进程中,东北地区农业比较效益呈下降趋势，农业在市场经济发展中越来越处于弱势地位。主要农产品生产成本居高不下，不断挤压农民从事农业生产和增加农业投入的边际收益；农业资源环境约束加大，寒地黑土长期处于超负荷利用状态，农业水资源紧缺问题日益突出，农业面源污染趋于加重；农民应对市场变化能力较弱，"增产不增收"、卖粮难等现象比较突出。此外，其他传统产业，如农村建材生产等行业，也因受到来自城市规模企业的竞争而发展艰难。

2. 乡村新经济发展缓慢

虽然各级农业部门出台了相关实施意见和配套措施，进一步推进乡村新经济发展，但总体来看，东北地区大多数乡村产业融合发展水平较低，农业多种功能开发不足，新产业新业态新模式发展相对缓慢，仍处于初级阶段。以乡村旅游为例，东北地区乡村旅游经营类型多停留在农家乐、垂钓、采摘等传统项目上，个性化主题不多，缺少文化内涵，中高端产品供给不足。2017 年，东北地区共实现乡村旅游主营收入 1665.6 亿元，而同期四川省为2285 亿元。

3. 乡村产业主体不断弱化

随着大量青壮年劳动力流入城市或发达地区，东北地区乡村人力资源配置不足且呈现老龄化、低层次化，乡村产业发展主体弱化趋势日渐凸显。2005 年以来，东北地区乡村人口呈现负增长趋势。根据第三次全国农业普查数据，2016 年，东北地区农业生产经营人员有 2133 万人，其中 35 岁及以下仅占 17.6%，36 ~ 54 岁占 49.8%，55 岁及以上占比为 32.6%；文化程度初中及以下的占比高达 93.0%，高中或中专占比为 5.6%，大专以上仅占1.4%。

4. 乡村资金外流依然严重

与城市相比，乡村是资金匮乏的地区。虽然近年来东北地区农村金融改革取得了一定成效，但乡村资金外流现象并没有得到有效遏制，更多的资金通过金融、投资、价格、劳动力转移等渠道由乡村流入了城市，加上乡村信贷供给不足，导致乡村产业发展"失血"严重。以黑龙江省为例，全省 66

个县（市、区）中，县域经济存贷比超过 1 的只有 19 个，占比为 28.8%；71.2% 的县（市、区）存贷比不大于 1，其中大部分为粮食主产县和边境县，农村资金净流出量已连续多年在 300 亿元以上。

5. 农民增收并非主要来源于乡村

2015 年以来，东北地区农民收入连续增长。2018 年，辽宁、吉林、黑龙江三省农民人均可支配收入分别为 14656 元、13748 元、13804 元，增幅均高于城镇居民人均可支配收入增速，但吉林、黑龙江两省农民人均可支配收入低于全国平均水平。从收入结构上看，工资性收入在农民收入构成中占比略有提高；经营性净收入占比最大，但近年持续下降；财产性净收入占比低且变化不大；转移性净收入占比大幅提高。东北地区农民增收主要依赖于转移性净收入和工资性收入的增长，而在工资性收入中，有相当大一部分是依靠农民离开乡村到城市打工获取的工资。

二　东北地区乡村产业空心化原因分析

乡村产业空心化是城镇化、工业化进程中的一种必然现象，是乡村系统的一种不良演化过程，反映的是城乡发展不平衡、乡村发展不充分的问题。

（一）城乡二元结构制约乡村产业发展

尽管最近十多年，国家加快推进城乡一体化，但城乡二元分割的结构仍然在很大程度上制约城乡要素平等交换、收益合理分配，妨碍了乡村产业综合效益和竞争力的提高。各种产业要素在城乡间分配不平等，资金、技术、人才高度集中在城市，城市基础设施比较完备，工业、服务业发展相对充分，特别是先进制造业和现代服务业高度集中；乡村基础设施薄弱，产业发展不充分，农业劳动生产率低，传统产业边缘化，乡村工业规模小、投入少、层次低，乡村服务业发展严重滞后，一、二、三产业融合水平低。

（二）城乡收入差距加速乡村人口外流

从相对差距来看，2009 年以来，东北地区城乡收入差距虽有所波动，但总体上呈持续缩小态势。2009 年辽宁、吉林、黑龙江城乡居民人均可支配收入比值分别为 2.65、2.66、2.41，2018 年已降至 2.55、2.19、2.11，但差距缩小幅度近三年明显减小。从绝对差距来看，城乡居民收入差距依然很大，2009 年辽宁、吉林、黑龙江城乡居民人均可支配收入分别相差 9803 元、8740 元、7359 元，2018 年扩大至 22686 元、16424 元、15387 元。城乡收入差距直接影响城乡居民生活质量，加速了乡村文化程度较高的青壮年劳动力流向城市就业或居住，导致乡村人口数量、结构发生巨大变化，有技术、懂经营、善管理的年轻人日益缺乏。乡村人口的单向外流，加剧了乡村人口空心化、老龄化，导致东北地区乡村产业发展所需的人力资源严重不足，也使得乡村产业基本处于低层次、粗放式发展阶段。

（三）设施服务短板降低产业发展质量

乡村产业发展需要互联互通的基础设施和便捷高效的公共服务。东北地区乡村面积广阔，平均人口密度低，绝大多数乡镇与县城距离较远。长期以来，对农业农村投入的不足导致城乡基础设施和公共服务差距过大。乡村相对薄弱的基础设施和严重不足的公共服务资源，提高了产业发展成本、加大了产业发展风险、降低了产业发展质量。而城市相对完善的基础设施和优越的教育、医疗、养老等公共服务条件，对乡村居民产生了巨大的吸引力，加速了乡村精英群体流向城市，进而加剧乡村产业空心化。

（四）短期化同构化影响产业良性发展

一方面，短期化行为较为普遍。由于缺乏完备的约束机制，在乡村产业发展过程中，短期化行为相当普遍。为追求产业发展的短期利益，在发展过程中，一些乡村在引进产业龙头企业时，贪多求快，要数量不要质量，引入了一些高污染、高能耗的产业项目，不但消耗了当地资源，也留下了许多环境问题；一些经营者在发展乡村旅游时，盲目上马旅游项目，大肆破坏生态环境，甚至出现价格欺诈、变相涨价等违法行为；一些农业生产者的掠夺性经营行为，造成了耕地质量下降；等等。另一方面，产业同构化问题突出。许多乡村在产业发展过程中，未能充分考虑本地特色优势、地域适应性和市场供需状况，盲目跟风，不仅在种植业、养殖业、农产品加工业出现产业同构现象，而且在一些新兴产业如休闲农业、乡村旅游、电子商务等领域也出现同构化倾向。无论是短期化行为，还是同构化现象，都蕴藏着较大风险，造成乡村产业发展的恶性循环，进而加剧乡村产业的萎缩和空心化。

（五）财政补贴制造局部虚假繁荣

党的十八大以来，国家和地方政府持续加大惠农强农支持力度，东北地区农业农村发展取得了历史性成就，乡村产业发展也取得突破性进展，但受制度性因素影响，局部地区的乡村产业发展呈现一种虚假性繁荣。在课题组调研的很多县镇，都建立了现代农业园区、工业园区和商业综合体，吸引了一些企业入驻。相当一部分产业园区和商业综合体主要依靠财政补贴投入建设，在建设和运营过程中，只注重增长之形，不重视发展之实，因此"集而不群"的现象非常突出，甚至只有产出而无盈利。更为严重的是，少数企业、合作组织根本不考虑投资的市场经济性，不重视基本的投入产出比，只是为了获取财政补贴，甚至通过虚报、多报项目和虚开发票等手段套取财政补助资金，导致部分乡村出现一些"空壳"企业和合作组织。

三　乡村产业空心化对东北地区乡村振兴的主要影响

产业兴旺是乡村振兴发展的基础。尽管乡村产业空心化只是乡村空心化的一个方面，但其对东北地区乡村振兴的影响是综合的，涉及经济、社会、生态等多方面。

（一）延缓农业现代化进程

乡村人口外流是乡村产业空心化的直接表现。随着大量青壮年劳动力，特别是有技术、懂经营、善管理的青壮年劳动力持续流入城市，乡村人力资本数量和质量下降，农业发展所需劳动力呈现老龄化、低层次的特征。不断弱化的农业发展主体严重影响了先进农技推广应用的效果、现代化大型农业机械的使用、农业劳动生产率的提升，难以实现农业可持续发展。此外，由于农业收益偏低，留守的生产经营主体对农业生产的积极性不高，也不愿投入过多的资金、精力，导致农业生产能力不高，农业产业升级受阻，一定程度上延缓了东北地区农业现代化进程。

（二）影响乡村人居环境改善

乡村人居环境改善，主体在民，需要全社会的共同参与和大量资金的投入。东北地区大部分村屯布局比较分散，乡村基础设施建设欠账较多，改善乡村人居环境资金需求量大。但由于产业空心化，原本相对繁荣的乡村日渐萧条，人口吸引力弱，人口外流严重，农村闲置房屋越来越多，不但造成资源浪费，也加大了人居环境改善的难度。目前，在东北乡村人居环境改善中，除了政府部门参与投入外，并没有太多的社会资本、民间资本参与其中，而且乡村垃圾处理、污水治理、厕所革命、村容村貌整治等，也因缺乏产业的带动和支撑，实际运行效果并不理想。

（三）扩大乡村生态环境负向影响

与城市相比，乡村生态环境具有一定的特殊性，如水土流失、农业污染导致生态环境破坏。乡村产业空心化直接导致土地经营的粗放化，这种粗放型的发展模式不重视对耕地资源、水资源的保护性利用，水土流失、土地板结、河段污染、水质性缺水等生态环境问题突出。乡村产业空心化使得化肥、农药等使用强度较高，农业投入品利用率低，大量直接进入大气、水体和土壤，也使乡村环境污染日趋加重。此外，由于缺少农业废弃物资源化利用、农村垃圾无害化处理等相关企业，农村生态环境治理难度不断加大。

（四）加速乡村文化边缘化

乡村是传统农业文明的重要保留地，也是优秀传统文化传承的重要载体。随着乡村产业空心化，乡村文化的空心化也日益明显，乡村文明也在逐渐衰落，一些地方甚至出现乡村传统秩序崩塌、功利行为盛行的畸变。外出务工人员接触了城市文明，在一定程度上会自觉不自觉地被城市文化同化，逐步接受并内化城市文化，排斥并脱离原有的农业文明和乡土文化；而留守人员文化素质整体偏低，乡村文明缺乏建设主体，特别是随着乡村学校的撤并、网络信息的冲击，城市文化逐渐向乡村渗透和强化，乡村文化虚化、空洞化日趋明显，乡村文化发展后继乏人，许多优秀的乡村文化习俗得不到传承，重情义、重家庭和重乡土归属的优秀品质也在逐渐淡化，乡村文化正面临边缘化的危险。

（五）增加乡村有效治理难度

乡村产业空心化不仅使乡村人口过度流失，而且还加剧了人口结构的进一步恶化。特别是近些年，随着乡村学校的撤并，很多适龄儿童到城镇上学，乡村留守人员结构正在向以留守老人为主的结构转变，这无疑增加了乡村治理的难度。大量农村精英的流失不仅弱化了自治主体，也虚化了村民自治。在课题组调研的一些村庄，都存在着"两委"换届选举时参选选民不足、村干部选举难和管理人才断代、乡村治理断层等问题。此外，乡村产业空心化，还使乡村治理面临养老、家庭文化传统断代、公共文化建设相对滞后等治理难题。

（六）加大农民增收不确定性

随着经济发展进入新常态，东北地区农业农村发展的外部环境、内在条件正在发生深刻变化，农民增收的不确定因素明显增多。受经济下行压力较大和传统行业去产能等因素影响，农民外出就业人数和工资增幅出现"双下降"，农民工资性收入增速明显放缓。依靠劳动力外出就业来增加农民收入的难度越来越大，这种建立在农业农村之外、主要依靠城市产业支撑的城市导向型农村增收模式是不可持续的。农民增收的源泉应该在农业和农村，但由于乡村产业空心化，乡村传统产业边缘化，新兴产业发展缓慢，农民增收渠道不宽、潜力不大、动能不强，加大了农民增收的不确定性。

四 "十四五"时期东北地区破解乡村产业空心化的对策

针对东北地区乡村产业空心化产生的原因及对乡村振兴发展的影响，"十四五"时期，可从产业布局、市场主体、人才振兴、资金投入、生态基础、政策支持等角度，谋求破解乡村产业空心化的策略。

（一）优化乡村产业区域布局和产业结构

破解乡村产业空心化，要结合主体功能区建设规划和特色农产品区域布局，优化乡村产业区域布局和产业结构。一是以提高乡村产业与资源环境匹配度为基准，优化区域布局。综合考虑各地资源禀赋、区位条件、发展基础、生态环境，对乡村进行分类，要以支持农村创业创新和农民增收为基本取向，明确乡村产业发展定位，因地制宜构建区域化、差异化、规模化的乡村产业区域发展新格局。如城郊型乡村要综合考虑邻近城市的产业特征和乡村自身发展需要，重点加快推进城乡产业融合；平原型乡村要考虑通过培育区域品牌，破解农产品增产不增收和乡村产业同质竞争的困境，提升主导产业优势；山区型乡村要立足资源生态特色，重点发展山区采集、种植、养殖、旅游观光、农林产品加工等特色产业；边境型乡村要把握区位沿边、生态优良特点，重点发展有一定出口优势的外向型农业、文旅产业、现代物流等产业；特色型乡村要注重特色资源保护与产业发展良性互促，重点强化特色农业、手工业、商贸流通业等产业发展。二是以增强农村产业发展与城乡需求连接性为基准，优化乡村产业结构。针对乡村产业结构性失衡和发展不充分问题，充分考量农业资源、生产习惯、市场需求，在保证粮食产能前提下，加快调整种植业结构，大力发展现代畜牧业，有侧重地发展农林产品加工业和乡村特色加工业，大力培植乡村休闲旅游、电子商务、现代物流等终端型、体验型、智慧型、循环型新产业新业态发展，形成更有效率、更有效益、更可持续的乡村产业供给体系。

（二）促进小农户与新型经营主体有机衔接

破解乡村产业空心化，推进乡村全面振兴，必须处理好小农户与现代农业发展之间的关系。一是充分发挥新型经营主体的带动作用。加大对新型农业经营主体的扶持力度，特别要注重发展农业产业化龙头企业，壮大村级集体经济，增强其带动小农户发展的能力；重视新型经营主体与小农户联结方式创新，积极推广合同制、合作制、股份制等多种利益联结；把小农户受益作为政府扶持新型经营主体的必备前置条件，将带动小农户数量、经济效果、利益联结程度等作为主要考核指标，同时鼓励各级政府将支持新型经营主体的部分补贴资金通过折股等方式量化给小农户，使小农户分享发展成果。二是注重提升小农户自我发展能力。研究制定实施针对小农户的教育培训计划，促进小农户向新型职业农民转变；积极引导小农户增强市场意识和经营意识，推动联合联营，大力发展新产业新业态新模式；推进信息化与农业现代化融合，提高小农户标准化生产、对接多元市场、分享产业增值收益的能力。三是不断完善农业社会化服务体系。大力发展直接面向小农户的农业生产性服务业，通过服务带动小农户与新型经营主体有机结合。不断完善农业科技推广体系，健全农业科技特派员制度；加快农村金融改革，深入实施信贷支农行动；扩大农业保险覆盖面，开展农业大灾保险试点；积极搭建现代农业社会化公共服务平台，形成公益性和经营性相结合的农业社会化服务新机制。

（三）以"人兴"为支撑引领产业扩容增量

人是最活跃、最持续、最有效的发展要素，破解乡村产业空心化、推进乡村振兴关键在人。要坚持引育并重，将人才振兴与创新创业相结合，强化乡村产业发展的人力资源支撑。一是创新本土人才培育机制。依托东北地区丰富的教育资源和科技资源，加快对现有各类人才开展分级分类精细化培训，实施定向培养计划，发挥其在产业发展、技艺传承等方面的带动作用。二是创新乡村人才引进机制。不断优化发展环境，以乡情乡愁为纽带，通过实施高层次人才柔性引进计划、推动高校毕业生乡村成长计划、开展返乡创业就业推进行动、畅通各界人士回归乡村渠道，引导各类人才向乡村集聚。三是创新乡村人才评价机制。积极探索建立职业农民职称制度、乡土人才技能等级评价制度；制定乡村应用型人才评价标准，放宽学历、论文、外语等各种限制性条件；探索建立全省统一的乡村人才评价信息管理与服务平台，强化信息服务，为乡村人才跨单位、跨地区、跨体制合理流动提供可靠的信息支撑。

（四）加快形成产业振兴多元投入格局

破解乡村产业空心化，推进乡村振兴发展，必须解决"钱从哪里来"的问题。按照"市场为主、政府引导、多元筹措"的原则，积极拓宽资金筹措渠道，加快形成财政优先保障、金融重点倾斜、社会积极参与的多元投入格局，确保乡村产业投入力度不断增强、资金总量持续增加。一是优化财政投入。进一步优化财政供给结构，积极争取中央、省、地市各类补助资金，加大县级财政投入，提高土地出让收入对产业投入比例，统筹上级转移支付资金，推进资金整合，提高财政资金使用效率。二是创新发展农村金融。大力支持农业银行、邮储银行等金融机构开展业务，积极搭建银企合作平台；构建"政银担保投"联动支农机制，探索建立农担公司、县级政府和承办银行风险共担机制，引导项目业主争取金融机构给予更多信贷支持。三是引导社会资金参与。采取村企结对、部门联村等形式积极引导和吸纳社会资本参与乡村产业振兴，推广政府和社会资本合作（PPP）等模式，撬动工商资本投向农业农村，特别是投向乡村旅游、生态文化旅游等产业项目建设。

（五）以品牌建设引领乡村产业质量变革

坚持高质量发展、绿色发展，通过乡村地域品牌、产业品牌和产品品牌引领，将各地地域资源优势转化为市场竞争优势，破解乡村产业同质竞争和低价竞争的困境。一是加强规划指导与制度安排。结合东北农产品区域布局和农业品牌资源，研究编制东北各省、市、县三级品牌农业发展规划，加强统筹谋划、统一指导；逐步建立覆盖区县的品牌指导站，搭建乡村产业品牌公共服务平台，健全品牌发展法治保障，构建品牌维权发展机制。二是培育壮大品牌经营主体。鼓励乡村龙头企业利用品牌资源进行扩张和延伸，支持农产品加工企业等乡村企业以品牌为纽带进行整合；以企业为龙头、以合作社为纽带、以家庭农场和农户为基础，培育集生产、加工和服务于一体的农村产业经营组织联盟，通过促进要素集聚、服务集约扩大乡村产业规模经营；依托各类园区、市场，培育壮大一批具有地方特色和比较优势的乡村产业集群，推进地理标志等区域品牌建设与保护。

（六）不断夯实乡村生态资源基础

乡村产业的发展是建立在乡村资源可持续利用、乡村环境得到保护和改善的基础上的，因此要坚持绿色发展理念，围绕乡村产业可持续发展的耕地、草原、林地、水域等生态资源，推动用养结合，一、二、三产融合，健全补偿机制，实现乡村资源科学合理开发利用。一是加强水土资源保护与修复。继续推进东北黑土地保护利用，加强耕地综合治理，保护提升土壤肥力；大力开发推广应用高效节水技术，提高农业用水效率，严格控制农业用水总量。二是降低农业农村废弃物污染。推行绿色化的清洁生产或服务，采用无废弃物或少废弃物的绿色工艺技术，推进农业投入品废弃物有效回收、综合利用；构建种植业、养殖业间循环链条和不同层次的生态循环农业体系，充分利用农业微生物消解农业废弃物；加快推进农村人居环境治理，特别是农村垃圾治理制度化、常态化。三是完善农业生态补偿机制。建议选择部分粮食主产县开展生态补偿试点，在试点的基础上逐步扩大推广，启动绿色生产补偿，对采用环境友好型生产方式的经营主体给予生态补贴，对粮食轮作等给予转型补贴。

（七）积极争取国家相关政策支持

东北地区是我国重要的粮食生产基地和老工业基地，在维护国家国防安全、粮食安全、生态安全、能源安全、产业安全方面发挥着重要作用。因此，东北地区乡村产业振兴也具有一定的特殊性、长期性、艰巨性，急需国家加大政策支持力度。要在深入研究、吃透、用活、用足国家相关政策的基础上，积极协调争取，发挥政策最大效应，推动乡村产业加快发展。一是协调争取各类不需要地方配套资金的政策。根据《国务院关于近期支持东北振兴若干重大政策举措的意见》（国发〔2014〕28号），积极协调争取中央财政进一步加大对粮食主产区、边境地区一般性和专项转移支付力度，建议取消粮食主产区、贫困地区、边境地区县及县以下配套资金。二是争取国家给予东北地区更多的生态补偿政策支持。积极争取国家把重点国有林区的自然保护区纳入生态补偿范畴，增加中央财政对保护区转移支付力度；争取国家将重要农产品生产保护区纳入生态补偿范畴，通过一般性财政转移支付，逐步使其人均财力达到全国县级平均水平，以保证贫困地区、边境地区乡村享有均衡的公共服务资源。三是争取国家给予边境地区戍边人口的相关政策。积极争取国家对边境县给予特殊政策待遇，在提高边境县干部职工工资待遇的同时，提高边境县居民在医疗、养老等方面的待遇。

参考文献

户华为：《因势利导，让乡风文明重归"故土"》，《光明日报》2017年2月6日。

温源:《乡村振兴如何增优势补短板》,《光明日报》2018 年 8 月 7 日。

邢明:《乡村振兴需要多元化人才支撑》,《黑龙江日报》2018 年 10 月 3 日。

赵勤、车丽娟:《以品牌农业引领农业高质量发展》,《黑龙江日报》2018 年 9 月 19 日。

赵勤:《着眼农业提质增效 厚植发展新优势》,《黑龙江日报》2017 年 6 月 6 日。

周殿武、邓雪霏、卢博宇:《对我省休闲农业和乡村旅游现状的思考》,《黑龙江日报》2018 年 7 月 27 日。

从规模农业到效益农业

——以安徽合肥为例的产业扶持政策调整与优化研究

蒋晓岚　孔令刚[*]

摘　要： 规模经济是市场经济客观规律的体现，是微观主体竞相追逐的结果。规模是现代农业的外在表现，效益是现代农业的内在要求，支持规模农业、效益农业发展，是改革开放 40 多年来中国农业政策的立足点，也是政策绩效评价的出发点。本文在对规模农业与效益农业进行简要综述基础上，以中部地区省会城市合肥为样本，通过对其现代农业产业扶持政策体系的构建、作用、绩效加以分析，提出从规模农业到效益农业，现代农业产业扶持政策的调整和优化方向及主要措施。

关键词： 规模农业　效益农业　产业扶持政策　现代农业

现代农业是在吸收现代工业、科技、管理全部成果基础上发展起来的，规模农业是现代农业的客观表现，对于规模效益的追逐是改革开放以来中国现代农业发展的一个重要主题。中国规模农业的发展，主体层面表现为新型经营主体成长，客体层面表现为现代园区及基地建设推进，制度层面表现为经营模式变革，结果层面表现为农业经营集约化程度的提高。

---

[*] 蒋晓岚，安徽省社会科学院城乡经济研究所区域研究室主任、副研究员，主要研究方向为农村经济；孔令刚，安徽省社会科学院城乡经济研究所所长、研究员，主要研究方向为区域经济。

一　规模农业与效益农业发展简述

（一）规模农业

1. 经营模式变革驱动规模农业发展

农村家庭承包经营体制框架下，农户对规模效益的追求与剩余劳动力转移相伴而生，承包经营模式由最初的村内代耕和转包，到跨村跨乡的大户经营，到工商资本介入的大规模集中连片承包，再到家庭农场、农民专业合作社的兴起，形成从小规模经营到大规模经营再到适度规模经营模式的变迁。

自主经营家庭户的经济理性，决定其舍弃或粗放经营小块土地，而选择外出打工。解决抛荒地问题便成为农村土地流转市场建设的契机，也为多样化的经营模式变革提供条件。于是，建立在家庭经营基础上的合作经营、股份化经营、公司化经营在对农业规模效益的追逐中壮大。中国农村地域辽阔，自然条件、经济发展水平差异大，是这种多元化经营模式并存、混合型经济发展格局形成的根本原因。

2. 新型经营主体发挥着规模化经营的组织、示范作用

人多地少的国情决定着长期以来小规模农业仍是中国农业的发展基础。截至2016年底，我国没有流转土地经营权的农户约1.6亿户，约占全部农户的70%。小农户数量众多，但是规模经营户作用更大，规模经营户在采用新技术和新设备、利用新资源、整合新要素，以及与工商资本分工合作、带动小农户共同开发大市场、增收致富过程中，逐步发挥着更为积极的组织、示范作用。

家庭农场是农业规模化、集约化、商品化生产经营的新型农业经营主体，2008年十七届三中全会报告对此给予肯定。2013年，中央一号文件首次提出了"家庭农场"的完整概念，鼓励和支持承包土地向专业大户、家庭农场、农民合作社流转。家庭农场是农民合作社的建设基础，在发展订单

农业，带动小规模农户改进生产技术、降低成本等方面发挥了核心作用。截至 2018 年底，进入部级名录的家庭农场 60 万家，是 2013 年的 5 倍多，其中从事种植业的占比为 62.7%；经营面积 1.6 亿亩，其中 71.7% 的土地来自租赁；平均年销售收入 30 多万元，是 2013 年的 137%。①

2013 年中央一号文件首次提出，修订《农民专业合作社法》，引导农民专业合作社规范发展。通过对"空壳社""休眠社""家族社"等问题的清理和整顿，农民专业合作社提质增效，其组织带动小农户、激活乡村资源要素、引领乡村产业发展、维护农民权益等方面功能得到强化。截至 2019 年 2 月底，全国依法登记的农民合作社为 218.6 万家，合作社联合社 1 万多家，入社农户占全国农户总数的 48.4%。其中，种养业占 70% 以上；提供产加销一体化服务的合作社占比为 53%，服务总产值近 1.4 万亿元，平均每个合作社为 64 万②。

3. 规模农业的效益实现途径

一是内部规模报酬的提高。内部规模报酬是经营者集聚要素、集约化经营水平等的综合体现，是伴随着土地流转市场建设，土地规模化经营带动资金、人才、技术、信息资源向经营主体集聚过程中产生的，在主体能动性与环境客观性相互作用下呈现逐步提高的趋势。基于经营主体资源要素的集聚和整合能力、集约化经营水平、市场开拓能力、政府态度及政策支持状况，种植养殖大户、家庭农场、农民专业合作社、龙头企业、龙头企业集团等不同规模经营主体通过组织创新而构建分工协作体系，比如产业联合体、农民合作社联社、产业联盟等，通过组织体系内部规模报酬提高而提高各自的规模报酬，是提高规模经营主体内部规模报酬的途径。

二是外部规模报酬的提高。外部规模报酬是由生产者集中而产生的，表现为产业园、科技园、加工流通园、"一村一品"基地等，是经营主体与政

---

① 参见《家庭农场不以规模论英雄　实现最佳规模效益最重要》，《经济日报》2019 年 9 月 18 日。

② 参见《农业农村部：我国依法登记的农民合作社达 218.6 万家》，新浪财经，2019 年 4 月 19 日。

府及社会服务组织共同作用的结果，在园区或基地等较小的地块更有利于开展高标准农田等基础设施建设，进行密集的信息、服务、流通加工体系建设布局，从而促进经营主体降本增效；更重要的是，知识信息技术溢出效应通过快速提高人力资本价值，抵消边际效用递减的不利影响，维持收益递增局面，助力区域农业的可持续发展。

（二）效益农业

1. 效益农业是现代农业的重要表现形式

经济效率是市场经济主体竞争的指向，在同样投入水平下经济效率高则产出水平高，产出水平与产出效益正向关联，而销售能力与市场状况是影响经济主体产出效益的关键因素。就中观层面而言，产业效益是宏观发展环境、产业扶持政策、产业市场结构与微观主体竞争力相互作用的结果，是衡量产业竞争力的重要指标。

效益农业是现代农业的重要表现形式，是以市场为导向、以提高产业竞争力为诉求、以农民增收为目的、以现代农业科技和管理科学为支撑，通过科技创新、组织创新，优化要素配置，实施集约高效开发而形成的具有完整产业链、安全生态链、灵敏需求链、快捷供应链的现代农业。

2. 农业产业化开启效益农业发展道路

在应对国内国际市场挑战过程中，我国理论和实践工作者借鉴工业化思维，运用产业化理论，基于产业主体利益联结、产业组织化程度提升、产业链条延伸、产业价值链提升，不断丰富效益农业内涵和外延，逐步形成各具特色的现代效益农业发展路径。

1980年代家庭联产承包责任制的制度创新，奠定了农村商品经济发展的基础。1990年代，一波又一波的全国性农产品销售难，刺激了生产端的结构调整，催生了市场端的商贸经济发展。1996年，山东诸城地区最早提出并践行农业产业化发展思路，以地方特色农产品为客体，政府组织、支持、引导产供销各相关经营主体，基于"利益均沾、风险共担"的利益机制，龙头企业采取订单农业等多样化的组织形式，带领农民共闯国际国内大市场。

与此同时，东部沿海的广东、福建，致力于开拓国际市场，在特色水果、特色养殖业等诸多领域，形成外销导向型产业化发展路子。而浙江、江苏以及安徽南部地区等，依靠商贸经纪人、发展专业市场，形成工商业带动的农业产业集群化发展路径。经过 20 多年的发展，基于市场导向、效益追求的农业产业化发展取得明显成效，全国范围初步形成了区域化布局、专业化生产、产业化经营的现代农业产业格局。

3. 效益农业的实现路径

2016 年，中央一号文件《关于落实发展新理念加快农业现代化实现全面小康目标的若干意见》提出了提高农业质量效益和竞争力、推动绿色农业发展、推进农村产业融合等相关要求。2018 年中央一号文件强调，应逐步建立起与"农业现代化取得明显进展"相适应的现代农业产业体系，使现代农业成为重要的产业支撑，从而指明了新时期效益农业的实现路径。

现代农业产业体系重在解决农业资源要素配置和农产品供给效率问题，现代农业生产体系重在解决农业的发展动力和生产效率问题，现代农业经营体系重在解决"谁来种地"和农业经营效益问题。有学者提出，可采取结构优化、功能拓展、链条延伸、产业融合等多维立体式的构建路径，在资源、要素、技术、市场、制度等方面，形成现代农业生产、经营、产业三大体系，以提高农业整体素质和竞争力。

近年来，沿着产业价值链建设思路，以跨界、融合、整合为关键词的农村产业升级深入推进。培育和引进高端资源，整合农业产业链，将农村产业由基础的种养加层次延伸到餐饮、休闲、文化、娱乐、教育等领域，标志着基于市场导向、效益追求的农业产业化发展又进入一个更高的发展层次。

（三）从规模农业到效益农业的政策体系建设

1. 农业补贴政策实现广覆盖

农业补贴是一国政府对本国农业支持与保护政策体系中最主要、最常用的政策工具，包括农业生产、流通和贸易领域的转移支付。1980 年代中后期，我国推出了基于粮食购销制度的经营主体建设、流通渠道培植及平抑市场价格的国家财政金融支持政策。1990 年代，中央财政对于高标准农田建设试点给予补贴。步入 21 世纪，中央财政开始支持国家现代农业产业园、科技示范园以及各类改革示范区建设，并逐步加大对农村生产生活基础设施及教育医疗等公共产品的投入，形成覆盖农业生产、流通贸易、农村公共产品领域的广泛的财政金融支持政策。

2002 年，中央财政首次以农民为对象，实施了对种粮农民直接补贴政策，之后扩展到农机具购置等四个方面，从而实现了对农业、农村、农民的全覆盖。

2. 规模农业发展逐步成为重点扶持领域

一是促进新型经营主体发展成为农业支持政策的重要组成部分。

2003 年，中央财政设立了农民专业合作组织发展资金。2006 年颁布《农民专业合作社法》，提出应从财政、项目、金融、税收等方面支持农民合作社发展。各级财政支持的各类小型项目，开始向农民合作组织、家庭农场倾斜。此后，对新型农业经营主体的扶持成为农业支持政策的重要组成部分，并由财政补贴向人才培养、信息技术推广等纵深领域推进。

2011 年起，农业部组织实施现代农业人才支撑计划，每年培养 1500 名合作社带头人。2016 年，中央财政切块投入 14 亿元资金，支持农民合作社示范社建设。同年，308 个新型农业经营主体中标高标准农田建设项目，获得中央财政补贴 5.62 亿元。[①] 2017 年，中央财政投入高标准农田建设资金 287.4 亿元。[②]

2019 年，国家给予农村合作社的补贴涉及土地流转、贷款、种粮、生猪标准化规模养殖场（小区）建设、退耕还林补贴、草原生态保护补助等众多项目，以及农机购置、农资综合补贴、农业保险补贴、粮食最低收购价

---

① 参见《农民合作社和新型农业经营主体扶持政策（财政、项目、金融、税收）》，搜狐网，2018 年 1 月 5 日。

② 参见《2018 年国家财政支农，数百亿资金如何使用？三产融合是重点》，搜狐网，2018 年 3 月 21 日。

等众多环节，农民合作社、家庭农场相关的单个项目补助可达 200 万元。

二是新型农业经营主体发展政策体系初步形成。

2017 年 5 月，中央政府《关于加快构建政策体系培育新型农业经营主体的意见》提出，综合运用多种政策工具，引导新型农业经营主体提升规模经营水平、完善利益分享机制，更好地带动农民进入市场、增加收入、建设现代农业，由此形成支持新型农业经营主体发展政策体系。

这个政策体系包括完善财政税收政策、加强基础设施建设、改善金融信贷服务、扩大保险支持范围、鼓励拓展营销市场、支持人才培养引进等几个方面。① ①实施新型农业经营主体培育工程，培育一批示范家庭农场、示范合作社和示范农业产业化联合体。②支持新型农业经营主体参与现代农业园区建设。支持新型农业经营主体到国家现代农业产业园、科技园、创业园等园区，发展农产品加工流通、电子商务、农机装备租赁等新产业新业态。③支持农产品初加工和农业生产性服务业发展。重点支持新型农业经营主体发展农产品加工，支持新型农业经营主体带动农户应用农业物联网和电子商务等。④开展信贷支农行动。综合运用税收、奖补政策，鼓励金融机构创新产品和服务，加大对新型农业经营主体、农村产业融合发展的信贷支持。⑤实施农业大灾保险试点，完善农业再保险体系和大灾风险分散机制。

3. 以高质量绿色发展为导向强化对效益农业的支持

随着农村产业发展新业态、新模式不断涌现，高效产业的载体建设逐步纳入中央财政支持范围，并呈现参与群体众、支持力度大、政策工具多的特点。2016 年，第一批特色小镇试点、农村电子商务 "双创工程" 启动。2017 年，首批田园综合体试点启动。同年，支持农村一、二、三产业融合发展的中央财政资金 35 亿元，带动地方财政投入 14.71 亿元，项目单位自筹和银行贷款投入 786.96 亿元。

2019 年，国家农业扶持政策重点支持类别包括农业综合开发、农业资源环境保护、绿色生态高效农业、农村三次产业融合发展等，其支持门类包

---

① 参见《农业部：五个方面加强对新型经营主体的政策支持》，搜狐网，2017 年 12 月 16 日。

括：①种植农业项目、养殖农业项目，补贴额度最高 2 亿元，或占项目总投资的 10%；②农业流通加工类项目，补贴额度最高 1000 万元，或占项目总投资的 30%；③休闲农业项目，补贴额度最高 2 亿元，或占项目总投资的 30%。[①] 以上支持门类中，还包括一、二、三产业融合试点，一县一特产业发展试点，龙头企业带动产业发展试点，国家农业产业化示范基地，农业综合开发农业部专项，农业科技成果转化资金补贴，中小企业技术创新基金现代农业领域项目等试点及相关专项的细分。

2019 年，《中共中央　国务院关于坚持农业农村优先发展做好"三农"工作的若干意见》进一步提出，强化高质量绿色发展导向，按照增加总量、优化存量、提高效能的原则，加快构建新型农业补贴政策体系。

二　合肥农业支持政策体系的构建

（一）现代农业产业扶持政策体系主要内容

1. 现代农业产业扶持政策体系特色

2008 年，合肥在全国较早制定系列农业产业扶持政策，对现代农业发展进行积极干预、引导和扶持。2014 年 5 月，形成了一个规定、三个办法、五大领域政策、县区相关配套政策组成的"1 + 3 + 5 + N"产业发展扶持政策体系。2015 年以来，每年的农业产业扶持政策，均是在该政策框架及总量控制不变的前提下对相关规定和办法、具体条款予以动态完善的。

合肥市"一揽子"产业扶持政策在全国范围引起了关注和良好反响，突出表现为产业扶持政策实现了"四个转向"，即事后补贴转向事前事中扶持，资金由分散使用转向集中使用，由无偿使用转向有偿使用为主，由直补企业转向创造外部环境为主。

---

① 参见《2019 年国家农业扶持政策一览表及申报时间一览（参考）》，搜狐网，2019 年 4 月 8 日。

2. 扶持现代农业发展的政策工具

根据合肥市人民政府办公厅合政办〔2018〕24号文件，2018年现代农业发展政策支持工具及主要项目如表1所示。

（1）投资引导基金。投资引导基金规模根据年度资金安排计划确定，下设"现代农业发展专项资金"，实行预算管理和总量控制。比如产业结构升级提效方面，主要有资源拓展利用的林果花卉基地以及资源合理利用的循环经济类、资源综合利用的三产融合类、资源高效利用的产权运营类等项目。

（2）贷款贴息。主要面向新型经营主体，如对外投资的农业龙头企业、产业化示范联合体牵头企业、市级以上示范农民合作社、市级以上示范家庭农场。

（3）借转补。面向标准化产业园、养殖基地、示范园的产前扶持、产后结算的管理办法。

（4）事后奖补。包括品牌奖补、加工业扶持、休闲农业示范点（村、园）建设扶持等。

（5）财政金融创新类产品。主要指财政资金支持的担保、贷款、保险一体化产品。

表1 合肥市现代农业发展政策支持工具及主要项目

项目	（1）投资引导基金	（2）贷款贴息	（3）借转补	（4）事后奖补	（5）财政金融创新类产品
重点支持	现代农业示范区、农业种业发展、农业产业化发展、产业结构升级提效	新型经营主体，如龙头企业、联合体牵头企业、市级以上示范农民合作社及家庭农场	标准化产业园、养殖基地、示范园等	品牌奖补，加工业扶持、休闲农业示范点（村、园）建设扶持等	草莓"信贷+保险"、大棚草莓、桑蚕、苗木、蛋鸭、茶叶、大棚蔬菜、淡水养殖等8个项目
管理方式或额度	预算管理和总量控制	奖补额度大等于20万元且贴息比例小等于实际支付利息的50%	20万~60万元	20万~50万元	保费由市财政、县（市）区财政、农户按3:4:3比例承担

3. 现代农业产业政策支持方向

以合肥市人民政府办公厅合政办〔2018〕24 号文件为例，2018 年度现代农业政策扶持范围包括规模农业、现代农业、农产品质量安全、经营主体、专项改革及事务、农业保险等方面（见表 2），并对现代农业、全程农事服务中心建设等新型农业项目给予较大力度的资金扶持。比如，"互联网＋"现代农业项目，按照投资总额 50% 计，奖补上限为 100 万元；综合性全程农事服务中心建设项目，达到市级验收标准的，按照大、中、小规格分别给予 160 万元、100 万元、60 万元奖补。

表 2　合肥市现代农业发展政策支持方向及主要项目

（1）规模农业	（2）现代农业	（3）农产品质量安全	（4）经营主体	（5）专项改革及事务	（6）农业保险
粮油棉示范区（点）	"互联网＋"现代农业	农产品质量安全示范	农产品加工企业	农村集体产权制度改革试点	草莓"信贷＋保险"、大棚草莓、桑蚕、苗木、蛋鸭、茶叶、大棚蔬菜、淡水养殖等
设施蔬菜瓜果标准园	10 个都市现代农业示范区建设	粮油优质绿色生产基地	农业"走出去"龙头企业	"三变"改革试点	
连栋温控大棚基地	休闲农业发展	畜禽标准化健康养殖	产业化示范联合体牵头企业贷款贴息	国家级"平安农机"示范市	
经果林基地	现代生态循环农业发展	渔业绿色健康养殖基地	市级以上示范农民合作社贷款贴息	农村产权交易市场建设	
苗木花卉基地	环巢湖农业面源污染综合防治示范区	畜禽规模养殖场升级	市级以上示范家庭农场贷款贴息	全程农事服务中心建设	保险市级配套，上述保险保费由市财政、县（市）区财政、农户按 3：4：3 的比例承担
生产基地	渔稻综合示范基地建设	动物防疫体系		规模化水稻机插秧作业	
池塘标准化	规模畜禽养殖废弃物资源化利用	森林防火通道			
	品牌奖励				

（二）现代农业产业扶持政策绩效前期显著、后期下降

1. 2008～2013年现代农业产业扶持政策绩效显著

2008～2013年，合肥累计投入各级财政现代农业发展资金15亿元，带动工商资本和社会资本投入超过1000亿元，形成以财政投入为引导、以企业投资为主体、工商社会资本广泛参与的现代农业投入稳定增长机制，新型经营主体加速成长，农业产出水平大幅提升，初步形成了区域化布局、专业化生产、产业化经营的现代农业产业发展格局。

（1）新型经营主体加速成长。2008～2013年实施龙头企业奖补项目38个，兑现市级奖补资金171万元，省级、国家级龙头企业数量分别由2008年的22家、3家增加到2013年的93家、7家（见表3）。实施农民合作社示范奖补项目137个，兑现市级奖补资金1600万元，农民合作社由2008年的235家发展到2013年的2209家，入社农户由2008年的3万户增加到2013年的35万户，覆盖面达到29%。

表3　2008～2013年新型经营主体奖补资金及成效

奖补龙头企业					奖补市级示范农民合作社			
奖补情况		龙头企业			奖补情况		合作社（入社农户）	
奖补项目（个）	奖补资金（万元）	市级（家）	省级（家）	国家级（家）	奖补项目（个）	奖补资金（万元）	农民合作社（万户）	入社农户（万户）
38	171	571(3880)	93(71)	7(4)	137	1600	2209(1974)	35(32)

注：（）内为2013年相较于2008年的增加量。

（2）农业产出水平大幅提升。2008～2012年五年内累计投入"以奖代补"扶持资金5亿元，带动社会投资35亿元（见表4），推动农业生产加工跃上新台阶。蔬菜产业初步形成"二环五带十区"区域化布局，蔬菜自给率达到66%，基本解决了常年伏（夏季）缺问题。肉蛋奶水产品产量增长62.6%；农产品加工产值增长2.39倍，缓解了主要农副产品及加工品供不应求问题。

表4　2008～2012年"以奖代补"扶持资金及相关产业产出

奖补资金（亿元）	扶持项目（个）	带动社会投资		蔬菜自给率		肉蛋奶水产品产量		农产品加工产值	
		总额（亿元）	1元奖补资金带动投资	2009年（%）	2013年（%）	2009年（万吨）	2012年（万吨）	2009年（亿元）	2012年（亿元）
5.0	3710	35	1:7	51	66	61	99.2	328.6	1113.6

2009～2013年五年内投入7525.85万元财政扶持资金，带动20.3亿元投资，形成增加约26倍的投入效应（见表5），有力地支持了规模养殖业发展。2013年，合肥龙虾养殖面积超过10万亩，市场交易量突破3万吨，龙虾餐馆近4000家，年消费量超过2万吨，龙虾经济突破20亿元，养殖面积、产量、餐饮消费量、出口额等主要指标位居全国前列。

表5　2009～2013年养殖业奖补资金投入及效应

奖补情况		带动社会投资		其中渔业经济发展	
奖补项目（个）	奖补资金（万元）	总额（亿元）	1元奖补资金带动投资	渔业经济总量	龙虾经济规模
341	7525.85	20.3	1:27	全省第一	养殖面积超过10万亩,产业规模突破20亿元,主要指标位居全国前列

（3）奠定农业规模化发展基础。2008～2013年，扶持千亩以上规模土地流转备案项目130多个，流转土地32万亩，兑现市级奖补资金239万元。土地流转面积发展到239万亩，土地流转率上升至32.5%。2013年，全市农业园区核心区面积达40万亩，辐射带动面积150万亩以上，农业园区高效农业面积占比超过65%。

2. 2015年以来现代农业产业扶持政策绩效有所下降

2015年以来，现代农业产业扶持政策以提高规模农业发展水平为主要目标之一，进一步鼓励土地向各类园区或基地集中，促进区域化种植、标准化生产、精深化加工、品牌化运营。但是相较于前几年，这一轮现代农业产业扶持政策绩效并不显著。

（1）土地规模化程度快速提高，但是农民经营性收入水平没有相应提升。2015 年以来，合肥小农户土地流向合作社、家庭农场势头强劲，2017 年耕地面积百亩以上大户增加到 8663 个。同时，新农村建设过程中也出现了农民集中居住、土地加速流向各类园区的趋势。

但是，合肥农民人均可支配收入水平显著低于周边江浙、两湖省会城市水平，且经营性净收入增长缓慢，而转移性净收入增速较快。2018 年，合肥农民人均可支配收入 20391 元，高于全国平均水平。其中，经营性净收入 6706 元，占比 32.8%，低于全国平均水平 4 个百分点；转移性净收入 5364 元，占比 26.3%，高于全国平均水平 6.3 个百分点。说明合肥转移支付对农民收入增长的贡献率提升，而农业规模化程度的提高并没有带来经营收益的提升。

（2）现代农业园区发展质量提升，但是农业综合效益水平仍然较低。2018 年，合肥拥有 1 个国家级、7 个省级、34 个市级现代农业示范区，402 个特色农业园区，规划总面积超过 180 万亩，占基本农田的 25.8%。

累计投入稻渔综合种养专项扶持资金 3200 万元，打造百亩示范点 400 个、千亩示范片 24 个、万亩示范区 4 个、国家级稻渔综合种养示范区 2 个，规模以上休闲渔业基地发展到 350 余家，并形成优质粮油、草莓、蔬菜、生猪、家禽、乳制品、淡水产品等产值超 10 亿元产业集群。但是农业综合效益水平仍然较低，与杭州、长沙等周边城市相比，差距较大。

（3）加工企业成为农业产业化引领者，但是企业规模及效益没有明显提升。近年来，合肥粮食、畜禽、鱼产品加工等领域，涌现出一批全国行业旗舰型企业，且成为农业产业化引领者，是三次产业融合发展的重要推动力量。2018 年，市级以上现代农业产业化联合体 125 家，70% 以上的农产品加工企业与农户、农民合作社签订了原料生产订单。顺应"互联网＋农业"发展趋势，加工企业积极发展电子商务、农商直供、加工体验、中央厨房等新业态，推进加工业与休闲、旅游、文化、教育、科普、养生养老等产业融合。

但是企业规模及效益没有明显提升，整体发展水平与江浙等地区差距较大。2018 年合肥规模以上农产品加工企业 554 个、加工产值 1241.2 亿元，相较于 2012 年，分别增长 15.7%、11.5%。

（三）规模农业发展存在瓶颈，是现代农业产业扶持政策绩效下降的根本原因

1. 产业组织结构不合理，对小规模农户带动力不强

近年来合肥发展市级以上产业化示范联合体125家，粮油、蔬菜、畜禽、水产品等部分领域产业集群化发展趋势初现，但是仍然存在龙头企业数量少、实力不强、辐射带动力不强的问题，且农民合作社覆盖面不足，难以有效带动传统小农进入现代产业体系。

2018年合肥家庭农场、农民合作社、市级以上龙头企业数量分别为6669个、5093个、736个，其所占比例分别为53%、41%、6%。龙头企业带动农户的产业化模式居于主流，农户覆盖面为70%；但是企业以订单带动为主，股份合作化程度低，难以产生自增强的组织创新效应。农民合作社数量相对较少，其成员逾20万户，带动农户78万户，涉及90个行政村，成员、农户、行政村覆盖面分别为16%、9.8%、64%，具有地域集中、覆盖带动有限的特点。

2. 抗风险能力较低，粮油等大宗农产品弱势地位没有改变

以家庭规模经营户为主体的农业产业体系，产业结构调整相对滞后，抗风险能力较弱。在土地承包费上涨、粮食收购价下降而又逢特大雪灾的情况下，2018年一批中小规模设施农业生产者因持续亏损而停止经营。由于缺乏组织制度创新、技术创新，部分龙头企业市场竞争地位下降，近半数企业因灾因行情波动乃至政策调整而微利或亏损，歇业的企业也不在少数。

3. 农业综合效益偏低，没有走出低效农业禁锢

将合肥与长三角地区的杭州市、中部地区的长沙市对比，合肥的耕地资源丰富（见表6）。2017年，合肥农业总产值略高于杭州，略低于长沙，但是农业增加值率分别比杭州、长沙低9个百分点、18个百分点，综合亩均产值仅相当于杭州、长沙的38.4%、46.4%，人均收入相当于杭州、长沙的61.2%、68%。

表6　2017年合肥、杭州、长沙三市农业效益指标

项目	农村常住人口（万人）	耕地面积（万亩）	总产值（亿元）	增加值率（%）	亩均产值（万元）	人均收入（元）
合肥	209.1	836.4	485.9	57.6	0.58	18594
杭州	219.7	316.5	476.9	66.6	1.51	30397
长沙	177.4	411.0	514.2	75.5	1.25	27360
合肥占杭州比例（%）	95.2	264.3	101.9	−9（个百分点）	38.4	61.2
合肥占长沙比例（%）	117.9	203.5	94.5	−18（个百分点）	46.4	68.0

三　从规模农业到效益农业：现代农业产业扶持政策转型调整

从缓解乡村发展的制约着眼，优化农业农村发展政策投向，促进发展要素集聚整合，增强乡村发展内在凝聚力。以完善现代农业生产体系、经营体系、产业体系为建设目标，以构建区域品牌为发展路径，做大做强地方特色产业。以发展效益为导向，以多样化政策组合工具运用为手段，放大产业扶持政策效应。

（一）突出人才队伍建设缓解农业产业发展制约

解决农村劳动力老龄化、农民兼业化、农业耕作粗放化问题，需要优化农业从业者结构。加强农业人才引进和培育，建立一支具有创新意识、融知识和经验于一体、职业化技能化的农村人才队伍，是一项意义深远的重要任务。

1. 锻造新型职业农民队伍，优化农业从业者结构

2013年以来，合肥市已培训新型职业农民10305人，认定近8240人，但是相对于100万左右的农业生产者、5万左右的规模经营者，所占比例较小，分别只有1.2%、16.5%。应发挥合肥市职业农民培训机构行业覆盖面广、数量多的优势，以积极的扶持政策介入，鼓励省市级以上专业培训机

构、行业覆盖面广的职业农民实训基地开展多主体、重实效、有跟踪服务、多样化的新型职业农民培训，5～10年内让80%以上的规模经营者成为职业农民，其中10%的职业农民拥有一两项专业技能。

2. 培育青年后备人才，提升农业从业者整体素质

2013年，合肥首开"现代青年农场主"创新创业试验班，合肥荃银高科、安徽农业大学、安徽省农委"官产学研"合作，形成国内创业孵化和就业"三（年）一（年）"模式、海外就业创业"二一"模式，迄今为止已有5届151名学员，毕业学生93人。为缓解职业经理人稀缺状况，近年来累计培训农民职业经理人10人。

应进一步整合利用农业及相关部门、院校、省级以上龙头企业、示范合作社（家庭农场）、农业行业院企战略联盟等资源，形成多点、多模式、多样化、"一条龙"的创新创业人才培育体系，让农业生产经营能人、家庭农场主、高校毕业生、返乡创业者等人群成为有技能、会管理的农村人才队伍。5～10年内培育形成1500名青年农场主、750名农业职业经理人后备队伍。

3. 引导城市人才到乡村创业创新，开启农业资源要素高级化进程

2018年，合肥各类返乡下乡回乡创业创新人员突破1000人，其中80%从事融合类产业，覆盖特色种养、加工流通、休闲旅游、信息服务、电子商务等多领域，成为农村新型业态发展的奠基人、推进者。

应建立和公布返乡下乡人员创业创新动态数据、农村创业创新园区（基地）、地方特色产业发展目录，根据产业发展需要和返乡下乡人员创业特点，进一步整合优化创业支持政策，建设综合性创业信息服务平台和服务窗口，发展企业管理、财务咨询、市场营销等社会化专业化服务，落实就业创业服务补贴，包括对创业失败生活困难者的社会救助补贴。同时，设立农业创业人才奖励基金，促进农村创业创新人才落户扎根及后续发展，引导农村资源要素整合，提升资源要素高级化水平。

4. 打造创业创新发展平台，吸引资源要素向乡村集聚

依托各类农业园区、生产基地、返乡下乡人员创业创新孵化园区（基

地），培育打造一批国家级、省级示范农村创业创新园区（基地），支持打造创客服务、乡村综合服务和农产品电子商务等多种类型的平台，支持设在乡村的各类产业平台提供创业创新空间，通过活化的人力资源及人才要素注入，吸引各类资源要素向乡村集聚。

（二）突出效益导向，强化对品质农业的扶持

2015 年以来，对于规模种养业的扶持初见成效，但同时也出现政策绩效下降趋势。一方面是要素结构不变状况下，产业资金投入边际效益下降规律的显现；另一方面，也存在县乡政府为追求规模而人为垒大户及部分经营者弄虚作假套取财政扶持资金等问题。因而，需要优化政策指向，突出效益导向，提高产业扶持政策绩效。

1. 积极扶持绿色生态农业发展

在产业类型方面，把绿色发展作为任务清单和绩效评价指标体系的重要内容，推动农业补贴资金向绿色生态农业、农业资源环境保护倾斜。

2. 扩大农业补贴使用范围

在品种品类方面，对优质品种、高端产品、特色产品的生产销售进行补贴，促进农产品供给结构与市场需求相匹配。

3. 强力支持区域公用品牌建设

在扶持主体方面，强化对产业化联合体、农民合作社、家庭农场的品牌建设扶持，促进生产经营者由卖产品向卖品牌、卖服务提升。应将区域公用品牌的规划与发展放在重要位置，通过公用品牌的组织化培育，解决合肥规模农业发展中家庭农场、种植大户"一头沉"，而农民合作社数量少、覆盖面小，农民组织化程度低，独闯市场存在收益低、风险大等突出问题。

4. 完善全产业链扶持政策

在产业链环节方面，以市场为导向、龙头企业为主导、以三次产业融合发展为主线，建立和完善囊括标准化农业、组织化农业、生态农业、绿色品牌农业发展的全产业链扶持政策体系。

（三）强化农产品品牌建设，做强地方特色产业

合肥有草莓、稻米、龙虾等 17 个地理标志产品，但是绝大多数产品或影响力、号召力不强，或竞争力有限。以龙虾产业为例，2018 年全产业链产值突破 60 亿元，是全国重要的龙虾生产、加工、销售、出口大市。但是仍然存在技术支撑不足、市场拓展速度慢、效益下滑等问题，做强龙虾经济，必须提升产业效益和产业竞争力。

1. 促进现代产业体系建设

一是构建优质小龙虾良种选育、苗种培育和规模化供种等技术支持体系。引导育种龙头企业与专业合作组织、养殖大户、农民建立长期的契约合作关系和利益共享机制，加快规模化繁育示范基地建设。二是健全龙虾产业化服务体系，建立健全集成果研发转化、技术推广服务、疫病防治诊断于一体的科技服务机制，强化质量监管、价格监测等公共平台的管理和服务。结合地域特点，进行综合种养等模式推广和技术培训。三是继续支持集中连片百亩、千亩、万亩以上养殖基地改造升级。四是支持信息化手段运用，引导新型经营主体加快电子商务应用，创新多样化的"互联网＋"经营模式，不断优化龙虾生产体系、经营体系和管理体系。

2. 加强区域公用品牌培育、授权、管理

一是强力培育区域公用品牌。鉴于龙虾养殖发展快、生产经营者多、产品品牌少、企业品牌影响力不足、竞争力不强的状况，借助合肥龙虾节的丰富资源和广泛影响，进行区域公用品牌的塑造。以合肥龙虾国家地理标志产品核心区为主要地域范围，采取以规划为依据、以质量技术标准为把控、以文化提炼为内涵、以资本加入为要件、以节庆等商业化运作为延伸，进行区域公用品牌塑造，联合政府服务部门、社会化服务机构、加工运销企业、水产市场、养殖生产基地、金融资本等，形成区域公用品牌建设同盟，共同打造"利益共享、风险共担"的地方品牌航母。二是强化区域公用品牌授权和管理。建立"龙虾办"等专门的组织管理机构，协同龙虾产业协会或联盟，制定相关管理规定，构建起有效的品牌监管制度和使用许可授权与退出

机制，对"合肥龙虾"注册商标使用企业进行免费或收费授权，并实施跟踪管理。依据相关管理规定，允许或限制品牌建设同盟在品种品质协定、品牌使用许可、品牌行销与传播等方面的共同诉求与行动。维持"合肥龙虾"品牌健康成长，促进品牌价值不断提升。

3. 引导三次产业融合发展

一是加强冷链物流建设。依托国内大型物流集团构建全程冷链配送体系，疏通产区到销区、产地到市场的通道，降低成本、减少风险。二是不断提升市场服务能力。组织相关单位及经营者做好品牌连锁、展会推介、信息服务及贸易壁垒应对工作，为企业开拓国内国际两个市场提供便利。三是促进休闲渔业提档升级。引导有条件的经营主体开展小龙虾繁育、养殖、加工体验服务，建设若干产加销科技服务一体化、休闲餐饮文化多功能的龙虾品牌产业园、主题商业区或度假村。

参考文献

曹慧、郭永田、刘景景、谭智心：《现代农业产业体系建设路径研究》，《华中农业大学学报》（社会科学版）2017 年第 2 期。

杭州市统计局：《2017 年杭州市国民经济和社会发展统计公报》，杭州政府网，2018 年 5 月 21 日。

合肥市统计局：《合肥市 2017 年国民经济和社会发展统计公报》，中国统计信息网，2018 年 4 月 4 日。

《合肥市人民政府办公厅关于印发合肥市培育新动能促进产业转型升级推动经济高质量发展若干政策实施细则的通知》，合肥市人民政府网，2018 年 5 月 11 日。

《合肥"以奖代补"促进现代农业发展　社会投资超过 35 亿元》，《合肥日报》2013 年 11 月 26 日。

张曦文：《走近安徽农大"现代青年农场主"试验班》，《中国财经报》2019 年 1 月 31 日。

张晓山：《大力培育新型农业经营主体》，《农村经营管理》2014 年第 11 期。

长沙市统计局：《长沙市 2017 年国民经济和社会发展统计公报》，中国统计信息网，2018 年 4 月 14 日。

天津休闲农业的发展进程与文化内涵[*]

苑雅文[**]

摘 要： 天津休闲农业成为农村地区特别是山区农村经济发展的重要手段。休闲农业的持续发展离不开文化的支撑。从 1994 年开始，天津休闲农业经历了起步、推动发展、快速发展、规范提升和转型升级五个发展阶段，表现出生态文化、生命文化、生产文化、生活文化的丰富内涵，步入文化支撑、科学管理的持续发展阶段。只有把握住产业文化的特质与规律，才能真正发挥文化在休闲农业发展中的巨大作用。

关键词： 休闲农业 文化内涵 天津

我国的休闲农业产生于 20 世纪 80 年代末，深圳举办的首届"荔枝节"采摘活动不仅取得了良好的经济效益，也为招商引资的最终目的提供了良好的氛围，休闲农业成为城乡经济繁荣的有效媒介。其后，各地的农业观光活动逐渐丰富起来，我国的休闲农业开始飞速发展，如成都三圣乡的"五朵金花"、贵州西江千户苗寨等项目都是起步早、规模大的休闲农业领军项

---

* 本文系天津市艺术科学规划项目"天津休闲农业文化的要素构成与价值实现"（E16004）的阶段性成果。

** 苑雅文，管理学博士，天津社会科学院产业发展研究所副研究员，主要研究方向为休闲农业与文化产业。

目。进入 21 世纪，我国休闲农业进入全面发展时期，呈现多样化、品牌化发展的态势，以农家乐、精品民宿、乡村休闲区为特色的项目不断涌现，在规模、分布和效益上，呈现快速扩张、蓬勃发展的新态势。

一 天津休闲农业的发展历程

1994 年高翠莲开办了农家院，被称为天津休闲农业起步的标志。到如今二十多年过去，全市的休闲农业已经从自发发展走上了规范管理的可持续道路。截至 2018 年，全市有示范园区 22 个、示范村（点）243 个、示范经营户 3000 户，这标志着天津的休闲农业已经具有一定的规模和特色。特别是休闲农业带动了农村劳动力就业，产生了显著的经营绩效，已经成为全市农村地区特别是蓟州山区经济发展的重要手段。

天津休闲农业的产业规模由小到大，接待能力和水平不断提升。回顾其发展历程和内在特点，可以划分为以下五个阶段。

（一）第一阶段：起步阶段（1994～1998 年）

1994 年，蓟州区（当时为蓟县）下营镇常州村村民高翠莲观察到很多登山游客有留宿的需求，就利用自家房舍搞起了旅游接待活动，这是天津市的第一个农家院，标志着天津休闲农业的起步。常州村坐落于九山顶的入山口处，是天津市辖区最北端、海拔最高的一个塞外深山村，全村 80 多户 200 多口人，这里曾经出行靠两腿、收入靠老天，生活非常贫困。受到乡村旅游先进地区的启发，常州村领导班子分析了自身的资源优势：中上元古界标准地层剖面的起点，依傍的九山顶山高林密，这里还有光荣的红色文化。村里推动开发了九山顶风景区，在高翠莲的示范引领下，很快开办起多家农家院，到 1998 年，全村办起了 27 家农家旅店，常州村成为天津首个乡村旅游特色村。发展至今，大多数农家院更新扩建提升了 2～3 次。紧随其后，天津核心景区盘山和黄崖关长城周边的农户看到了旅游市场的商机，很多也搞起了农家院经营。这个时期，农家院经营一般以景区为核心展开，接待规模比较小，经营设施民居化，服务热情，但管理规范性较差，缺乏行业监管。

1998 年，东丽区的华泰现代农业开发有限公司投资建成现代化农业设施园区，自行设计和制作了智能大棚、全日光智能温室、日光节能温室，依托蝴蝶兰特色资源，注册了"詹泰"品牌。这也是天津市起步较早的现代农业项目。

（二）第二阶段：推动发展阶段（1999~2003 年）

为了抓住时机、开辟新的农民增收途径，天津市和蓟州区政府及时总结、推广先进村（点）发展乡村旅游的新经验，各项鼓励政策和帮扶措施全面跟进，天津的休闲农业率先在蓟州区北部山区和南部库区成为时尚新兴产业。为加强对乡村旅游的规范和监管，相关管理部门及时出台政策和跟进指导，同时开辟多种渠道对从业人员进行业务培训。2002 年 3 月，蓟州区首先发布了《农家院服务质量标准》，对农家院经营采取资格准入制度，推行挂牌管理、监察检查等方式。国家旅游局和天津市旅游局对蓟州区的做法给予了肯定，中央新闻媒体对此进行了宣传和报道。在各方面的支持下，到 2003 年底，蓟州区发展旅游特色村 20 个、旅游专业户 320 户。

在天津其他区县则涌现出多家农业观光园区，如静海区的绿土地休闲观光园、滨海新区的海通湖渔村和诺恩水产技术发展有限公司等。专业化的项目管理为休闲农业注入了规范发展的活力。2002 年 2 月，西青区的曹庄花卉市场、天津热带植物园开门纳客，这是两个规模大、与市民关系密切的成功项目，不仅满足了市民购买绿植的需求，还迎合了市民赏花怡情的休闲生活诉求。

（三）第三阶段：快速发展阶段（2004~2007 年）

2004 年"三农"问题被提到了国家发展战略的重要高度、2005 年国家提出了社会主义新农村建设、2006 年旅游主题由国家旅游局确定为中国乡村游，这一系列举措充分表明，休闲农业和乡村旅游在破解"三农"问题、统筹城乡发展等方面的作用日益显著，我国休闲旅游需求出现井喷式增长，天津市休闲农业和乡村旅游也进入快速发展阶段。2004年西青区第六埠村开展了市民农园项目，为周边市民提供耕种代理服务。郭家沟村、毛家峪村、龙顺生态观光园、天津市农业高新技术示范园区等旅游村和观光园快速发展起来。

2007年底，天津市旅游局、市农委制定了《关于大力推进全市旅游特色村（点）发展的实施意见》，标志着天津休闲农业步入规范提升阶段。

（四）第四阶段：规范提升阶段（2008～2011年）

2008年，国家对黄金周制度进行修改，调整为"两长五短"，城市居民的度假需求逐渐得到激发。特别是快节奏、程式化的都市生活激发了都市人对慢节奏乡村生活的渴望，对乡村的旅游需求也从简单的观光游览转向更深层次的养生度假。从2008年开始，天津市全面开展乡村旅游规范提升工程，通过旅游特色村（点）创建活动，实施了乡村旅游"百千万"工程，即全市建成100个旅游特色村，1000个乡村旅游经营户，实现乡村旅游就业人员1万人。随后，各区县旅游特色村（点）创建逐步展开。此次旅游特色村（点）认定标准较为严格，对经营户数、基础设施、乡村旅游管理机构建设、制度建设、旅游接待等情况都有明确的规定。各农业区打造"一村一品""一户一艺"的乡村旅游典型村（点），蓟州区建成邦均苗木花卉中心、团山子梨园等特色项目，西青区建成津西现代农业示范园、杨柳青菜博园、杨柳青庄园等专业园区。滨海新区的渔家游逐渐成熟，发挥"村古、渔旺、河纵、海阔"的优势，以古渔村风情为特色，以河海生态和渔业生产生活资源为依托，建设"渔家乐"旅游特色村和渤海湾古渔村休闲旅游基地，吸引京津两地城市游客，丰富了天津休闲农业的内容和形式。

这一阶段的规范管理使天津休闲农业项目获得了稳步发展。蓟州区成为全市休闲农业的先进地区，2010年成功入选首批"全国休闲农业与乡村旅游示范县"名单。到 2011 年底，蓟州区开展休闲农业的乡镇已达到 11 个，创建了国家级景观名镇 1 个、农业旅游示范点 2 个，市级旅游特色村（点）104 个、休闲农庄 7 个，正式注册 1260 个乡村旅游经营户。

（五）第五阶段：转型升级阶段（2012 年至今）

天津市休闲农业进入转型升级阶段。蓟州区在下营镇郭家沟村试点建设乡村旅游精品村，秉承"京津地区北方民居旅游目的地"的目标定位，"不搞大拆大建、不搞大的征地拆迁"，于 2012 年 3 月对村容村貌提升改造，打造出天津市乡村旅游村升级的示范模板。蓟州区小穿芳峪村深入挖掘独特的乡隐文化，走出具有历史依托的特色旅游道路。

滨海新区太平镇崔庄村以古冬枣树为特色，古冬枣园 928 亩，其中 600 年以上的冬枣树 168 棵。村南有修建于明代的娘娘河，流传着张娘娘与崔庄冬枣的美丽传说。这些古果树遗存不仅具有较高的市场价值，从古冬枣树良好的存活状态和较大的种植规模来看，还具有很高的文物保护价值和文化旅游市场吸引力。自 2008 年开始，村里以古冬枣资源为核心进行了立体布局，建设了皇家枣园驿站、古戏楼、冬枣博物馆、农民书画苑、荷花塘、冬枣采摘园、农耕竞技场、都市小菜园等项目。2013 年"崔庄冬枣"获得国家地理标志。

2015 年开始，宝坻区大力促进休闲农业，依托潮白河、黄庄洼等旅游资源抱团发展，打造出小辛码头等 40 个特色旅游村，形成了 4 个风情组团。在发展建设中，紧紧抓住"文化"这条主线，东走线窝村建成了以"蓟运河畔的抗战旗帜"为主题的村史展览，牛庄子村结合非物质文化遗产"葫芦庐"打造了中国葫芦文化展览，耶律各庄依托萧太后运粮河、古石桥旧址等历史文化遗存建设了辽金文化展览，冯家庄挖掘"宝坻境内第一个党支部"的红色底蕴，小靳庄还原以样板戏和知青为主题的往事记忆，这些文化特色强化了旅游村的主题定位，彰显出乡村旅游的文化品位和市场影响力。

二 挖掘休闲农业文化内涵的意义

（一）文化振兴是乡村振兴的精神基础

农业农村农民问题是关系国计民生的根本性问题，习近平总书记在党的十九大报告中提出了乡村振兴战略，文化振兴是其中的一个组成部分，是乡村振兴的精神基础。乡村文化振兴就是要利用优秀的乡村文化资源，推动乡村产业结构的调整和提升，促进广大农村的脱贫致富。乡村文化振兴对于产业振兴、人才振兴、生态振兴、组织振兴具有重要的推动和引领作用，因此要把文化建设贯穿于乡村振兴的全过程，让文化成为乡村振兴的内在动力。实施文化振兴，推进社会主义核心价值观在农村地区的深耕细作，能够提高乡村社会文明程度、焕发乡村文明新气象，顺应了民众对于美好生活的向往，是实现乡村可持续发展的重要路径和不可缺少的精神基础。

探寻天津休闲农业的发展脉络，可以看到这样五个变化：由农民自发向政府引导规范发展的转变、由传统模式向新模式多业态的转变、由低水平低端化向高水平品牌化的转变、由资源导向向市场导向的转变、由单一产品形态向全产业链发展的转变。乡村振兴战略的提出，为天津休闲农业的发展指明了方向，也带来了新的发展机遇。搞活休闲农业对于丰富国民文化生活具有重要作用，是提高农民收入、发展新型现代农业、建设社会主义新农村的重要举措，也是刺激居民消费提档升级、发展新型经济业态的必然选择。

（二）文化是破解休闲农业发展的"法宝"

文化对于休闲农业的发展有着加速器的作用：一方面，文化建设能够提高农民的思想修为，将农村打造成为具有"文化自信"的社会环境，塑造出让游人身心愉悦的良好人文环境；另一方面，乡村优秀文化的全面管理和建设，对于优秀地域文化的挖掘和传播、现代先进文化的注入等有着积极有效的推动作用，文化的提升必然会促进休闲农业经营水平的提升，进而探索出高效、持续的发展路径。透析休闲农业的成功典范，可以看到，文化与项目的无缝对接和特色培育，能够为休闲农业的发展注入活力和扩张力。

休闲农业文化的重要价值体现在以下四个层面。一是乡村文化的血脉承传。游客来到乡村度假，休闲活动中吸收了乡土气息，领略了民间艺术文化，这些文化要素在未来的生活中转化成现代理念加以传播，起到保护传统、守候乡愁的作用，能够让优秀传统文化在现代社会中实现创造性转化。二是民众生活质量的有效提升。休闲农业满足了都市人工作之余休闲与放松的诉求，有活力的休闲农业文化，让游客在观赏风景、品尝农家饭的同时，对中华优秀传统、美丽乡村环境有了切身的体验，得到了更直接更有效的精神慰藉。三是乡村文化的现代转型。通过游客与乡村经营者的碰撞与交融，文化成为提升产业效益、优化农村生产结构、增加农民收入的重要支撑，在城乡这种活跃的互动和交往中，形成了现代的、复合型的新乡村文化。四是乡村经济与文化的均衡发展。休闲农业快速发展中也暴露了文化的缺失，封闭的乡村文化状态、缺乏文化自信的农民已经成为产业持续发展的瓶颈，因此要加强乡村文化建设，实现乡村经济与文化的同步发展。

三　天津休闲农业的文化内涵解析

中国漫长的农业生产岁月形成了异常丰富的乡村文化，休闲农业文化属于其中的一个门类，涉及民族、民俗、农耕、饮食、节庆等不同文化类别，本文按照生态、生命、生产和生活四个方面加以归纳。

（一）生态文化资源

生态指一切生物的生存状态，以及生物之间和生物与环境之间相互关联的关系。现代社会对于生态环境高度重视。天津休闲农业发展的自然基础较好——山地狭长，平原广袤，海域辽阔，构成了天津自然景观的基本面貌。从景观资源的种类看，天津拥有山、河、湖、海、泉、湿地等齐全种类。其中，山地资源集中分布在蓟州区，"京东第一山"的盘山景色清幽，"津门第一高山"的八仙山山高林密，九山顶风景秀丽，九龙山森林茂密。天津水资源丰富，类型多样，素有"九河下梢""河海要冲"之称，天津域内流淌着 104 条河道、1061 条深渠。天津的湿地资源种类齐全、面积可观，在保持生物多样性、涵养水源、蓄洪防旱等方面发挥了重要作用。据统计，天津市湿地总面积 3518.34 平方千米，占全市陆地面积的 29.52%，有近海海岸湿地、湖泊湿地、河流湿地和沼泽化湿地等四种类型。湿地是"鸟类的乐园"，吸引着珍稀水禽的繁衍和驻停，是天津自然环境的健康"肺"。天津的湖泊也很多，知名的湖泊有翠屏湖、东丽湖、鸭淀湖、团泊湖等，美丽的湖泊犹如明珠镶嵌于津门大地，吸引着人们前去观赏。天津地热资源丰富，被国土资源部评为首批"温泉之都"，东丽湖、团泊湖等温泉旅游度假区已经成熟。天津位于渤海西部的浅水湾具有"沿海"的有利地位，塘沽渔村、东疆沙滩、中心渔港等成为内陆游客期待的观海胜地。

（二）生命文化资源

生命指自然界中具有生存与生长特征的物产，是人类与大自然物产资源所共有的特征。区别于大多数文化遗产的静态展示方式，休闲农业文化遗产主要采用动态的开放形式，以存活的生命形式和活动的展示方式来表现自然遗产。天津有着丰富的生物资源，已发现的各类野生动物资源有哺乳动物、鸟类、两栖类、爬行类、鱼类、底栖类、浮游动物等 7 类，有国家一级和二级保护动物 43 种，其中一级保护动物 6 种，二级保护动物 37 种。天津植物种类繁多，有 160 科 618 属 1083 种，包括蕨类植物、裸子植物、被子植物和苔藓植物。北部山区野生动植物资源尤其丰富，共有 132 科 422 属 808 种，占全市植物种类的 74.61%。

地理标志产品是具有地域属性和人文属性的特色产品，属于农村地区生命文化景观的物质表现。国家质检总局批准的天津市地理标志称号有 8 个，分别为静海的"独流老醋""台头西瓜"、宁河的"七里海河蟹""芦台春酒"、汉沽的"茶淀玫瑰香葡萄"、蓟州的"盘山磨盘柿""天津板栗""黄花山核桃"。由于特殊的地理位置和优越的生长环境，这些产品品质超群。

举例来说，黄花山核桃色浅、壳薄，果仁饱满，口感圆润清香；盘山磨盘柿个大、均匀，色彩鲜艳，味道甘甜；天津板栗栽培历史悠久，在海内外享有很高的声誉；燕山山脉的水几经矿化，是白酒酿造的最佳水质，"芦台产好酒"更是名声在外，芦台春酒由此而得名。

（三）生产文化资源

农业生产是指种植农作物的活动。天津起源于 600 多年前天津卫的建立，但天津农业文化的起源则远早于天津建卫的时间。据考证，早在 8000 多年前的新石器时代，蓟州等地就有了农业垦殖活动。天津历经各代屯田垦荒，积累了厚重的农耕文化：潮白河、蓟运河一带源自燕蓟文化，大清河、南运河一带源自古章武文化，子牙河、北运河一带则是古代泉州文化的延续。以武清为例，其农耕活动始于新石器时代，当地村民采用犁、耙、耧、耥、铁瓦、砘、礤、水车、轴车等农具，总结出玉米种植中的"单条杠""大小垄""满天星"以及小麦种植中的"三密一稀""四密一稀""五尺畦八条垄"等农耕文化智慧。

时光荏苒，经过考验、闻名于世的天津农产品种类很多，如小站稻、沙窝萝卜、天津栗子、茶淀葡萄、宝坻三辣、静海冬菜、七里海河蟹、独流老醋等，在天津乃至全国、海外都有品牌受众。以宁河的农耕文化为例，其历史悠久、经验丰厚，宁河是曹操屯田、备粮和军需转输基地，元代试种水稻，清代时驻军屯垦，水稻种植获得成功，"小站稻"让人们品味到优质的天津农产品，成为天津的特色品牌。

天津的农村地区还有牧养文化。以武清为例，以河堤、荒地、沟渠、坑塘及收获后的农田为牧场，发展了野生家畜养殖场、奶牛放牧场、水产鱼塘等多种经营形式。武清境内水域广布，近百处的积水泊淀孕育了渔文化，大黄堡湿地区域、王庆坨、泗村店等坑洼处，鱼虾资源富饶，地区渔业发达。

（四）生活文化资源

生活文化资源可以从物质和精神两个层面看，物质层面包括农家宅院建筑的空间展现、农家大众餐饮的参与体验，特别是农家食宿体验深受游客欢迎；精神层面则包括红色教育活动、民俗节庆活动、民族风情展示、民间文娱表演等。城市居民通过感受特色文化，体会乡村生活方式，同时感受邻里和美、愉悦热闹的乡村生活氛围。

农村饮食文化带给游客最直接的体验。"饮食"的本义就是"吃喝"，它是维系人类生存的最基本条件，在人类的发展进化中积淀了厚重的饮食文化。由于各区域自然条件、发展过程不同，天津农业地区有着种类繁多、品质各异的农产品，也由此形成了独特的食品或菜肴。以闻名于世的汉沽的"八大馇"制作为例：将来自汉沽海域的蚶子、鱼、八带、墨鱼、虾等"腥货儿"不除内脏，在大灶中卤汁沸腾时将其倒入，慢煮入味。由于当年生活条件所限，为适宜存放，八大馇口味偏咸，也成为一种风味独特的地方菜。在漫长的农村发展进程中，也孕育出了非常丰富的天津农村特色饮食，如蓟州的炒咯吱、一品火烧、四大碗，武清的杨村糕干、东马房豆腐丝，宁河的河蟹手擀面、贴饽饽熬鱼等。异常美味又风格独特的乡村饮食必然让游客在大饱口福之后，带着浓厚的兴趣进一步体验深厚的天津乡村文化。

天津农业地区的发展要早于城市，民俗文化渊源深厚，杨柳青、西双塘、葛沽等是民俗文化的重镇名街。经济发展过程中也留下了丰富的民间瑰宝：杨柳青年画、泥人张彩塑、蓟州皮影等工艺品扬名于世，长盛不衰；津南、北辰因漕运文化兴起的祭祀海神天后娘娘的系列地方花会，特色鲜明、参与广泛，葛沽的"宝辇"花会、咸水沽的"海下文武高跷"、八里台的"民间吹奏乐"、大六分的"登杆圣会"等都是典型的品牌化活动；蓟州的独乐寺庙会是庙会文化遗存，在京东地区占有重要地位；宝坻则有"十里不同俗"的说法，评剧和京东大鼓是国家级非物质文化遗产，成为"文宝坻"的招牌。近年来，节庆旅游由于资源依赖度低、社会影响力强大迅速发展起来，已经成为天津休闲农业发展的重要形式和开发手段，按照农业生产节令和公休假日规律，每年以梨花节、桃花节为引领，为水稻、水果的收获而庆贺，设立了团山子梨花节、王稳庄水稻丰收节、北塘海会等农事节庆活动，吸引了大量的游客前来体验和享受。

红色文化是休闲农业文化的基础和重要组成，是由中国共产党人、先进分子和人民群众在革命战争年代共同创造的先进文化，其中蕴含着丰富的革命精神和厚重的历史文化内涵。广义的红色文化则是指中国近代史上中国人民实现民族独立和民族解放等所取得的所有成果。天津农村地区蕴含着丰富的红色文化，如小穿芳峪村留下了地下党开会的响泉园、酒作坊改造的兵工厂等红色文化遗产。在农村地区挖掘红色资源、发展红色旅游，不仅是产业发展的需要，更是文化工程和政治工程。而旅游活动的互动模式，有助于爱国主义精神、优良革命传统在人们的思想中落地生根，进而提高人民群众的思想政治觉悟，具有极其深远的现实意义和历史意义。

四 结论

休闲农业是农业与旅游业交叉碰撞出的新领域，是依托于农民的生产和生活展开的，通过开发乡村的自然与人文特色资源，向游客提供风格独特的休闲观光、农事体验、文化鉴赏等旅游产品。休闲农业文化是产业属性的文化，源自传统乡土文化但又有所区别，休闲农业一方面继承了中华民族安家乐土、崇尚和谐的农耕文明，另一方面还兼具现代商业文明的精神实质，具有产业性、技术性和融合性的特征。只有挖掘出乡土文化的优秀内涵，把握住产业文化的特质与规律，才能真正发挥出文化在休闲农业发展中的巨大作用。

参考文献

贾春峰：《文化力》，人民出版社，1995。

于珍彦、武杰：《文化构成和文化传承的系统研究》，《系统科学学报》2007年第1期。

苑雅文：《乡村振兴战略下休闲农业文化的要素构成与价值实现》，《环渤海经济瞭望》2019年第7期。

苑雅文：《天津休闲农业发展进程中的文化发现与深度开发——以蓟州小穿芳峪"田园文化"遗迹为例》，载谢思全主编《天津文化创意产业发展报告（2017～2018）》，社会科学文献出版社，2018。

苑雅文、罗海燕：《小穿芳峪发展志略》，社会科学文献出版社，2018。

苑雅文、时会芳：《实施乡村振兴战略　拓展天津休闲农业发展新空间》，《天津经济》2018年第3期。

《中共中央　国务院印发〈乡村振兴战略规划（2018～2022年）〉》，中国政府网，2018年9月26日。

《农业部关于印发〈全国休闲农业发展"十二五"规划〉的通知》，农业农村部网站，2011年8月20日。

统筹推进江西省脱贫攻坚
与乡村振兴相衔接机制研究[*]

江西省社会科学院课题组[**]

摘　要： 习近平总书记视察江西时提出"做示范、勇争先"目标定位和"五个推进"更高要求，明确提出，要统筹推进脱贫攻坚与乡村振兴相衔接。当前，江西全省上下正处在精准脱贫攻坚和乡村振兴战略实施并存和交汇的特殊时期，如何统筹推进两大战略的政策契合度和实践衔接度，直接关系到农业农村现代化的进程、成色和可持续性。近年来，江西积极探索两大战略相衔接，形成了一些实践模式，但还是呈现零散化和碎片化特征，缺乏系统性的衔接设计，在衔接度、同步度上出现不同程度的断链，应从高质量脱贫、统筹产业可持续发展、激发主体内生动力、畅通衔接体制机制、创新要素投入衔接机制等方面统筹推进。

关键词： 脱贫攻坚　乡村振兴　衔接机制　江西省

2019 年 5 月 20～22 日，习近平总书记视察江西时提出的"做示范、勇争先"目标定位和"五个推进"更高要求，为做好新时代脱贫攻坚与乡村

---

* 本文系国家社科基金青年项目"集中连片特困地区生态补偿扶贫机制及保障政策研究"（16CJY011）的阶段性成果。

** 江西省社会科学院课题组组长为张宜红，课题组成员有盛方富、万欣、马回、朱羚、涂龙峰。

振兴各项工作提供了根本遵循。当前，全省上下正处在精准脱贫攻坚和乡村振兴战略实施并存和交汇的特殊时期，如何统筹推进两大战略的政策契合度和实践衔接度，直接关系到农业农村现代化的进程、成色和可持续性。近期，江西省社会科学院课题组围绕脱贫攻坚与乡村振兴相衔接课题，深入南昌市、赣州市、宜春市、上饶市等设区市及安徽省等进行省内外调研，形成报告如下。

一　江西省脱贫攻坚与乡村振兴相衔接的探索与实践

脱贫攻坚能给乡村振兴奠定坚实基础，打好脱贫攻坚战是实施乡村振兴战略的优先任务。2018 年，江西省贫困发生率降至 1.38%，属于农村贫困发生率降至 3% 及以下的 23 个省份之一，在中部六省减贫发生率比较中位于前列。在高质量推进脱贫攻坚的同时，江西省积极探索两大战略相衔接，取得了积极成效，形成了一些模式。

（一）制度体系设计引导两大战略衔接

为推进脱贫攻坚与乡村振兴规划融合，江西各地把"打赢脱贫攻坚战三年行动"纳入乡村振兴规划，保持规划的一致性、连续性，实现多规合一、互促共进。同时，全省已脱贫摘帽的 18 个贫困县结合本地实际，均制定巩固提升脱贫成果长效机制，从贫困户收入只增不减、居住条件不断改善、村庄环境不断美化、农村公共服务水平不断提高、贫困人口整体素质不断提升等方面，建立健全稳定脱贫成效的政策机制，推进脱贫攻坚与乡村振兴战略相衔接，如井冈山市为巩固提升脱贫攻坚成果，制定出台了《井冈山 2017～2020 年脱贫攻坚巩固提升实施意见》。

（二）基层组织建设引领两大战略衔接

办好农村的事情，打好脱贫攻坚战、实现乡村振兴，关键在党、在农村基层组织建设。在脱贫攻坚中形成的基层战斗堡垒，是乡村振兴的最优势资源、最重要平台和最有生力量。截至 2018 年底，全省 146 个城市街道、1403 个乡镇、3631 个社区（居委会）、16960 个行政村已建立党组织，覆盖率超过 99%。根据《2018～2022 年江西省基层党建工作规划纲要》，全省已向约 1.7 万个有精准扶贫任务的行政村选派了 1.69 万名第一书记、4.2 万名驻村工作队员、30 万名结对帮扶党员干部，设立乡镇扶贫工作站 1551 个、扶贫工作室 17230 个。在"以党建促脱贫"向"以党建促振兴"的转变中，已有基层组织必将为巩固提升脱贫成果、全力推进乡村振兴战略提供组织保障。

（三）乡村产业发展支撑两大战略衔接

发展乡村产业，既是可持续脱贫的根本之策，又是促进乡村振兴的物质基础。江西省坚持长短结合，按照短期见效快、长效持续增收的要求，大力发展特色农业产业和以林下经济为代表的绿色富民产业，2018 年，全省实施扶贫特色产业项目 9740 个，比 2017 年增加 1467 个，覆盖贫困人口约 113 万人，比 2017 年增加近 30 万人。同时，为持续巩固和扩大脱贫攻坚成果，江西省注重产业扶贫过程中的优秀人才支持和科技创新驱动，创新"电商＋扶贫""电商＋创业"发展模式，有近万名致富带头人得到培训、82 万户贫困户受益于产业发展扶持。扶贫产业的可持续发展为乡村产业振兴提供了基础和可能。

（四）多元主体参与力促两大战略衔接

协同发挥政府主导作用、农民主体作用、社会参与力量，是加快脱贫攻坚进程、加速乡村振兴战略实施的力量源泉。江西省用足用好对口帮扶政策，2018 年在江西省定点扶贫的中央和国家部委选派挂职扶贫干部 65 人、驻村第一书记 16 人，直接投入帮扶资金约 4 亿元；深入推进"千企帮千村""社会扶贫网"精准扶贫行动，2018 年底全省民营企业参与行动总数达 0.35 万家，实施帮扶项目 0.75 万个，帮扶村数 0.42 万个，全省共有 1300 余家民营企业网上帮扶贫困户 2.7 万户；为强化消费扶贫促进脱贫，将

"消费扶贫"纳入省派单位定点扶贫和地方各级结对帮扶工作内容；为充分激发农村创新创业，2017 年全省农村双创人员 29.65 万人带动就业 142 万人。多元主体参与机制的建立健全将为乡村振兴凝聚磅礴力量。

（五）典型发展模式诠释两大战略衔接

近年来，全省各地在推进脱贫攻坚和农业农村发展的过程中，探索形成了一批可复制、可推广的发展模式。如余江区以农村宅基地制度改革为契机，激发当地基层干部和村民参与乡村治理的"双向积极性"，探索出一条乡村善治的道路；横峰县坚持"党建＋脱贫摘帽、富民强县实现乡村振兴战略"不动摇，创建"秀美乡村、幸福家园"的探索已成为"全省的样板"；永丰县大力发展以家庭农场为主力军的新型农业经营主体，因地制宜探索农业产业化联合体带动、订单收购带动、入股分红带动、土地流转带动等紧密型利益联结机制模式，带动农户特别是贫困户增收致富；等等。诸如此类的模式，是脱贫攻坚与乡村振兴有效衔接的实践注脚。

二 江西省统筹推进脱贫攻坚与乡村振兴相衔接存在的问题

虽然江西省统筹推进脱贫攻坚与乡村振兴相衔接已有一些实践探索，但实践探索呈现零散化和碎片化特征，缺乏系统性的衔接设计，两者往往衔接不畅，在衔接度、同步度上出现不同程度的断链，主要表现在以下几个方面。

（一）脱贫攻坚有待巩固提升

一是脱贫任务依然艰巨。截至 2018 年底，江西省贫困发生率为 1.38%，仍有 51 万贫困人口、387 个贫困村要退出，赣南等原中央苏区、罗霄山片区、鄱阳湖滨湖地区和重点贫困村等重点地区脱贫攻坚任务十分艰巨。以赣南苏区为例，赣州市仍有 18.86 万贫困人口，占全省的 36.98%，贫困发生率仍达 2.45%，比全省、全国平均水平分别高出 1.07 个百分点、0.75 个百分点。二是返贫压力较大。调研发现，由于自身认识不足，部分贫困人口脱贫后，没有掌握职业技能或不愿接受相关培训，对未来发展感到迷茫，其抗风险能力较弱，存在脱贫的不稳定性；部分刚脱贫没多久的人口，因疾病、大办婚丧喜庆事宜或者其他问题，有再次返贫的可能性，仍然存在"一边脱贫，一边返贫"的现象。三是出现了不同程度的"悬崖效应"。调研发现，一些收入水平略高于建档立卡贫困户的"边缘户"未能享受相关政策支持，其处境和生活水平还不如少数贫困户，一些原本相较于贫困村发展较好的非贫困村，因为未享受到相关扶贫政策支持，反而落后于邻近的贫困村，出现了一定程度的"悬崖效应"。

（二）扶贫产业升级迭代缓慢

一是扶贫产业发展存在单一化、低端化、短期化现象。目前，江西省扶贫产业一般都是专项的、单一的产业，多集中于农业，且与其他产业融合程度不高，大多是初级农产品生产。在脱贫攻坚压力下，一些地方扶贫资金主要投向周期短、见效快和易评估的扶贫产业项目，与后续的乡村振兴战略的需求联系不紧密，造成扶贫资源某种浪费。二是扶贫产业可持续性不强。在脱贫攻坚压力下，一些地方一哄而上上马产业扶贫项目，虽然产生了立竿见影的效果，但缺乏后续发展空间，且产业发展特色不足、同质化现象严重，对预期的市场前景和市场风险考虑不足，可持续性较差，为乡村振兴阶段的产业发展埋下隐患。以光伏产业为例，对贫困户脱贫效果很明显，但后期运维管护机制尚未建立健全，一旦补贴降低或取消，产业后续发展乏力。与此同时，江西省已形成了大量扶贫资产，但扶贫资产后续管理机制尚未建立。三是扶贫产业发展中农民的主体性缺失。调研发现，江西省贫困农户普遍存在缺乏资本投入、能力不足的问题，参与扶贫产业的意愿不强。以资产收益扶贫为例，江西省很多贫困地区都采取了这种扶贫方式，贫困农户可以获得10% 左右的分红，短期内取得了较好的扶贫绩效，但贫困农户并没有真正参与到产业发展中来，与产业兴旺相悖。

（三）主体内生动力不足

一是脱贫内生动力不足。由于扶贫政策存在一定的福利性诱惑，客观上助长了一些贫困户的惰性和"等、靠、要"思想，扶志问题没有得到根本解决，存在"要我脱贫"的依赖思想和"我穷我有理"的心安理得，而"我要脱贫"的主动致富意识不强，脱贫内生动力不足。甚至有村民调侃说"要当就当贫困户"。二是农民参与乡村振兴主动性不够。调研发现，目前江西省一些地方在实施乡村振兴过程中，大多是政府在唱"独角戏"，部分农户由于知识水平有限，对乡村振兴战略理解不深，农民参与度不高，"要我振兴"没有向"我要振兴"转变。三是乡风文明亟待培育。物质文明看厨房，精神文明看茅房。调研发现，江西省一些贫困地区在推进农村厕所革命时，往往只盯着农户家里头冲水式厕所改造，而外头农村污水处理设施建设较为滞后，仍以直排为主。同时，厚葬薄养、人情攀比、红白喜事大操大办低俗娱乐表演等不良风气仍然存在，部分乡村还存在"乡村恶霸"现象，个别地区宗族势力还较为庞大，乡村治理机制亟待完善。

（四）体制机制衔接不畅

一是政策机制衔接设计缺乏。虽然江西省大多数地方已经制定了乡村振兴规划、实施方案和脱贫攻坚行动方案，但就脱贫攻坚后如何与乡村振兴相衔接，尚未制定具体的衔接举措、路径，缺乏系统性的衔接设计；此外，诸如"五级书记"组织工作、驻村干部帮扶、资金使用、监督考核等很多有效的脱贫攻坚工作机制，尚未有效应用到乡村振兴中来。二是组织协调衔接难。江西省成立了实施乡村振兴战略工作领导小组，但所涉产业、生态、文化、组织、人才等内容划分给不同部门负责，组织协调没有形成合力。对于由哪个部门来统筹推进江西省脱贫攻坚与乡村振兴相衔接的组织协调，干部认识不一。根据收回的 148 份问卷分析发现，39.6% 的干部认为应由政府抓，29.7% 的干部认为应由农业农村部门抓，还有 30.7% 的干部认为应由职能归口部门抓。三是项目规划协调难。调研发现，目前江西省无论是项目规划还是项目实施，都没有完全做到乡村振兴项目与脱贫攻坚项目的有效衔接、统一部署。不少地方在项目具体实施工作中，往往就乡村振兴谈乡村振兴、就脱贫攻坚搞脱贫攻坚，存在"两张皮"现象。

（五）要素保障能力不强

一是乡村人才短板明显。调研发现，江西省村级组织换届后，许多村党组织书记年龄、学历结构明显改善，但整体上仍存在年龄老化、文化水平偏低、能力不足等问题，"头雁"式的乡土人才、致富带头人稀缺，懂技术、会生产、善经营的"田秀才""土专家"等农村实用人才缺口较大，基层农技人员青黄不接，真正从事农技一线服务的不多，缺位现象普遍。多数从农村走出的年轻人、大学生、干部、企业家等能人真正返乡创业仍占少数。二是农村土地制度改革有待深化。虽然江西省出台了有关农村集体产权制度改革、农村承包地"三权分置"等政策法规，正在开展农村宅基地"三权分置"改革试点，但全省土地经营权抵押贷款仍然停留在探索阶段，土地承包权有偿退出尚待破题，农村集体经营性土地入市、宅基地"三权分置"改革的具体操作细则、相关配套政策尚未细化出台。三是资金投入机制不健全。江西省脱贫攻坚与乡村振兴均需要大量资金投入，当前财政涉农资金规模其实并不小，但分属部门众多，涉农财政资金整合力度不够，资金多头下达、零敲碎打、平均用力、"撒胡椒面"等问题仍是基层干部群众反映较多的问题。由于乡村资产资源绝大多数属于无效抵押担保物，金融贷款不但不能进入乡村，反而通过金融机构虹吸了大量农村资金，而且社会资本参与度不高。

三 对策建议

（一）高质量推进脱贫攻坚巩固提升

围绕高质量、可持续脱贫，深入开展打赢脱贫攻坚战三年行动，探索返贫防范机制，因地制宜、分类施策高质量推进脱贫攻坚，在引领革命老区高质量脱贫上做示范。一是强化"造血能力"提升机制。将贫困户参与培训的情况和效果与扶贫考核挂钩、与物质帮扶挂钩，激励贫困户参加培训；建立帮扶式培训对接机制，开展有针对性的培训，提高贫困人口的就业能力和增收能力。二是完善"全面保障"巩固机制。建立贫困人口健康跟踪机制，定期排查和诊疗地方病，防止因病致贫、因病返贫；建立贫困人口生产生活跟踪机制，及时发现和解决其面临的难题，让贫困人口通过自身努力致富。三是构建"福利依赖"制约机制。在不吊高胃口、不滋生新的"悬崖效应"前提下，及时摸清非贫困村和边缘贫困户现状，尽快研究制定出台《江西省"边缘户""边缘村"帮扶实施意见》，将贫困"边缘户""边缘村"纳入扶贫范围，构建贫困户分级评价标准，转变贫困户"全有"、临界贫困户"全无"的扶贫资源分配模式，使扶贫资源的惠及程度与贫困程度成正比，在赣南等原中央苏区探索建立贫困户脱贫与边缘贫困户帮扶"双轨并行"试验区。

（二）统筹推进产业可持续发展

产业是脱贫攻坚与乡村振兴实现有机衔接的核心纽带。一是因地制宜发展特色产业。摒弃短平快的扶贫思维，根据不同贫困村的发展现状、区位条件、资源禀赋及贫困户客观需求，明确重点特色产业发展方向与规模，将重点产业与新型经营主体、农户（贫困户）、村集体对接，提高贫困人口参与产业发展的深度和广度，支持"一村一品"示范村镇建设，探索村级集体经济发展多种模式，实现扶贫产业可持续发展与产业振兴有机衔接。二是大力推进一、二、三产业融合发展。支持江西省贫困县创建一批全国农村一、二、三产业融合发展先导区，国家农村产业融合示范园和具有区域特色的农村创业创新示范区、实训孵化基地；支持农业产业化龙头企业与贫困地区合作创建优质农产品原料标准化生产基地，支持贫困地区组建一批农产品加工企业集团，大力发展农产品精深加工；大力推进"互联网＋农业"，做大做强"赣农保"等本土电商平台，探索"电子商务＋智能提货柜""贫困小农户与城市消费者直接对接的'蜂巢市场'"产销对接模式，培育一批叫得响、有影响力的区域公用品牌，不断延伸农业产业链，提高产品增加值，让贫困户享受到增值收益，促进小农户和现代农业发展有机衔接。

（三）注重激发主体内生动力

实现"要我脱贫"向"我要脱贫"、"要我振兴"向"我要振兴"转变，关键在于主体内生动力得到有效激发。一是典型引领示范。借鉴脱贫攻坚扶贫扶志扶智经验，通过宣传自力更生、脱贫致富和乡村自组织实现振兴样本点，进行引导典型示范；以新时代文明实践中心为平台，开展脱贫攻坚和乡村振兴等扶志教育以及创新自助扶贫方式等，提高其主体地位和责任意识。二是实施乡风文明行动。总结推广赣州"乡风文明行动"经验、模式，制定出台全省实施"乡风文明行动"方案，因地制宜制定适应新时代易操作、可落实、能见效的乡规民约、家训，让"等、靠、要"懒人文化在乡村绝迹，让乡风文明诠释乡村振兴，实现脱贫攻坚与文化振兴相衔接。三是建立农民意愿表达机制。在制定脱贫攻坚与乡村振兴有机衔接的政策、方案过程中，要建立完善农民意愿表达机制，打造创建群众参与、交流通道平台，充分尊重倾听农民意愿；同时，建立农民建言献策奖励机制，鼓励广大农民积极为脱贫攻坚与乡村振兴建言献策。

（四）畅通衔接体制机制

脱贫攻坚与乡村振兴有机衔接，关键在于体制机制的畅通。一是做好政策衔接。尽快制定出台《全省脱贫攻坚与乡村振兴有机衔接机制的实施意见》，解决现有各类规划自成体系、缺乏衔接等问题，实现乡村振兴与脱贫攻坚"同频共振"。二是做好组织领导协调机制衔接。坚持"五级书记齐抓"，建立省负总责、市县抓落实的组织工作机制，成立由党政"一把手"为第一负责人的统筹脱贫攻坚与乡村振兴有机衔接领导小组，领导小组办公室设在农业农村部门，确保乡村振兴与脱贫攻坚"一盘棋、一体化"式推进。三是做好脱贫攻坚与乡村振兴体制机制的整合融合。推动脱贫攻坚一整套有效机制办法与乡村振兴"打包配套"使用，探索建立脱贫攻坚与乡村振兴有机衔接的决策议事机制、统筹协调机制、项目推进机制、事项跟踪办理机制等。四是做好项目衔接承续。将脱贫攻坚需要升级的产业项目、形成的扶贫资产、正在重点开展的人居环境整治项目，纳入乡村振兴规划和实施方案，实现精准脱贫攻坚与乡村振兴战略相互呼应、一张蓝图。五是做好考核评价机制衔接。借鉴脱贫攻坚所形成的较为成熟的评价机制，分类分地区制定江西省统筹脱贫攻坚与乡村振兴有机衔接成效评估标准和体系，科学评估衔接效果，并将其作为一项重要的考核指标纳入地方领导考核体系。

（五）创新要素投入衔接机制

要实现脱贫攻坚与乡村振兴的统筹衔接，需切实做实做细做好"人、地、钱"等要素投入保障。一要"人"尽其才。将扶贫第一书记、驻村工作队、致富带头人培育、干部培训等政策制度延伸推广到脱贫攻坚与乡村振兴有机衔接工作中来，重点实施贫困地区脱贫攻坚帮扶干部的人才留住行动计划，继续深入实施"一村一名大学生工程"，探索村党组织书记跨村任职机制，选优配强村级党组织书记，培育新型职业农民，鼓励外出农民工、退伍军人等人群返乡创业，实施新乡贤参与脱贫攻坚和乡村振兴计划，造就一支懂农业、爱农村、爱农民的"三农"工作队伍。二要"地"尽其用。延续脱贫攻坚时期用地优惠政策，探索总结江西省农村承包地"三权分置"试点经验，完善和落实江西省农村承包地"三权分置"办法，推广多种形式的适度规模经营；加快完成农村集体建设用地使用权确权登记颁证，出台江西允许农村集体经营性建设用地入市的细则、办法；在合法合规的前提下，探索江西省农村宅基地"三权分置"具体操作细则，加快推进农房"房地一体"不动产统一登记和农民住房财产权抵押贷款工作，推动土地规划调整，盘活农村存量建设用地。三要"钱"尽其效。延续脱贫期间专项资金转移支付、金融信贷等政策，整合归并各类涉农资金，设立脱贫攻坚和乡村振兴相衔接"资金池"，统筹用于乡村振兴和精准脱贫攻坚的产业发展、基础设施建设等；创新投融资机制，探索建立封闭运行的江西统筹脱贫攻坚与乡村振兴相衔接贷款风险金制度，出台江西省关于支持社会资本更多更好参与脱贫攻坚与乡村振兴的政策法规，形成财政优先保障、金融重点倾斜、社会积极参与的多元投入格局。

参考文献

豆书龙、叶敬忠：《乡村振兴与脱贫攻坚的有机衔接及其机制构建》，《改革》2019年第1期。

高强：《脱贫攻坚与乡村振兴有机衔接的逻辑关系及政策安排》，《南京农业大学学报》（社会科学版）2019年第5期。

郭晓鸣、高杰：《脱贫攻坚与乡村振兴政策实施如何有效衔接》，《贵州民族报》2019年9月23日。

刘奇：《做好脱贫攻坚与乡村振兴两大战略衔接》，《贵州民族报》2019年1月24日。

汪三贵、冯紫曦：《脱贫攻坚与乡村振兴有机衔接：逻辑关系、内涵与重点内容》，《南京农业大学学报》（社会科学版）2019年第5期。

魏后凯：《把握乡村振兴战略的丰富内涵》，《农村·农业·农民》（B版）2019年第3期。

朱启铭：《脱贫攻坚与乡村振兴：连续性、继起性的县域实践》，《江西财经大学学报》2019年第3期。

左停、刘文婧、李博：《梯度推进与优化升级：脱贫攻坚与乡村振兴有效衔接研究》，《华中农业大学学报》（社会科学版）2019年第5期。

河南省美好移民村建设研究

吴海峰　陈明星[*]

摘　要：美好移民村建设，强调"美"字，突出"好"字，核心是实现移民村高质量发展、产业转型升级、移民村全面进步、移民综合素质提高。按照产业兴旺、生态宜居、乡风文明、治理有效、生活富裕的总要求，以推进美好移民村建设为抓手，着力促进产业发展、着力改善人居环境、着力提升乡风文明、着力创新社会治理，推进移民村与全省同步实现乡村全面振兴和农业农村现代化。坚持规划引领，统筹兼顾、分类指导、循序渐进，促进产业发展，完善基础设施，改善人居环境，倡树文明乡风，创新社会治理，加大资金投入，加快科技进步，提高帮扶效率，拓宽增收渠道，激活生产要素，增强发展动力，实现充分就业，推动人才振兴。

关键词：美好移民村　乡村振兴　农业农村现代化　河南省

移民工作是"三农"工作的重要组成部分。河南提出美好移民村建设，是紧密结合库区移民村实际深入实施乡村振兴战略的具体体现，是顺应水库移民美好生活期盼的必然要求。必须明确美好移民村建设的目标要求，采取

---

* 吴海峰，河南省社会科学院农村发展研究所研究员，主要研究方向为农业经济与区域发展；陈明星，河南省社会科学院农村发展研究所副所长、研究员，主要研究方向为农业经济与农村发展。

得力举措，精准发力，推进移民村与全省同步实现乡村全面振兴，为中原更加出彩做出积极贡献。

一 河南省移民村基本情况

新中国成立以来，水库移民作为特殊的群体，移民村作为安置移民的村落，主要是因水库工程建设而形成的。按照移民时间和移民目前的生活状况，河南省的移民和移民村的形成大体可分为以下两大阶段。

第一阶段，是新中国成立到1991年移民条例实施形成的库区移民。河南省90%的大中型水库兴建于20世纪50~70年代。由于受当时经济发展水平和历史条件的限制，安置水平低。这些兴建的水库大多属于"三边"（边勘测、边设计、边施工）工程，并且存在重工程、轻移民的情况。根据大型水库工程进度，编制了简单的规划，移民由当地政府组织搬迁。中型水库移民安置缺乏统一规划，只是根据工程进度和实际需要进行移民搬迁。移民安置方式以农业安置为主。移民人数较少的，以本地后靠和按户零星插迁为主；移民人数较多的，则由政府组织部分移民远迁安置。由于当时各种移民政策法规和管理制度尚未健全，移民规划不够完善，移民搬迁安置工作没有走上正规化道路，对移民的搬迁安置主要是考虑移民户人口和房屋拥有量，政府发给相应的补助资金，划拨土地，移民自主建房，补偿标准较低，建设标准也低，造成了很多移民遗留问题。

第二阶段，是1991年至今形成的库区移民。这一时期以1991年5月国务院《大中型水利水电工程建设征地补偿和移民安置条例》施行为标志，移民安置规划设计及落实工作受到了国家和地方政府的高度重视，如小浪底、西霞院、燕山等水库移民，设计部门按照《水库淹没实物指标调查细则》要求，进行实物指标全面调查，在实物调查成果的基础上，开展移民安置区环境容量调查和论证，按照国家有关规范规定，编制水库移民安置规划专题报告，为移民安置的实施提供科学依据。农村移民安置以大农业为主，以土地为依托，在进行种植业规划的基础上，充分发掘当地的资源优势，发展林果业、养殖业、乡村企业，多渠道、多产业、多形式安置移民。这一时期与 20 世纪 70 年代前建设水库的移民情况对比，移民安置的效果明显改善。

2006 年《国务院关于完善大中型水库移民后期扶持政策的意见》的出台及实施，体现了以人为本、执政为民的执政理念，对于帮助水库移民安置及脱贫致富，促进库区和移民安置区经济社会发展，保障新时期水利水电事业健康发展，具有重大而深远的意义。河南省落实国家移民安置及移民后期各项扶持政策的成效显著，呈现政府重民生、移民得实惠、移民村社会享和谐的良好局面。特别是，河南省委省政府把南水北调丹江口库区移民的搬迁安置作为一项重要的政治任务和阶段性中心工作，一切为了移民、一切服务移民、一切支持移民，为移民迁安提供了坚实的组织保障和政策保障，移民安置条件较好。近些年来，河南新建水库的移民，如河口村、出山店、前坪等水库，安置政策进一步完善，移民以集中建设居住点、整村搬迁为主，移民村基础设施相对完善，移民的满意度进一步提高。

根据调查统计，河南省 154 座大中型水库，淹没影响涉及 181 个县（市、区、工业园）19704 个行政村 63070 个村民组；淹没影响总土地面积 2006.8 万亩，其中耕地 239.2 万亩；淹没影响房屋总面积 1415.68 万平方米，淹没影响县城 4 座、集镇 28 个。目前，河南省有水库移民 204 万人左右，国家核定河南省大中型水库移民后期扶持人口约 168 万人。其中，享受直补的移民 1599439 人，项目扶持人口 19484 人。

这些移民涉及 18 个省辖市、10 个省直管县、186 个县（市、区）、1958 个乡镇、19948 个行政村、63053 个村民组。移民人口 10 万人以上的省辖市有南阳、信阳、驻马店、平顶山、三门峡、洛阳 6 个，共计占全省移民总数的 73.38%；移民人口最多的县为淅川县，移民人口为 83488 人，占全省移民总数的 5.2%；移民人口 5 万人以上的县（市、区）有淅川县、鲁山县、灵宝市、汝南县、商城县、嵩县、邓州市、南召县 8 个，占全省移民总数的 34.05%；移民人口 2 万人以上的县（市、区）有 25 个，占全省移民总数的 65.62%。

虽然河南省水库移民分布范围广，但绝大多数移民相对集中地聚居在移民村落。移民人数在 100 人以上的 2922 个行政村中，居住着全省 85% 以上的移民；移民人数在 300 人以上的 1358 个行政村中，居住着全省 2/3 的移民；移民人数在 600 人以上的 703 个行政村中，居住着全省半数以上的移民。

当前，河南推进美好移民村建设是贯彻实施乡村振兴战略、统筹解决水库移民问题的有效载体。美好移民村建设强调"美"字，突出"好"字，核心是实现移民村高质量发展、产业转型升级、移民村全面进步、移民综合素质提高。必须切实抓住历史机遇，按照"产业兴旺、生态宜居、乡风文明、治理有效、生活富裕"的总要求，建立健全城乡融合发展体制机制和政策体系，统筹推进移民村的经济建设、政治建设、文化建设、社会建设、生态文明建设和党的建设，加快推进乡村治理体系和治理能力现代化，加快推进移民村现代化，努力开创移民发展新局面。早日实现产业兴（产业发展特色鲜明并初具规模，农民收入增长较快，集体经济不断壮大）、生态优（村庄布局科学合理，基础公益设施配套，生态环境优良，村庄硬化、绿化、美化、净化、亮化）、乡风美（自治法治德治建设相互促进，生活方式健康科学，文体活动丰富多彩，精神文明建设走在前列）、治理好（村级治理组织制度健全，民主管理科学规范，社会环境平安和谐）、生活富（实施民生福祉提升行动，加快补齐民生短板，逐步提高移民群众生产生活水平），不断增强移民群众的获得感、幸福感和安全感。

二　河南省美好移民村建设总体思路

按照推进乡村振兴战略和移民扶持的阶段性要求，2019～2026 年，既要移民村全面实现小康，又要为移民村基本实现现代化开好局、打好基础，并力争达到或高于全省农村平均发展水平。

（一）指导思想

以习近平新时代中国特色社会主义思想为指导，牢固树立新发展理念，坚持高质量发展方向，紧抓实施乡村振兴战略重大机遇，围绕移民到2020年与全省人民同步迈入全面小康、到2026年生活水平达到或超过当地农村平均水平两大目标，按照产业兴旺、生态宜居、乡风文明、治理有效、生活富裕的总要求，以推进重点移民村建设为抓手，弘扬南水北调移民精神，坚持农业农村优先发展，科学实施乡村振兴战略规划，有效整合移民后期扶持资金并与其他部门资金资源合力攻坚，着力促进产业发展，着力改善人居环境，着力提升乡风文明，着力创新社会治理，着力促进增收致富，推进移民村与全省同步实现乡村全面振兴，让移民村成为安居乐业的美丽家园，为中原更加出彩做出积极贡献。

（二）基本原则

坚持党的领导。加强当地党委对美好移民村建设的领导，厚植党的农村组织根基，确保党委在移民村工作中始终总揽全局、协调各方，为美好移民村建设提供坚强的政治保障。

坚持规划引领。突出规划先行，鼓励和支持各市县根据实际情况加强科学规划，依据省乡村振兴发展规划和移民后期扶持规划，县市区统筹编制重点移民村发展规划，重点移民村编制村级发展规划。

坚持移民主体。充分尊重移民意愿，切实发挥移民的主体作用，调动移民的积极性、主动性、创造性，把维护移民群众的根本利益、促进移民共同富裕作为出发点和落脚点，不断提升移民的获得感、幸福感、安全感。

坚持统筹兼顾。在当地党委政府领导下，将美好移民村建设与脱贫攻坚、美丽乡村建设和乡村振兴战略有机结合，统筹推进相对薄弱的重点移民村和基础较好的试点移民村建设，在改善提升重点移民村发展水平的同时，充分发挥示范村的引领效应，统筹解决面上移民村（组）突出问题。

坚持分类指导。科学把握移民村的多样性、差异性、区域性和发展走势分化特征，因地制宜、因势利导、因村施策，在补短板、提空间、扶优势方面找准切入点，实施分类推进、特色发展、整体提升。

坚持绿色发展。牢固树立和践行"绿水青山就是金山银山"的理念，落实节约优先、保护优先、自然恢复为主的方针，推行绿色发展方式和生活方式，加大人居环境整治力度，促进生产生活生态相协调，构建人与自然和谐共生的发展新格局。

坚持改革创新。深化移民村改革，创造良好条件和环境，激活主体、激活要素、激活市场，提升移民村资源和要素配置效率，调动全社会力量积极投身美好移民村建设。以科技进步为引领，以人才支撑为保障，增强移民村自我发展的动力和活力。

坚持循序渐进。既尽力而为，又量力而行，突出重点，合理设定阶段性目标任务，有计划有步骤地推进美好移民村建设，不搞层层加码，不搞"一刀切"，不搞形式主义和形象工程，久久为功，扎实推进。

（三）发展目标

到 2020 年，美好移民村建设取得重要进展，全面建成小康社会的目标如期实现，农业供给质量明显提高，一、二、三产业融合发展水平进一步提升，移民增收渠道进一步拓宽，城乡居民生活水平差距持续缩小；移民村基础设施建设深入推进，人居环境明显改善，生态环境明显好转；移民村基层组织建设进一步加强，移民村治理体系进一步完善，文明新风进一步发扬。其中，贫困村实现全部摘帽，贫困人口全部脱贫；对纳入全省各级美丽乡村建设规划的重点移民村，打造美丽乡村建设升级版；对纳入全省乡村振兴示范的重点移民村，打造美好移民村和乡村振兴范本，产业发展初具规模，移民生活殷实，示范引领作用凸显；对其他重点移民村，通过补短板、提空间、扶优势，优化人居环境，发展特色产业，完善基础设施，整体提升发展水平。

到 2026 年，美好移民村建设取得明显成效，在示范带动的基础上，美好移民村建设活动全面展开，逐步使移民村生产生活条件落后的状况得到明显改善，达到当地农村居民的平均生活水平；基本条件较好的移民村提档升级，移民的生产生活水平达到或超过当地农村居民的平均生活水平；美好移民村在全省美丽乡村建设中的示范效应有所彰显，移民村持续发展的内生动

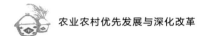

力显著增强。

到 2035 年，全省美好移民村建设取得决定性进展，移民村现代化基本实现，农业结构得到根本性改善，移民就业质量显著提高，生态环境根本好转，美丽宜居移民村基本实现，乡风文明达到新高度，乡村治理体系更加完善，移民生活更为富裕，共同富裕迈出坚实步伐。到 2050 年，全省美好移民村建设全面完成，实现移民村全面振兴和农业强、农村美、农民富的战略目标。

（四）建设范围

美好移民村建设，原则上以移民人数在 200 人以上的行政村为主体，以移民人数多且成建制安置的行政村为重点。移民人数不足 200 人，但居住相对集中或水库淹没耕地较多的行政村，也可纳入建设范围。

美好移民村建设实行示范引领。示范村应具备的条件是：当地党委、政府高度重视，村"两委"班子凝聚力和战斗力强，群众积极性高，有较好的房屋、基础设施、公益设施和产业基础。被列为县级以上乡村振兴试点、美丽乡村和"四美村庄"等的村优先考虑。

三　河南省美好移民村建设主要任务

建设美好移民村，必须按照实施乡村振兴战略的总要求，紧密结合移民村实际，明确任务，统筹协调，稳步推进。

（一）加快产业转型升级，拓宽移民增收渠道

建设美好移民村，实现产业兴旺是中心任务。必须以品质提升、产业融合、循环利用、布局优化、多功能开发为重点，形成比较优势充分发挥又可持续发展的产业体系，使产业供给与市场需求更加契合，加快产业转型升级，提升产业发展效益，拓宽移民增收渠道。

壮大优势特色农业。加快推进农业结构调整，发挥优势产业在移民增收

中的主导作用。以"四优四化"（优质小麦、优质花生、优质草畜、优质果蔬和布局区域化、经营规模化、生产标准化、发展产业化）为抓手，创建特色农产品优势区，推进农业由增产导向转向提质导向。提高优质粮、专用粮的比重，拉长粮食产业价值链。依据区域优势和资源特色，围绕市场多样化需求，因地制宜发展优势明显的特色产业，使本地优势资源变为特色农产品，并使特色农业产业化、产业经济规模化。实施农业品牌提升行动，形成以特色农产品品牌为核心的农业品牌格局。

促进农牧循环发展。注重使粮食资源转化为附加值更高的畜产品。合理调整种植结构，充分挖掘秸秆饲料化潜力，加快构建粮饲兼顾、农牧结合、循环发展的新型种养结构。抓好良种工程、动物保护工程和饲料生产体系建设，加快发展畜产品优势集聚区和畜产品加工业，推进畜牧养殖业转型升级。积极发展专业化和种养结合型的家庭农场，推广农牧循环发展的经营模式。

加快产业融合发展。延伸产业链、提升价值链、打造供应链，大力培育新产业新业态，让三次产业在融合发展中同步升级、同步增值、同步收益。发展壮大农产品加工业，并统筹推进农产品初加工、精深加工和主食加工协调发展。加强农商互联，密切产销衔接，发展农超、农社、农企、农校等产销对接的新型流通业态。创新流通服务方式，减少流通环节，畅通城乡流通渠道。鼓励电子商务进入移民村，支持移民发展产地直销，培育发展一批"淘宝村""微商村"。加快构建生产流通消费高效衔接、线上线下深度融合的农村现代流通网络。积极挖掘农业的生态涵养、休闲观光、文化体验、健康养老的价值。发挥山水人文资源优势，结合水利风景区建设，大力发展休闲观光旅游，推进农业与旅游、文化、康养、体育等产业深度整合。集特色种养业、循环农业、创意农业、农事体验于一体，建设有地方风格的田园综合体。形成加工引导生产、加工带动流通、流通促进消费的格局，建立一、二、三产业融合发展的现代移民村产业体系。

培育壮大村级集体经济。深入推进移民村集体产权制度改革，因地制宜发展多种形式的股份合作。积极盘活集体资源资产，引进工商资本，立足各地区位和资源优势，加大招商引资力度，吸引企业进村入驻，充分利用移民后期扶持资金投向产业发展项目所形成的经营性资产，打造"移民"品牌，坚持市场主导，因地制宜，以村为主体，探索资源开发型、土地经营型、物业项目型、产业带动型等各具特色的村级集体经济发展途径。积极稳妥地发展"移民贷""互助金""注资入股"等金融扶持模式。对移民后期扶持资金投向产业发展项目所形成的经营性资产，产权归移民村集体所有，使广大移民共享发展收益。同时，规范集体收入管理，推动集体经济实现良性循环、持续升级。

（二）全面改善生态环境，建设移民美丽家园

建设美好移民村，生态宜居是关键。牢固树立"绿水青山就是金山银山"理念，发掘农村多元功能与价值，全面改善生态环境，建设人与自然和谐共生的生态宜居的美好家园，实现移民富、生态美的统一。

大力践行绿色生产方式。坚持投入品减量化、生产清洁化、废弃物资源化、产业模式生态化。实施化肥、农药减量增效行动，推广高效低毒低残留农药、高效节药植保机械和精准施药技术，推行生态调控、物理防治和生物防治。加快有机肥料安全推广使用，加快推广种养、农牧、养殖场与农田建设等结合型生态养殖模式。推进农业废弃物资源化利用。推广小麦玉米秸秆机械粉碎深耕还田作业方式和秸秆青贮利用方式，提升秸秆"五料化"（饲料化、肥料化、原料化、能源化、基料化）利用水平。加强农业面源污染治理，实施源头控制、过程拦截、末端治理与循环利用相结合的综合防治。

持续改善移民村人居环境。以农村垃圾、污水治理和村容村貌提升为主攻方向，以硬化、绿化、美化、净化、亮化建设等为重点，加强花园、游园、菜园、果园建设，推进村内绿化和围村片林建设，积极推进环境美、田园美、村庄美、庭院美"四美乡村"建设和整洁美、卫生美、绿化美、文明美、和谐美"五美庭院"建设。加快安全饮水工程建设，稳步提高自来水普及率。积极推进改厨改厕工程，建立健全符合农村实际、方式多样的生活垃圾收运处置体系，推行垃圾就地分类和资源化利用。具备条件的，集中

连片建设生态宜居的美丽乡村，积极推进"美丽小镇"建设和文明村镇创建。

推动移民村生态保护与修复。实施生态修复重大工程，建立重要生态系统保护制度，建设健康稳定田园生态系统。加强植被、水资源、历史文化等自然生态和人文景观的保护。加强农业面源污染综合防治。加强农村畜禽粪污处理、废弃农膜回收、病虫害绿色防控，提高有机废弃物利用水平，实现农村废弃物资源化、产业发展生态化，优化农产品产地环境。加强移民村水环境治理和饮用水水源保护。提升田、水、路、林、村风貌，促进村庄形态与自然环境相得益彰。重塑诗意闲适的人文环境和田绿草青的居住环境，重现原生田园风光和原本乡情乡愁。努力建设天蓝、地绿、水净的美好移民新家园，实现移民村可持续发展。

（三）弘扬优秀传统文化，树立移民文明新风

建设美好移民村，乡风文明是保障。要以社会主义核心价值观为引领，持续推进移民村精神文明建设，弘扬优秀传统文化，培育文明乡风、淳朴民风，提升移民精神风貌，完善乡村文化服务体系，凝聚美好移民村建设的强大精神力量。

加强移民村思想道德建设。大力开展社会主义核心价值观学习实践，实施移民村公民道德建设工程。深化开展文明村镇、文明家庭创建。倡导诚信道德规范，提高农民综合素质。传承良好家风家训，弘扬中华孝道，强化孝敬父母、尊敬长辈的社会风尚，开展好媳妇、好儿女、好公婆等评选表彰活动，开展寻找最美乡村教师、最美乡村医生、最美村干部、最美人民调解员等活动，提升移民村社会文明程度，奠定美好移民村建设的思想道德基础，巩固移民村思想文化阵地。

弘扬中原优秀乡村文化。立足中原文化资源优势，保护利用农耕文化遗产，保护好历史街区、传统建筑、特色民居等物质文化遗存，传承民俗活动、民间技艺、民间戏曲等优秀文化，培育乡土文化队伍，发展特色文化产业。深入挖掘农耕文化中蕴含的优秀思想观念、人文精神、道德规范，充分

发挥其在凝聚人心、教化群众、淳化民风中的重要作用。

丰富移民文化生活。健全移民村公共文化服务体系，增加移民村公共文化产品和服务供给，加强移民村综合性文化服务中心建设，推进农家书屋延伸服务，开展多种形式的群众文化活动。推进数字广播电视户户通，积极发挥新媒体作用。推动村健身设施全覆盖，广泛开展形式多样的移民群众性体育活动。加强农村科普工作，推动全民阅读进家庭、进移民村，提高移民科学文化素养。丰富农村文化业态，活跃繁荣移民村文化市场。

发展乡村特色文化产业。推动城乡公共文化服务体系融合发展，增加优秀乡村文化产品供给。加强典型示范，挖掘培养乡土文化本土人才，建设一批特色鲜明、优势突出的农耕文化产业展示区，打造一批特色文化产业乡镇、文化产业特色村和文化产业群。培育地域特色的传统工艺产品，促进传统工艺提高品质、形成品牌、带动就业。开发传统节日文化用品和戏曲、舞龙、舞狮等民间艺术、民俗表演项目，促进文化资源与现代消费需求有效对接。推动文化、旅游与其他产业融合发展。

（四）建立现代治理体系，建设平安和谐移民村

建设美好移民村，治理有效是基础。必须健全现代移民村社会治理体制，加快构建自治、法治、德治相结合的移民村治理体系，推动乡村组织振兴，打造充满活力、和谐有序的善治移民村。

加强基层党组织建设。坚持移民村基层党组织领导核心地位，加强移民村基层党风廉政建设，充分发挥基层党组织和党员在美好移民村建设中的带头作用。健全移民村组织体系，强化基层干部队伍建设，加强基层干部队伍监督管理，创新组织设置和活动方式、移民村党建工作机制、经费保障制度、党员培训制度、微腐败治理等。

创新治理组织形式。创新村民自治的有效实现形式，完善村党组织领导的充满活力的村民自治机制。推进移民村"放管服"改革，加强移民村小微权力清单制度建设。完善移民村民主选举、民主协商、民主决策、民主管理、民主监督制度。依托村民会议、村民代表会议、村民议事会、村民理事

会等，形成民事民议、民事民办、民事民管的多层次基层协商格局。健全务实村务监督机制，推行移民村村级事务阳光工程。

加强法治建设。坚持法治为本，加大法治宣传教育力度，提高移民法治素养，完善法治服务体系，强化法律在维护移民权益、农业支持保护、生态环境治理、化解移民村社会矛盾等方面的权威地位，引导移民村干部群众遵法、学法、守法、用法。推进综合行政执法改革向基层延伸，完善基层矛盾调处化解机制，健全移民村公共法律服务体系，做到小事不出村、大事不出乡镇。

建设平安移民村。努力解决移民群众关切的问题，牢固树立大平安理念，坚持系统治理、依法治理、综合治理、源头治理、隐患治理，完善平安移民村建设体制机制，加强群防群治队伍建设，开展移民村安全隐患和突出治安问题治理，全面构建智慧型网格化管理体系，大力开展扫黑除恶专项行动，健全移民村公共安全体系，提升移民百姓的安全感。完善乡村便民服务，夯实乡村治理基础。

（五）提高民生保障水平，开创移民美好生活

建设美好移民村，生活富裕是根本。实施民生福祉提升行动，围绕移民群众最关心、最直接、最现实的利益问题，补齐移民村民生短板，促进社会公平正义，促进公共教育、医疗卫生、社会保障等资源向移民村倾斜，配套完善村民综合服务中心，实现幼有所育、学有所教、劳有所得、病有所医、老有所养、弱有所扶，不断改善民生，让移民有更多实实在在的获得感、幸福感、安全感，开创移民美好生活。

打好精准脱贫攻坚战。推进美好移民村建设，把打好精准脱贫攻坚战作为优先任务。聚焦移民贫困村和贫困移民，深入实施精准扶贫精准脱贫，因地制宜探索多渠道、多样化的精准扶贫、精准脱贫路径，持续改善相对落后移民村的发展条件，努力提升贫困群众获得感、满意度，促进贫困地区贫困移民群众稳定脱贫、可持续发展。

优先发展移民村教育。重视发展移民义务教育，持续改善移民村教育条

件，保障学生就近享有优质教育，办好学前教育、特殊教育和网络教育，普及高中阶段教育，大力发展面向移民村的职业教育，推进移民村教育质量提升，让每个孩子都能享有公平而有质量的教育。

推进健康移民村建设。推进移民村居民公平享有基本公共卫生服务，推动城乡基本公共服务均等化，健全移民村基层医疗卫生服务体系，解决好基层群众看病难、看病贵问题。树立大卫生大健康理念，广泛开展健康教育活动，倡导科学文明健康的生活方式，养成良好卫生习惯，提升移民文明卫生素质。

完善移民社会保障体系。提高移民参保标准，完善移民基本医疗保险制度和大病保险制度，做好移民重特大疾病救助工作。积极为移民村留守儿童和妇女、老年人以及困境儿童提供关爱服务。加强移民村养老服务设施建设，形成基本养老服务网络。积极发展移民村康养服务产业。

改善移民住房条件。对符合条件的贫困移民，实施移民搬迁；对符合条件的移民危房进行改造，解决移民居住安全问题。条件好的地区，鼓励将传统与现代、宜居和乐业有机结合，充分尊重民意，科学功能布局，优选户型样本，努力建设一批具有产业、文化、建筑特色的新型移民村社区。

参考文献

陈刚、梅昀：《非自愿性水库移民安置补偿政策绩效评估研究——以湖北省丹江口水库为例》，《武汉理工大学学报》（社会科学版）2016年第2期。

陈银蓉、徐琴、张苗：《非自愿性移民生产安置中土地公平补偿研究——以湖南皂市水利枢纽工程为例》，《中国人口·资源与环境》2016年第9期。

何得桂、党国英、杨彦宝：《集中连片特困地区精准扶贫的结构性制约及超越——基于陕南移民搬迁的实证分析》，《地方治理研究》2016年第1期。

刘灵辉：《水利水电工程移民长期补偿机制与新农村建设相结合研究》，《中国人口·资源与环境》2015年第4期。

刘舒昕、李松柏：《陕南避灾扶贫移民生存现状的满意度研究——以镇安县云盖寺镇移民安置点为例》，《城市发展研究》2015年第1期。

王丽娇：《农村水库移民土地流转现象研究——基于河南省七个移民新村的调查》，《湖北农业科学》2018 年第 1 期。

王晓毅：《创新移民方式　实施精准扶贫》，《中国社会科学报》2017 年 10 月 25 日。

杨雪璐、杨涛：《丹江口水库河南外迁农村移民安置效果研究》，《科技资讯》2017 年第 7 期。

周毅、顾梦莎：《新型城镇化安置水库移民的规划实践——以温州市永嘉县南岸水库移民安置为例》，《人民长江》2015 年第 22 期。

四　会议综述

"十四五"时期农业农村优先发展的
重要意义、主要任务和措施选择

——"十四五"规划与农业农村优先发展研讨会暨
第十五届全国社科农经协作网络大会会议综述

芦千文*

引 言

2019 年 11 月 1～4 日，由中国社会科学院农村发展研究所、江西省社会科学院主办，永修县委、县人民政府承办的"第十五届全国社科农经协作网络大会"在江西省永修县召开。来自中国社会科学院、全国地方社会科学院、高等院校等 25 家单位的 160 多名专家学者参加会议，并围绕"十四五"规划与农业农村优先发展进行了深入研讨。全国人大常委会委员、社会建设委员会副主任委员、中国社会科学院学部委员李培林做了题为"关于农民和乡村的几个问题"的主旨演讲，中国社会科学院学部委员张晓山、清华大学中国农村研究院副院长张红宇、中国社会科学院农村发展研究所所长魏后凯、江西省社会科学院副院长龚建文、中国社会科学院农村发展研究所市场与贸易研究室主任李国祥、山东省社会科学院党委副书记王兴

---

* 芦千文，管理学博士，中国社会科学院农村发展研究所助理研究员，主要研究方向为农业生产性服务业。

· 309 ·

国、中国社会科学院农村发展研究所农村环境与生态经济研究室主任于法稳、吉林省社会科学院副院长郭连强、中国社会科学院农村发展研究所研究员张军、贵州省社会科学院副院长黄勇、湖南师范大学特聘教授暨中央农办乡村振兴专家咨询委员会委员陈文胜，分别做了《关于深化农业供给侧结构性改革的几个问题》《乡村产业：现代农业4.0版》《"十四五"中国农村发展若干重大问题》《新时代推进江西省农业农村现代化的思考》《中美贸易摩擦对中国农业发展的影响》《山东农业转型发展与乡村振兴》《生态补偿：能推动农业高质量发展吗？》《新中国成立以来农村土地经营权流转成就、现实问题与推进方向》《以5G技术为支撑推动农业"新四化"发展》《"十四五"贵州山地农业高质量发展路径思考》《农业农村优先发展的三个基本问题》的主题报告。大会就"农业农村优先发展与现代化""乡村振兴与脱贫攻坚"两个主题设立分论坛，现将与会专家学者和会议论文的主要观点予以综述。

一 "十四五"时期坚持农业农村优先发展的重要意义

新中国成立70年来，农业农村发展取得了国际公认的成就，做出了历史性贡献。魏后凯把这些贡献归纳为以下三个方面：一是有效保障了国家粮食安全，二是为世界减贫做出了巨大贡献，三是顺利推动大规模农业人口向城市转移。中国农业人口大规模的快速转移，并没有带来城市贫民窟问题。李培林指出，从来没有哪个国家能像中国这样，数以亿计农民工在短时期内从农业向工业、从乡村向城市流动，且未出现西方发达国家引入欠发达国家移民所出现的社会问题。这些成就正是制定和实施"十四五"规划的基础。

"十四五"时期是中国重要的发展转型阶段。具体来说，"十四五"时期是全面建成小康社会目标实现后的第一个五年规划期，是脱贫攻坚目标实现后的第一个五年规划期，是启动实现农业农村现代化目标的第一个五年规划期。同时，中国即将迈入高收入发展阶段。据李培林测算，在2023年或2024年，中国人均GDP可能超过12600美元，将实现从中高收入发展阶段进入高收入发展阶段的重大跨越。在这样一个重要的转型时期，应该清醒地看到，农业农村基础差、底子薄、发展滞后的状况尚未得到根本改变，这是中国仍处于并将长期处于社会主义初级阶段特征的重要表现。与会专家认为，当前乡村发展面临着现代农业发展乏力、城乡二元经济结构转化滞后、农村环境问题突出、老龄化和空心化问题日益严重、农业劳动力的人力资本水平较低、农民增收难度加大等现实困境。在新时代，要从根本上破解人民日益增长的美好生活需要和不平衡不充分的发展之间的矛盾，就必须坚持农业农村优先发展，加快农业农村现代化进程，并把它作为新时代做好"三农"工作的总方针贯彻到"十四五"规划的编制和实施中。这既是开启全面建设社会主义现代化国家新征程的必然要求，也是科学有序实施乡村振兴战略的现实需要。"十四五"时期坚持农业农村优先发展的重要意义，主要体现在缩小城乡差距、补足发展短板、振兴乡村产业、巩固扶贫成果、保障粮食安全等方面。

（一）缩小城乡差距、促进农民增收致富的必然要求

在发达国家，农民通常属于中等甚至中等以上收入的人群，他们的收入已经接近或超过城镇居民收入。而目前，中国城乡居民收入差距还很大。2018 年，城镇居民人均可支配收入是农村居民的 2.69 倍；城乡居民财产性收入的差距更大，二者之比将近 12∶1。魏后凯测算，如果按照目前规划的城乡收入倍差每年缩小 0.01 的速度，到 2050 年将难以实现农业农村现代化的目标。社会发展方面的城乡差距尤为突出。湖北省社会科学院研究员邹进泰等提出，80% 左右的卫生资源集中在大城市，农村教育、就业服务、社会保障水平明显低于城市。李培林认为，与发达国家相比，城乡发展差距是中国最关键的软肋。因此，缩小城乡发展差距，促进农民共同富裕，必然要坚持农业农村优先发展。

（二）补齐发展短板、提高农村全面小康社会建设水平的必然要求

与会专家认为，2020 年如期实现的全面小康社会，仍然是较低水平的

全面小康，仍有一些薄弱环节。中国社会科学院农村发展研究所研究团队采用经济发展、人民生活、社会发展、政治民主、农村环境 5 个一级指标和 23 个二级指标，对农村全面小康社会的实现程度进行了评价。根据评价结果，农村社会发展、农村环境建设是农村实现全面小康的薄弱环节，西藏、甘肃、贵州、云南、青海、安徽等省份是农村发展的薄弱区域。因此，要坚定不移推进农业农村优先发展，聚焦农业农村发展的薄弱环节、薄弱区域，提高农村全面小康社会建设水平。

（三）振兴乡村产业、加快农业农村现代化的必然要求

对于多数地区来说，乡村产业发展滞后、产业链不完整是制约农业农村现代化的关键因素。乡村产业发展滞后的主要表现是：农业大而不强、竞争力弱，优质农产品供应不足；产业结构亟待优化，农产品加工层次低，二、三产业经济效益较低，不同地区间非农产业同质化严重；经营主体散弱小，组织模式落后，发展能力不足。特别是东北地区、边远山区的乡村产业空心化问题较为严重。黑龙江省社会科学院研究员赵勤认为，乡村产业空心化是城镇化、工业化过程中的必然现象，是乡村的一种不良演化过程。实现乡村产业兴旺，推动优质生产要素加快流向乡村产业，必然要通过农业农村优先发展的制度安排来实现。

（四）巩固扶贫成果、增加脱贫可持续性的必然要求

魏后凯指出，一些脱贫地区没有本地产业，没有建立农民稳定增收的长效机制，返贫的可能性仍然存在；而且，超常规的扶贫措施对临近贫困线的边缘人口产生了一定的挤压效应，容易产生新的贫困人口。河南省社会科学院研究员陈明星认为，反贫困是一项长期、动态的艰巨任务，当前只是消除了现行标准下的温饱型绝对贫困，并非意味着贫困的终结，2020 年后除了要巩固提升脱贫攻坚成果，还需对贫困标准进行重新认定。新的贫困线下的贫困治理面临更大挑战，不仅体现在收入层面，还体现在公共服务、发展机会等方面的不平等上。这就要求在"十四五"时期，要通过农业农村优先

发展，继续聚焦贫困治理，巩固脱贫攻坚成果，推动脱贫攻坚与乡村振兴有机衔接。

（五）保障粮食安全、确保农产品有效供给的必然要求

中国未来的粮食安全仍然存在不稳定因素。魏后凯认为，不稳定因素主要有以下四个：一是国内粮食供求仍然是"紧平衡"关系；二是农民种粮的积极性不高，地方政府对粮食生产的重视程度不够；三是耕地面积减少且质量下降的趋势明显；四是农地流转过程中非粮化倾向较为明显。邹进泰等认为，农业综合生产能力的提升仍然滞后于确保农产品有效供给的实际需求，具体表现为耕地质量亟待提升、农田基础设施建设亟待加强、机械化服务能力严重不足、农业科技和信息化支撑能力不够、新型农业经营主体和职业农民成长缓慢、农业面源污染较为严重。因此，与会专家认为，"十四五"及今后任何一个时期，中国都不能放松对粮食安全的保障，这是坚持农业农村优先发展的核心主题之一。

二　"十四五"时期面临的农业农村发展新形势

随着工业化、城镇化、信息化的深入推进，中国经济由高速增长阶段转向高质量发展阶段，农业农村发展的物质基础发生了翻天覆地的变化。开启全面建设社会主义现代化国家新征程，向第二个百年奋斗目标进军，也使农业农村发展迎来大变革、大转型的关键时期。与会专家认为，"十四五"时期要准确把握农业农村发展的新情况、新方向，为实现农业农村现代化开好局、起好步、奠定好基础。

（一）乡村产业进入新的发展阶段

张红宇认为，以实施乡村振兴战略为标志，中国乡村产业发展进入了现

代农业4.0版。① 具体来说，一是功能在变。农业为国民经济提供土地、劳动力等要素的功能和出口创汇功能在弱化，其就业和增收功能趋于稳定，农产品有效供给功能在强化，生态保护、休闲娱乐、健康养生、文化传承等新功能迅速显现。二是业态在变。由单一物质产出向非物质产出并重转变，互联网农业、智慧农业和休闲农业迅速替代传统农业业态。三是机制在变。从分工分业向产业融合转变，要素跨界渗透推动农旅结合、农贸结合、农文结合等，构成了乡村产业的主要特征。四是政策在变。财政政策、金融政策由主要聚焦农产品产出转向聚焦不同产业业态，特别是支持新产业、新业态发展。

（二）新技术改变了农业现代化内涵

农业现代化是动态发展的过程，其内涵随着技术条件的改变而变化。互联网信息技术的迅速升级，深刻改变着农业发展的基础，使现代农业新业态、新模式加速涌现。张军认为，5G技术的普及将支撑和推动现代农业"新四化"。他认为，以机械化、水利化、电气化、化学化为典型特征的传统农业现代化，属于生产过程领域内的现代化，没有突出生产链、产业链的融合和组织模式、管理方式的创新。而以5G为核心的新技术应用，将为现代农业的产业融合、智能生产、智慧管理、网络服务奠定基础，使得以融合化、智能化、信息化、网络化为内容的"新四化"成为农业现代化的新特征。这种情况下，推动农业现代化，就是用现代科技和现代工业来装备农业，用现代经济科学来管理农业，创造高产、优质、低耗的农业生产体系和合理利用资源、保护环境、有较高转化效率的农业生态系统。

（三）国际市场不确定性持续存在

未来农产品国际贸易不稳定性、不确定性持续存在，需要妥善应对国际

---

① 1949～1978年，以粮为纲，为现代农业发展创造前提的现代农业1.0版；1979～2003年，向现代农业转变，以农业分工分业为基本特征，以乡镇企业发展为标志，为农林牧渔全面发展的现代农业2.0版；2004～2017年，为新产业、新业态迅猛发展的现代农业3.0版；2018年以来为现代农业4.0版。

市场风险。与会专家认为，中美贸易摩擦是影响"十四五"时期中国农产品贸易的主要因素。辽宁省社会科学院副研究员侯荣娜认为，中国大豆将在一个时期内面临供需困局，国内大豆产业发展将受到严重影响。李国祥认为，如果对美国要求放开农业市场的诉求做出让步，中国将大规模扩大对美国农产品的进口，对此，必须调整国内农业生产结构和布局。如果美国由从WTO"退群"转向利用 WTO 规则解决中美贸易争端，中国需要调整农业支持保护策略，适时调整农产品价格支持政策。如果 WTO 农业规则新一轮谈判的零壁垒、零关税、零补贴目标得以实现，中国农业在国际竞争中的弱势势必加剧，这将加大中国守住发展中国家"差别对待"待遇的难度。这将使中国粮食产业受到更大冲击，小麦、水稻高库存将成为常态，需要构建完整的口粮供应链，依赖加工业消化超期储备。不管中美贸易摩擦的走向如何，中国粮食产业都将面临居民直接口粮需求不断减少、国际竞争压力越来越大、稻谷和小麦收储政策调整压力越来越大等挑战。

（四）逆城镇化端倪逐步显现

"逆城镇化"是城镇化的一个发展阶段。[①] 2018 年，习近平总书记在参加第十三届全国人民代表大会广东代表团审议时强调，"城镇化、逆城镇化两个方面都要致力推动"。李培林认为，实施乡村振兴战略在学理上的含义就是推进逆城镇化。实施乡村振兴战略，将改善农村生产生活环境，吸引部分农业转移人口返乡、城市居民下乡，加快逆城镇化。中国的逆城镇化具有特殊性。由于区域发展不均衡，中国城镇化呈现多阶段叠加的特征，在总体上尚未完成人口从乡村向城市集中的阶段，逆城镇化现象已经产生。中国的逆城镇化不是城市常住人口向乡村的流动，而是特有制度约束下形成的部分人群从城市走入乡村、走向小城镇的短期流动现象，如从大城市到小城镇和乡村的异地养老、租房居住、休闲旅游的短期流动人口越来越多。此外，返

---

① 城镇化可划分为初始城镇化、郊区城镇化、逆城镇化、再城镇化四个阶段。逆城镇化有三方面特征：乡村人口外流出现逆转，但农耕者数量可能继续减少；乡村居住人口的结构发生变化，绝大多数乡村居民成为非农从业人员；乡村凋敝和衰落状况得以改善。

乡下乡创业就业者也越来越多。这些趋势预示着逆城镇化现象将在很多地方以多种形式呈现出来。

三 "十四五"时期农业农村优先发展的原则和思路

"十四五"时期坚持农业农村优先发展，关键要把中央关于新时代"三农"工作的总部署、总要求、总战略落到实处。与会专家一致认为，要践行新发展理念、落实高质量发展要求，以实施乡村振兴战略为总抓手，以提高农村全面小康水平、缩小城乡发展差距为总目标，协调推进乡村振兴战略和新型城镇化战略，顺利开启农业农村现代化新征程。与会专家从不同角度阐释了坚持农业农村优先发展的原则和思路。

（一）坚持农民主体地位，增进农民民生福祉

要调动农民在乡村振兴中的积极性，必须充分尊重农民意愿，维护农民根本利益，提升农民的获得感、幸福感、安全感。与会专家认为，坚持农业农村优先发展最关键的是促进农民持续增收，实现农民增收的主要思路是推进农村产业融合发展，把更多产业环节留在乡村。李培林认为，小农户要富裕起来，必须走出"内卷化"困境，提高农业劳动生产率，增加农产品附加值，发展农村电商、乡村旅游、健康养老等产业，盘活农民剩余劳动时间。魏后凯提出，破解保障粮食安全和促进农民增收的两难问题，要推动农业向规模化、集约化、绿色化、社会化、智能化方向发展，走农村一、二、三产业融合发展之路。

（二）坚持优先发展理念，确保资源和要素供给

坚持农业农村优先发展，要做到"在干部配备上优先考虑，在要素配置上优先满足，在资金投入上优先保障，在公共服务上优先安排"。与会专家认为，要通过全面深化改革来撬动各项资源投向农业和农村发展。龚建文认为，推进新一轮农村改革，要继续坚持市场化改革方向，突出土地制度和

金融服务两大关键领域的改革。魏后凯认为，应以土地制度改革为核心，以产权制度改革为重点，推动改革由试点走向全面铺开，构建城乡统一的建设用地市场。

（三）坚持乡村全面振兴，加快农业农村现代化

农业农村现代化是"十四五"农业农村发展规划的一个核心主题。魏后凯认为，农业农村现代化是农村产业现代化、农村生态现代化、乡村治理现代化、农村文化现代化、农民生活现代化"五位一体"的有机整体。中国社会科学院农村发展研究所研究团队的测算表明，农民收入、农业劳动生产率、农村公共服务、农民文化素质、农村环境污染等五个方面是推进农业农村现代化的短板，应成为未来加快推进农业农村现代化的主攻方向。产业发展是农村改革的前提，实现乡村振兴首先要在提升产业上下功夫，以产业振兴带动人才振兴、文化振兴、生态振兴、组织振兴。张红宇认为，发展乡村产业要以确保国家粮食安全、提高农业发展质量、实现可持续发展、增加农民收入为方向。江西省社会科学院研究实习员万欣提出，要将农业产业链作为一个有机整体，以农产品精深加工为主攻方向，延长产业链、升级供应链、提升价值链。

（四）坚持城乡融合发展，缩小城乡发展差距

推动城乡融合发展是破解新时代社会主要矛盾的关键抓手，要协调实施乡村振兴战略和新型城镇化战略，加快形成工农互促、城乡互补、全面融合、共同繁荣的新型工农城乡关系。福建省社会科学院研究员吴肇光等提出，要以城乡产业融合为重点、以城乡人才融合为支撑，围绕中小城市和特色小（城）镇，加快推动城乡居民收入均衡化、基本公共服务均等化、基础设施联通化、产业发展融合化、要素配置合理化。山东省社会科学院研究员张清津认为，农村城镇化是乡村振兴的必然结果，实施乡村振兴战略要围绕农村城镇化格局展开。福建省社会科学院副研究员林昌华认为，在后小康社会，城乡融合步入新阶段，加快推进农村公共服务体系建设、弥合城乡生产生活环境差距，是破除城乡融合难题的关键。

（五）坚持绿色高效发展，创新"两山"转化模式

以绿色发展引领乡村振兴是高质量发展的基本要求。与会专家认为，要牢固树立和践行"绿水青山就是金山银山"的理念，落实节约优先、保护优先、自然恢复为主的方针。邹进泰等提出，要把农村环境保护规划放在与城市环境保护规划同等重要的位置，以生态环境友好和资源永续利用为方向，普及农业绿色生产方式，实现投入品减量化、生产清洁化、废弃物资源化、生产模式生态化。王兴国指出，要推动经济生态化、生态经济化，把乡村生态优势转化为产业优势和可持续发展优势。于法稳认为，在确保粮食安全的前提下，应以生产方式绿色化为手段，以水土资源保护为核心，以提升农产品质量为根本，以国内国外两个市场为导向，同时实现农业生产环境改善、农产品质量提升、市场竞争力提高和农民收入增加。

（六）坚持因地制宜发展，探索循序渐进路径

乡村振兴是一个长期的发展战略，没有固定模式，也不可能一蹴而就。魏后凯认为，中国的地区差异较大，应该允许和鼓励有条件的地区先行先试，以不同步调、不同形式探索发展路径。为探索多元化的乡村产业发展路径，黄勇指出，贵州省要发展现代山地特色高效产业；龚建文认为，江西省要打造全国重要的优质粮食生产核心区，建设全国优质农产品生产基地。

四 "十四五"时期农业农村优先发展的重点领域

"十四五"时期要通过制度化安排和战略化推动，把农业农村优先发展落到实处，需要关注基础性、关键性、引领性的重点领域，如保障国家粮食安全、深化农业供给侧结构性改革、实现脱贫攻坚与乡村振兴有机衔接、联动推进乡村振兴与新型城镇化、推进农业农村绿色发展。围绕这些重点领域，与会专家展开了深入探讨和交流。

（一）推进农业高质量发展

一是深化农业供给侧结构性改革。农业是乡村产业的核心，要围绕满足消费者迅速升级的农产品需求，推动战略性调整，使农产品供给更好地适应市场需求。张晓山认为，政策调控要找到保供给和保环境的结合点，遵循市场主体响应政策调整的客观规律，使政策调整和创新能平稳推进；要在法律框架内为市场在资源配置中起决定性作用创造条件，不能自上而下地强力逼迫农民调结构。龚建文提出，要建立农产品质量安全追溯体系，建立优化农产品结构的正面清单和负面清单制度。江西省社会科学院研究员李志萌等指出，要升级农产品物流体系，支持建设冷链物流中心、中转仓储冷藏保鲜设施，建立线上线下、生产消费高效衔接的新型农产品供应链。福建省社会科学院副研究员马晓红提出，要培育一批具有国际竞争力的企业集团。与会专家较多关注了农业品牌发展问题，认为要健全品牌服务体系，建设公共服务平台，构建公用品牌、企业品牌、产品品牌协同发展的农产品品牌体系。

二是培育新型经营主体。发展现代农业，保障粮食安全，升级产业结构，都需要新型经营主体来承担。张晓山认为，要培育以高素质农民为骨干的新型农业经营主体，让新生代农民坚守农业或回归农业，成为农业现代化的主力军和人才基础。同时，要因地制宜、分类施策，采取不同路径培育和创新多种形式的农业经营模式和组织形式，促进小农户与现代农业发展有机衔接。赵勤提出，要把联结带动小农户作为扶持新型农业经营主体的前置条件。万欣提出，要发展农业产业化联合体，创新产业化经营模式。黄勇认为，要建立职业农民制度，开展职业农民职称评定试点，培养各类乡村专业人才。与会专家还提出，要实施家庭农场培育工程、农民合作社示范工程、龙头企业培育工程、新型职业农民培育工程、农民素质提升工程等。

三是提高科技创新驱动能力。张红宇认为，农业科技应在生物技术、装备技术、信息技术、降耗技术四个方面取得突破。张军提出，要加快农业领域 5G 技术应用步伐，加快农业生产者知识结构升级，加快现代农业融合化、智能化、信息化、网络化支持体系建设。江西省社会科学院副研究员杨锦琦指出，要重点攻克适应绿色食品工业化生产的新一代信息技术、生物工程技术、现代包装技术、物联网技术等共性和关键技术。马晓红提出，要组织联合育种攻关，选育优质、专用、特色新品种，推动主要农产品品种新一轮更新换代。辽宁省社会科学院研究员王丹认为，要整合农业科研资源，形成以农业自然生产区划为基础的科研资源布局。为提高农业科技成果转化率，广西壮族自治区社会科学院副研究员周明钧提出，要建立"特色产业＋专家团队＋农科人员＋带头人＋农户"的科技成果推广转化机制，天津社会科学院副研究员王艳婷提出，要加快建设以农业龙头企业和大型企业集团为核心的农业技术创新体系。与会专家还提出，要建设农业科技中介服务体系，发展市场化农业科技服务主体。

四是提升国家粮食安全保障能力。与会专家认为，要树立"大粮食安全观"，完善粮食主产区利益补偿机制，推进高标准农田建设，优化粮食供给结构，建设种质资源平台，完善产后服务体系，推进粮食精深加工业发展，打造从田间到餐桌的全产业链条。李国祥提出，要加快粮食产业升级，构建完整的供给链，增加优质、专用粮食比重，发展饲料产业、精深加工业，提高粮食产业竞争力。为推进东北大豆产业振兴，侯荣娜认为，要把大豆产业提高到国家战略层面，推广高产品种、高效种植模式，推行全程机械化，调动农民种植大豆积极性；健全大豆良种繁育和推广体系，加快高油、高蛋白品种的推广；提高补贴标准，推动大豆与小麦、玉米、杂粮等作物轮作；发挥非转基因比较优势，建立大豆种质资源保护机制，培育加工龙头企业，提升大豆产业链竞争力。

（二）健全现代乡村产业体系

一是因地制宜发展特色产业。赵勤提出，以增强乡村产业与资源环境、市场需求结构的匹配度为基准，以支持创新创业和农民增收为取向，构建区域化、差异化、特色化的乡村产业新格局。具体而言，城郊型乡村要重点加快城乡产业融合，发展都市型农业和城市配套产业；平原型乡村要提升主导产业优势，加快产业集群集聚发展，破解增产不增收和同质竞争困境；山区型乡村要立足资源特色，重点发展山区采集、种植养殖、旅游观光、农林产品加工等特色产业；边境型乡村要发挥沿边区域优势，重点发展外向型农业和文旅、物流产业。周明钧提出，要以特色产业为抓手，培育"一村一品"，整合特色农业产业链，促进特色产业集群发展。

二是培育乡村新型服务业。农业生产性服务业和农村生活性服务业已经成为引领乡村产业升级的关键产业。与会专家认为，要把发展乡村新型服务业作为培育新动能的重要抓手，支持发展农业生产性服务业，为小农户提供专业服务和托管服务；支持发展现代物流、连锁经营、电子商务等新型流通业，提高农村生产生活方面的物资供给效率；支持发展休闲旅游、批发零售、养老托幼、环境卫生等乡村生活性服务业，满足城乡居民追求美好生活的需要。对于乡村文化产业发展，邹进泰等提出，要建立文化再生产创新机制，将保护与培育文化产业结合起来，推动文化与农业、旅游业融合，与互联网科技融合，传承地域文化、农耕文化。

三是推进农村产业融合发展。与会专家认为，要聚焦重点产业，突出集群成链，完善利益联结机制，培育新业态、新模式、新功能，重点发展以"农业＋旅游"为主的农业观光休闲产业、以"农业＋文化"为主的农业文化创意产业、以"农业＋健康"为主的康养农业、以"农业＋互联网"为主的智慧农业。陕西省社会科学院副研究员于宁锴提出，要以农民合作社、集体经济组织等形式，推动现代农业横向整合；通过组建联合体、发展订单农业和股份合作等，推动农村产业纵向整合；通过建设特色小镇、田园综合体，促进经营产品多元化，推动需求整合；以循环经济模式开发农业副产品和乡村产业的多种功能，推动供给整合。为促进乡村创业就业，与会专家认为，要营造公平竞争环境，强化乡村就业创业服务，整合、创建一批返乡下乡在乡人员创新创业园区（基地），培育壮大创新创业主体。

（三）推进农业农村绿色发展

一是加强生态保护与修复。于法稳认为，要通过保护耕地与提高土壤质量，保护水资源和提高灌溉用水水质，保护农作物种质资源，提高农业可持续发展能力。邹进泰等提出，要建立农业农村污染检测、管控体系，并在法律法规层面得到体现；要将农村环境保护和治理纳入各级财政预算；要以县为单位建立耕地、水、废弃物资源台账和农业产业准入负面清单制度，全面开展耕地质量保护与提升行动。赵勤指出，要推进东北黑土地保护利用。李志萌等提出，要把产业链和生态链统一起来，建立农业资源环境保护协作机制。

二是推动农业绿色转型。于法稳认为，要建立生态补偿制度，在生产方式层面对农业生产技术绿色化进行补偿，在资源利用层面对农业资源可持续利用进行补偿；在生态系统层面对生态系统服务价值进行补偿；在农产品主产区层面对优质安全农产品供给进行补偿。赵勤建议，选择部分粮食主产县开展生态补偿试点。马晓红提出，要建设规模养殖场信息平台，完善畜禽污染防治长效机制，建立台账、建档立卡，健全常态化监管机制。与会专家还提出，要积极发展生态循环农业，推广绿色种养模式，实施化肥农药减量增效和有机肥替代化肥行动，扩大病虫害绿色防控和统防统治的覆盖面，全面推进农业面源污染治理与废弃物资源化利用。

（四）推进重大发展战略有机衔接

一是实现脱贫攻坚与乡村振兴有机衔接。魏后凯认为，今后相当长一个时期内，贫困治理要更加重视相对贫困和多维贫困问题，建立城乡统一的贫困标准和减少相对贫困的长效机制，实现由绝对贫困治理向相对贫困治理、由收入贫困治理向多维贫困治理、由超常规扶贫攻坚向常规性贫困治理的转变。黑龙江省社会科学院副研究员王化冰指出，从产业扶贫到产业振兴，要实现战略重点从脱贫转向致富，关注对象从群体转向区域，政策导向从推动转向牵动。

对于脱贫攻坚与乡村振兴的衔接重点，四川省社会科学院研究员张克俊认为，要推动脱贫地区产业长远发展、多元发展、特色发展，探索贫困村与非贫困村的协同发展路径，实现产业脱贫与产业振兴的衔接；要培育农民的自主参与动力，提高农民组织化程度，实现智力脱贫与智力振兴的衔接；要推行"生态＋污染治理"模式、"生态＋农业旅养"模式，开发碳汇经济，实施生态保护补偿，实现生态脱贫与生态振兴的衔接；要深度挖掘和保护农村文化，推动乡村文化产业化，实现文化脱贫与文化振兴的衔接。陈明星提出，要突出理念衔接、目标衔接、成果衔接和政策衔接，强化战略规划衔接、资源要素保障和风险防范化解。

对于推进脱贫攻坚与乡村振兴衔接的政策举措，江西省社会科学院副研究员张宜红等提出，要尽快出台脱贫攻坚与乡村振兴有机衔接的实施意见，将脱贫攻坚形成的产业项目、资产设施、重大行动与乡村振兴战略相衔接，延续脱贫攻坚时期的用地优惠、专项资金支持和金融信贷扶持等政策。张克俊建议，把"五级书记一起抓"的组织机制延续到乡村振兴实践中，构建农村区域间的协作共享机制，加强区域间基础设施的共建共享、互联互通。陈明星建议，要拓展"两不愁三保障"覆盖面，适当提高保障标准，构建全覆盖、兜底线、可持续的社会保障网。

二是推进乡村振兴战略与新型城镇化有机衔接。山东省社会科学院副研究员刘爱梅认为，实现二者有机衔接的关键在于打破城乡二元体制，推动土地制度、基础设施、公共服务、要素投入、产业发展等方面的衔接。吴肇光提出，要以推进城乡基本公共服务普惠共享为重点，建立全民覆盖、城乡一体的基本公共服务体系；要以城乡基础设施互联互通为先导，一体化规划、建设、管护城乡基础设施；要以推进城乡产业协同发展为载体，加快要素资源下乡，推动城乡产业融合发展；要以构建城乡统一的建设用地市场为突破，破解城乡二元土地制度，推动城乡要素配置合理化。如何提高农村公共服务水平、推动城乡公共服务一体化是实现城乡融合发展的难题。与会专家认为，要实施公共服务提升和生活宜居建设工程，完善乡村公共服务基础设施，加快推进人居环境整治，建设舒适的农村生产生活环境。林昌华提出，要推动公共服务供给模式、渠道、主体的创新，建立政府、市场、社会组织多元协同的公共服务供给机制；要构建自下而上的需求主导型供给决策机制，畅通信息沟通渠道，完善农民利益诉求表达机制，提高农民在公共决策中的参与度；要强化对农村公共服务供给的监督，建立以政府和农民为主体的双向评价机制。与会专家还认为，要高标准规划建设农村公共基础设施，全面提高农村义务教育、医疗保障、养老保障水平，构建城乡一体的就业创业制度和服务体系。

（五）创新乡村治理体系

现代意识、科学精神、文明理念、治理体系等发展能力方面的现代化是农业农村现代化中更重要的方面。魏后凯认为，推进农业农村现代化，首先要补齐现代化的能力缺口，尤其是乡村治理体系和治理能力的现代化。对此，与会专家提出了很多意见建议。

一是加强党对农村工作的全面领导。龚建文提出，要加强村党组织对村民委员会、村务监督委员会以及村集体经济组织、农民合作社等的全面领导，实施村党组织带头人素质提升行动，健全村级重要事项、重大问题由村级党组织研究讨论机制，完善村级党组织参与乡村治理的体制机制。邹进泰等提出，要加强对村党组织书记的教育培训，建立后备干部选拔使用机制，把更多村干部培养成村民脱贫致富的带头人。

二是创新农村集体经济的有效实现形式。振兴农村集体经济，能为乡村治理现代化提供坚实物质基础。广西壮族自治区社会科学院研究员刘东燕等认为，应启动村级集体经济发展中长期规划的编制工作。与会专家建议，应设立新型集体经济组织发展基金，落实集体经济发展的税费支持政策，建立集体经济股权流转机制，探索集体资产委托经营、信托管理的新方式，引进经济管理人才、聘任职业经理人，创办农村集体经济投资开发公司，参股新型农业经营主体和工商企业。山西省社会科学院研究员赵旭强等提出，应探索集体经济多村联营制，鼓励通过等额出资的方式联合成立多村合作的集体经济组织。

三是创新基层治理新模式。龚建文提出，要发挥农民首创精神，创新乡村法治宣传和法治实践，综合运用村规民约、法律政策、道德舆论等治理方式，探索自治、法治、德治相结合的乡村善治新模式。与会专家建议，应借助信息化管理技术,以网格化和社会化为方向,建立健全村民自我服务与政府公共服务、社会公益服务有效衔接的农村基层综合服务管理平台。

(六)全面深化农村改革

"十四五"时期,中国进入了全面深化改革的新时期,要通过深化改革撬动人才、土地、资金等资源,满足农业农村优先发展的需要。与会专家就其中重点领域的改革提出了对策性建议。

一是巩固和完善农村基本经营制度。在明确农村土地集体所有权、保障农民土地承包经营权的基础上,要探索流转、入股、托管等多种适度规模经营形式,积极引导土地经营权向家庭农场、农民合作社等新型经营主体集中;发展农业生产托管,探索服务规模经营形式,与土地规模经营相辅相成、相互促进。郭连强认为,要从完善制度政策入手,建立土地流转价值动态调整制度、流转期限制度,规范流转程序,及时纠正土地流转实践中的偏差。

二是推进农村产权制度改革。黄勇提出,要深化农村"三变"改革,全面完成对农村集体资产的清产核资,推进农村产权交易市场建设。邹进泰等提出,要创新放活农房使用权,推动实现农房使用权资本化,完善土地经营权抵押担保、入市转让、有偿使用等。李培林认为,要借鉴国际经验,推动农民住宅产权制度改革,探索农民住宅入市和建立城乡统一住房市场的可行性,在实践中摸索成熟经验并建立相应的制度和规范。

三是推进农村土地制度改革。福建省社会科学院副研究员蔡承彬认为,要在坚持宅基地所有权属于村集体、资格权属于集体经济组织成员的基础上,按照用益物权的原则明确和强化农户宅基地使用权,加快推进房地一体的宅基地使用权确权登记颁证,适度放活宅基地和农民房屋使用权。为破解用地难题,魏后凯提出,探索农民宅基地向经营性建设用地转换的可行机制,将进城农民自愿退出的宅基地转变为经营性建设用地;蔡承彬提出,允许农村集体经济组织以出租、合作等方式盘活利用空闲农房及宅基地。但吴肇光等提出,要审慎改革农村宅基地制度,不能放开城里人到农村购买宅基地的限制，严格禁止下乡利用宅基地建设别墅大院和私人会馆。为规范农村土地管理，赵勤指出，要加快建立农村土地确权登记数据库，通过建立土地经营权抵押担保风险基金、利用交易平台提供担保、支持商业性保险和担保机构开展相关业务等分散抵押贷款风险。

四是建立乡村人才振兴机制。乡村人才振兴是一项长期任务，要坚持城乡融合发展的方向，推进城乡人才资源统筹开发和优化配置。湖南省社会科学院研究员王文强指出，要促进城乡人才流动，有耐心地分步破除二元户籍制度，推进户籍与相关权益分离，还原户籍作为统计与服务手段的本来面目，让居民有公平的自由迁移权；要促进下乡返乡创业，着重构建风险防控机制，以公正的权益保障、适当的政府扶持、科学的服务支撑，引导下乡返乡创业者树立合理预期，预防潜在风险，提高创业质量；要发挥人才支撑乡村振兴的作用，着重创新激励机制，将吸引、留住人才与引进智力相结合，行政推动与制度激励相结合，科学管理与人文关怀相结合，做到人才城乡双交流、服务创业同支持，职称评定和晋升向下乡返乡人才倾斜，保持人才政策的延续性、规范性、稳定性；要增加农村人才资本投资，着重激发市场主体的积极性，加强对农村人力资本投资主体的激励与约束，采用中央转移支付和区域横向补偿相结合、就业培训奖励和劳动制度规范相结合、教育培训宣传和畅通成长渠道相结合的策略，加快推动农村人力资本开发。

五是健全财政支农体系。与会专家认为，要继续将"三农"作为公共财政优先保障的领域，提高支农支出在财政总支出的比重。辽宁省社会科学院研究员李志国等指出，应通过财政补助、贷款贴息、税收优惠、购买服务等方式，撬动社会资本投向农业农村；要统筹整合县级各类支农专项，构建以增强县级财政支农能力为主的财政支撑机制。邹进泰等提出，要构建财政支农资金统筹平台，构建财政项目竞争性分配机制；要支持各地建立乡村振兴融资平台、乡村振兴基金，拓展包括股权、债券、基金、信托等多种形式在内的融资渠道。与会专家还认为，要大力发展乡村数字普惠金融，发展产业链、供应链金融服务新模式，鼓励地方发行"三农"专项金融债券，支持地方探索特色保险品种，加快完善"三农"融资担保体系，防范金融风险。

五　当前值得研究的农业农村发展重大问题

"十四五"时期要顺利启动农业农村现代化新征程，有许多战略性、全局性、综合性问题需要理论界进行全方面、多视角的研究探索。对此，魏后凯梳理了以下八个方面值得研究的重大问题。

一是全面建成小康社会的短板及建成全面小康社会后的发展战略问题。对标中央提出的目标，研究全面建成小康社会的短板有哪些，怎样补足这些短板；全面建成小康社会后，中国将处于什么发展阶段，是"后小康"时代？这一阶段将延续到什么时候，其发展战略和发展政策应该如何调整？

二是脱贫攻坚目标实现后国家反贫困战略的调整问题。脱贫攻坚目标实现后，贫困问题依然存在。国家的反贫困战略如何调整，如何将脱贫攻坚与乡村振兴、新的反贫困战略衔接起来，这些问题值得研究。

三是"十四五"规划中的农业农村发展问题。如实施乡村振兴战略，推动农业农村现代化，推进新型城镇化，构建城乡融合发展体制机制等，如何细化落实到"十四五"规划中，需要系统性的研究。

四是农业农村现代化的"两阶段"发展问题。中央已经提出，到2035年基本实现农业农村现代化，到2050年全面实现农业农村现代化，建成社会主义现代化强国。总的目标是有了，但具体怎么走，选择什么样的道路和模式，不同地区的路径有什么差异，需要进行系统的理论、战略和政策研究。

五是农业国际合作问题。如何应对中美贸易摩擦？如何促进"一带一路"沿线国家的农业合作？如何加强与非洲的农业合作？中国农业发展的经验有哪些？如何推动中国农业发展经验、模式"走出去"？这些问题需要以一种更加开放的国际化视野来研究。

六是进一步推进农村全面深化改革的问题。虽然农村改革最先起步，但是，到目前为止，改革的最薄弱环节、最薄弱地区还是农村。随着《农村土地承包法》《土地管理法》等法律修订完成，土地"三权分置"改革已经有了法律依据。下一步，推进农村"三块地"改革，要在试点的基础上在全国大范围推广。这需要研究怎样推广，怎样继续深化农村全面改革。

七是为农业农村现代化提供法律保障的问题。实施乡村振兴战略、推进农业农村现代化涉及诸多法律层面的问题，需要完善或新出台一系列法律。怎样为农业农村优先发展提供坚实的制度保障、法律支撑，以更好地促进乡村全面振兴，加快农业农村现代化，需要全面、深入、细致的研究。

八是建立科学有效的生态补偿制度问题。农业具有多维功能，除了生产农产品外，还提供了重要的生态产品等。如何科学评估农业生态系统服务价值及生态产品价值，如何建立完善农业生态补偿的机制和政策，包括补偿对象、补偿标准、谁来补偿、价格机制等，需要进行深入的研究。

图书在版编目（CIP）数据

农业农村优先发展与深化改革／魏后凯，梁勇主编
. -- 北京：社会科学文献出版社，2020.9
ISBN 978 - 7 - 5201 - 7232 - 5

Ⅰ.①农… Ⅱ.①魏… ②梁… Ⅲ.①农村经济发展
- 研究 - 中国②农村经济发展 - 研究 - 中国 Ⅳ.①F32

中国版本图书馆 CIP 数据核字（2020）第 169353 号

农业农村优先发展与深化改革

主　　编／魏后凯　梁　勇
副 主 编／崔红志　李志萌

出 版 人／谢寿光
组稿编辑／邓泳红
责任编辑／陈　颖
文稿编辑／柯　宓

出　　版／社会科学文献出版社·皮书出版分社（010）59367127
　　　　　地址：北京市北三环中路甲 29 号院华龙大厦　邮编：100029
　　　　　网址：www. ssap. com. cn
发　　行／市场营销中心（010）59367081　59367083
印　　装／三河市龙林印务有限公司

规　　格／开本：787mm×1092mm　1/16
　　　　　印 张：21　字 数：314 千字
版　　次／2020 年 9 月第 1 版　2020 年 9 月第 1 次印刷
书　　号／ISBN 978 - 7 - 5201 - 7232 - 5
定　　价／128.00 元